영상 이미지의 구조

나남
nanam

저자 약력

주창윤

1963년 대전 출생, 1986년《세계의 문학》봄호로 등단

한양대 신문방송학과, 동 대학원 석사

영국 글래스고대 Film & Television학과 석사 및 박사

《한국언론학보》편집위원장, MBC 경영평가위원, SBS 시청자위원

현재 서울여자대학교 언론영상학과 교수

시집:《물 위를 걷는 자 물 밑을 걷는 자》,《옷걸이에 걸린 羊》

저서:《한국 현대문화의 형성》,《허기사회》

　　　《대한민국 컬처코드》,《텔레비전 드라마: 장르·미학·해독》

역서:《비디오 저널리즘》

나남신서 · 1799

영상 이미지의 구조

2003년 6월 14일 발행
2007년 3월 5일 4쇄
2015년 3월 1일 개정판 발행
2015년 3월 1일 개정판 1쇄

저자　　　　주창윤
발행자　　　趙相浩
발행처　　　(주)나남
주소　　　　413-120 경기도 파주시 회동길 193
전화　　　　031-955-4601(代)
팩스　　　　031-955-4555
등록　　　　제 1-71호(79. 5. 12)
홈페이지　　www.nanam.net
전자우편　　post@nanam.net
ISBN　　　 978-89-300-8799-5
ISBN　　　 978-89-300-8001-9
책값은 뒤표지에 있습니다.

나남신서 · 1799

개정판
영상 이미지의 구조

주창윤 지음

나남
nanam

《영상 이미지의 구조》개정판을 12년이나 지나서야 출간한다. 2003
년 초판을 출간했을 때 몇 년 지나서 곧 개정판을 내놓을 생각이었
다. 조금 늦은 감은 있지만, 그래도 초판의 부족한 부분들을 메울
수 있게 되어서 마음의 짐을 덜어 놓은 느낌이다.

   《영상 이미지의 구조》초판에서 내가 초점을 맞추었던 부분은 이
미지의 형식과 구성에 대한 것이었다. 영상 이미지의 이해력과 분
석력을 높이기 위해서 이미지의 형식에 대한 탐구가 필요했기 때
문이다. 코드와 시선, 이미지의 구성, 영상 서사의 구조 등은 이미
지의 형식 분석에 관한 내용들이었다.

   개정판을 준비하면서 나는 두 가지 영역에 관심을 기울였다. 하
나는 미디어의 변화에 따른 표현의 방식과 시각의 변화이다. 중세
회화로부터 영화에 이르기까지 바라봄의 방식은 시대정신, 문화,
사회변동, 미디어의 발달에 따라서 변화되어 왔다. 중세 회화는 '보

는' 그림이 아니라 '읽는' 그림이었다는 점에서 영상코드 분석의 토대가 되었으며, 르네상스 이후 인간의 시선이 중심이 되면서 자연과 풍경을 바라보는 방식도 바뀌었다. 19세기 중반 사진의 등장은 사실성의 문제로부터 예술의 의미, 이데올로기 등과 만나기도 했다. 사진의 사실성 전통을 이어받은 영화는 다양한 방식으로 리얼리즘을 표현하기도 했다. 이 부분들과 관련해서 나는 제2장 '표현의 방식과 시각의 변화'를 새롭게 썼다.

또 다른 영역은 디지털 이미지이다. 디지털 기술은 영상 영역을 넘어서서 정치, 경제, 문화, 예술 전반에 걸쳐 급격한 변화를 초래하고 있다. 영상 문화의 관점에서 보면, 디지털 프로세싱과 컴퓨터 프로그래밍은 이미지의 생산방식, 텍스트, 수용방식을 바꾸고 있다. 디지털 기술과 기법이 어떻게 미디어의 생산과 수용양식을 바꾸고 있는지, 디지털 영화는 하이퍼리얼리즘으로서 스펙터클을 어떻게 창조해내고 있는지 그리고 가상과 현실의 조합인 증강현실이 갖는 미학적 특성은 무엇인지를 논의했다. 새롭게 추가된 제8장 '디지털 이미지'는 그동안 기술적 수준에서만 논의되는 방식에서 벗어나서 디지털 이미지의 미학을 제시했다.

이 밖에도 제1장 1절 '감각과 시지각'을 새롭게 썼다. 영상 이미지를 이해하기 위해서 인지심리학의 시지각을 소개하는 것이 필요하다고 판단했기 때문이다. 제1장 2절 시각과 영상에서도 부분적으로 논의를 추가했다. 이 밖에도 제6장 영상 서사의 구조 4절〈아무르〉(미카엘 하네케 감독, 2012)의 서사분석을 시도했다. 초판에서는 2002년 KBS에서 방송된〈금지된 사랑〉이라는 드라마를 분석했는데, 독자들이 이 드라마를 보는 데 한계가 있어서 서사분석의 사례를 이해하기 어려웠기 때문이다. 독자들이 제6장을 읽기 전에 노부부의 아름다운 사랑을 다룬〈아무르〉를 미리 보면, 서사분석 방법을 이해하는 데 도움이 될 것이다. 따라서 초판은 총 6장으로 구성되었지만, 개정판은 총 8장으로 늘어났고, 1장과 6장에서 적지 않은 변화가 있다.

언제나 그렇듯이 글쓰기 작업에서 스스로 만족하기란 쉽지 않다. 개정판을 준비하면서도 아쉽기는 마찬가지다. 다행히 나에게 금년 8월까지 연구년이라는 소중한 시간이 주어져서 즐겁게 작업을 마무리할 수 있었다. 이번에 새롭게 출간되는 개정판이 독자들에게 영상 이미지의 이해를 넓히는 데 도움이 되기를 바랄 뿐이다.

2015년 봄
주창윤

이미지는 말을 하고, 향기를 품으며 맛을 지닌다. 이미지는 자연스럽게 다가와서 그냥 서 있는 것이 아니라 살아 있는 생명이고 물체다. 이미지에 관한 흥미로운 수많은 비유들은 이미지의 힘을 함축한다. 신라시대 솔거가 벽에 그린 소나무를 보고 새들이 날아와서 부딪쳐 죽었다는 설화나 고대 중국에서 황제가 궁중 화원(畵員)이 궁궐 벽에 그린 폭포에서 떨어지는 물소리에 잠을 이루지 못하여 그림을 지워버리라고 했다는 이야기들은 과장이라기보다 아름다운 상징으로 다가온다.

솔거의 설화나 궁궐 벽 폭포의 비유는 '시각적 진실'(*visual truth*)에 관한 것이다. 실제로 새가 날아와서 솔거가 그린 벽화에 부딪쳤는지, 궁궐 벽화에서 폭포소리가 났는지는 중요하지 않다. 다만 솔거의 그림은 살아 있었으며, 폭포 그림은 황제가 폭포소리를 들을 수 있을 정도로 생명력을 지녔다는 것이다. 이미지가 숨을 쉬고 말을 하는 것이다. 비록 두 비유는 예술가의 천재성을 설명하기 위한 것이겠지만, 그것을 넘어서 이미지가 지니는 힘을 아름답게 말하고 있다.

우리는 일상에서 수많은 영상 이미지들을 만난다. 현대문화는 영상 이미지의 문화라고 해도 과언이 아니다. 우리가 매일 보는 텔레비전, 영화, 잡지, 컴퓨터에 이르기까지 영상 이미지의 지배력은 갈수록 높아지고 있다. 문화에서 시각적인 것으로의 전환은 이미지를 더욱 매혹적으로 만들어내며, 이것은 잠재적인 이미지의 힘에 대한 욕망을 부추긴다. 직접적으로 영상 이미지와 무관한 듯한 집단들조차 자신들의 스타일을 만들어내기 위해 영상 이미지를 활용하기까지 한다. 영상 이미지가 매혹적인 힘을 지닌다는 것을 알기 때문이다.

이미지는 자연스럽게 우리의 생활 속으로 다가오지만, 이미지 안에는 형식이 갖는 아름다움뿐만 아니라 의도된 의미들이 숨어 있다. 감춰진 이미지들은 권력에 의해서 활용되기도 하고, 반대로 권력에 저항하기 위해서 사용되기도 한다. 따라서 이미지의 생산자들은 자신만의 이미지를 만들어냄으로써 경쟁하고 어떤 의도를 부추긴다.

이미지의 형식과 내용은 서로 분리되어 있는 것이 아니라, 유기적 관계를 맺고 있다. 금반지가 되기 위해서 금(내용)과 반지모양(형식)이 결합되어야 한다는 맑스의 비유는 적절한 것이다. 이미지의 형식이 어떻게 내용과 유기적으로 결합해서 미적, 사회적 의미를 만들어나가는가 하는 질문은 이미지 연구의 핵심 과제 중의 하나다. 이것은 녹록지 않은 작업이다. 왜냐하면 '표상의 방법'에 대한 수많은 인문학적 작업들, 특히 형식주의, 미학, 비평, 수사학과 같은 작업들과 '이해의 방법'에 대한 사회과학적 작업들을 결합해야 하는 어려움에 직면하기 때문이다.

필자가《영상 이미지의 구조》를 서술하면서 부딪힌 난점은 여기에 있었다. 부족한 능력으로 이미지에 관한 작업들을 소화하는 데 적지 않은 한계를 느낄 수밖에 없었다. 비록 이미지의 형식과 내용은 결합되어 있다 하더라도, 어느 경우 이미지의 형식은 내용을 압도하기도 하고, 다른 경우 내용은 형식보다 훨씬 중요한 의미를 가질 때도 적지 않다. 더욱이 시학이나 미술에서 말하는 예술적 이미지, 사진과 같은 스틸 이미지, 영화나 텔레비전 같은 이동 화면(*moving image*)은 연속적이면서 동시에 단절적이기도 하다.

그럼에도 불구하고 필자는 이 책에서 어떻게 하면 '영상 이미지의 해독력'(*visual literacy*)을 높일 것인가 하는 점에 초점을 맞추었다. 우리는 이미지의 시대에 살고 있으면서도 영상 이미지를 깊이 있게 읽기 위한 방법에 대해서는 무관심한 편이다. 국어교육에서 문장, 문법, 어휘, 시와 소설 같은 장르 등을 배우듯이, 영상 이미지를 이해하기 위해서 언어적 특성, 문법, 코드, 구성 등을 체계적으로 습득할 필요가 있다.

이 책은 영상 이미지를 구성하는 요소들, 언어적 특성, 코드, 이미지, 시선, 구성, 서사(*narrative*) 등을 다루었다. 이 책은 본다는 것의 의미와 미디어의 발전과정에서 바라보는 방식이 어떻게 변화되었는가로부터 출발했다. 제2장은 시학과 수용미학의 도움을 받아서 은유, 상징, 수사학 등을 중심으로 살펴보았다. 제3장은 영상 언어의 기술적 코드, 시선, 응시 등이 어떻게 의미를 생산하는가를 논의했다. 제4장은 시각 디자인과 회화에서 오랫동안 관습적으로 사용되어 온 구성, 배열, 현저성, 프레이밍(*framing*)을 광고와 영화 등의 사례를 통해서 분석해 보았다. 제5장은 이동 화면에서 이미지의 연쇄로서 서사구조의 특성을 이야기와 담론을 중심으로 분류하고 사례로써 텔레비전 드라마를 분석했다. 마지막 장은 포스트모던 이미지를 논의했는데, 포스트모던 이미지는 단순히 새로운 형식만이 아니라, 이미지의 수용과 미학에도 중요한 변화를 초래하고 있다는 것을 강조했다.

《영상 이미지의 구조》라는 제목이 보여주듯, 이 책은 영상 이미지의 형식을 보다 강조했고, 이미지가 어떤 사회적 의미를 갖는가를 논의했다. 영상 이미지의 이해력을 높이기 위해서 영상 이미지의 형식에 대한 이해가 우선적으로 필요하다고 판단했기 때문이다. 독자가 쉽게 접근하도록 하기 위해서 가능하면 우리의 사례를 중심으로 분석했지만, 필자가 원하는 영상자료들을 구입하는 것이 쉽지 않아서 여러 가지 외국 사진들도 활용했다. 몇 년 후 개정판을 낼 기회가 생긴다면 꾸준히 국내 영상자료들을 모아서 보완할 예정이다.

영상 이미지가 현대 사회에서 갖는 중요성과 관심에도 불구하고, 국내에서 소개된 책들은 대부분 번역서들이었다. 필자가 능력의 한계를 절감하면서도 용기를 낼 수 있었던 이유가 여기에 있다. 부족한 책을 출간하는 데 있어서 서울여대 언론영상학과 동료 교수들에게 감사드린다. 지난 2년 동안 동료 교수들이 나에게 보낸 애정 덕택에 나는 즐겁게 이 작업에 몰두할 수 있었다. 편집에서 디자인까지 까다로운 나의 요청을 흔쾌히 받아준 나남출판 조상호 회장과 디자인을 맡은 이필숙 님께도 감사드린다. 그리고 누구보다 누나와 사랑하는 나의 아내 은진에게 고마움을 전한다.

2003년 4월
주창윤

영상이미지의 구조

차 례

4

코드와 시선

5
이미지의 구성

6
영상 서사의 구조

영상 이미지와 바라봄의 방식

현대 사회는 문자 시대에서 영상 시대로 전환되었다고 말한다. 이 것이 문자나 문자 미디어가 현대 사회에서 차지하고 있는 역할이 감소되었거나 사라지고 있다는 것을 뜻하지는 않는다. 문자는 그 자체로서 고유한 기능을 수행한다. 책(문자 언어)은 책으로서, 라디 오(음성 언어)는 라디오로서 여전히 가치를 지닌다. 그렇다면 영상 시대의 도래는 무엇을 의미하는가? 영상 시대는 시각 이미지가 우 리의 생활양식과 의사소통의 과정에서 이전의 어느 때보다 중요하 다는 것을 의미하는가?

우리는 하루에도 수많은 영상 이미지를 만난다. 상품 디자인, 광 고, 쇼윈도 디스플레이, 사진, 텔레비전 등. 우리가 영상 이미지를 바라보는 것이 아니라 오히려 영상 이미지가 우리를 바라보고 있 다는 느낌이 들 정도다. 우리가 배우는 지식의 80% 이상이 보는 행 위를 통해서 얻어진다는 사실을 고려한다면, 영상 이미지들은 단 지 보이는 것이 아니라 우리의 의식 속으로 자연스럽게 스며들어 사고와 행동양식을 규정한다.

　우리가 주체적으로 이미지와 현실을 바라보는 것인지, 아니면 보이지 않는 힘들이 규정한 이미지와 세계를 보는 것인지 혼란스러울 정도다. 사실상 '현실'(*reality*)을 보는 것과 여러 가지 언어를 통해서 전달되는 '현실의 표상'(*representation of reality*)을 바라보는 것은 전혀 다르다. 보는 것이 믿는 것이라는 믿음은 직접적인 시각적 경험만이 진실이었던 과거의 믿음에 지나지 않는다. 다양한 미디어를 통해서 언어와 이미지가 구성해내는 현실의 표상에는 가치와 권력 관계가 내재해 있다. 보는 것을 믿을 것이 아니라, 어떤 방식으로 보여지는지를 꼼꼼히 살펴보아야 한다.

　이 책의 첫 장은 본다는 것의 의미로부터 시작할 것이다. 첫째, 본다는 것이 어떤 과정을 통해서 이루어지는가를 인지심리학을 통해서 살펴볼 것이다. 둘째, 플라톤으로부터 현재에 이르기까지 본다는 것이 어떻게 인식되어 왔는가를 기술할 것이다. 셋째, 영상 언어, 구술 언어, 문자 언어의 차이점을 논의한 후 영상 언어의 특징으로 도상성, 지표성, 비결정성을 논의할 것이다. 넷째, 영상 이미지가 어떻게 정서적으로 관여되는가를 선망의 대상과 나르시시즘의 측면에서 검토할 것이다.

1. 감각과 시지각

인지심리학은 우리가 어떤 과정을 통해서 대상을 보는지 밝혀왔다. 본다는 것은 감각으로부터 이해의 순환과정이다. '감각'(*sense*)은 대상을 볼 수 있도록 눈으로 빛이 충분히 들어오는 것이다. 빛이 눈으로 들어오지 않는다면 사물을 인식하는 데 제한을 받을 수밖에 없다.

감각의 과정은 '선택'(*select*)으로 이어진다. 눈이 빛을 집약해서 초점을 맞추는 것이 선택이다. 인간의 눈은 빛을 모아 안구의 뒤편에 초점을 맞추는 도구이다. 각막은 빛의 속도를 감소시키면서 빛을 굴절시킨다. 각막은 초점 맞추기 기능을 담당한다. 그러나 선택은 단지 눈의 생체적 반응만이 아니라 의식적이고 지적인 행위이다.

우리는 대상을 선택한 후 '지각'(*perceive*)한다. 지각은 선택한 것의 의미를 찾아가는 과정이다. 사물을 보고 나면 그것이 무엇인지 파악하고 '기억'(*remember*)한다. 기억은 바라본 것을 저장하는 것이다. 기억이 없으면 선택과 지각은 무의미할 수밖에 없다. 기억된 지식은 '학습'(*learn*)된다. 우리는 학습을 통해서 반복적으로 무엇인가를 배운다. 저장한 기억들은 망각되기도 하지만 선택된 기억은 남는다. 학습은 기억을 체계화시키는 역할을 담당한다.

학습이 이루어지면 '이해'(*understand*)의 과정을 거친다. 이해하는 것은 아는 것과는 다르다. 이해는 설명을 넘어서서 상호주관적인 의미를 깨닫는 과정이다. 이해는 객관적인 행위이면서 주관적인 행위이다. 똑같은 이미지를 보아도 이해의 범위는 사람마다 다를 수밖에 없다. 시지각의 순환과정은 〈그림 1-1〉과 같다(Lester, 1995, p.32).

〈그림 1-1〉
시지각의 순환과정

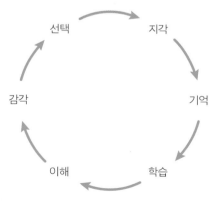

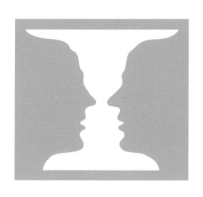

시지각에 대한 이론은 감각으로부터 지각의 과정에 초점을 맞춘다. 대표적인 시지각 이론은 게슈탈트(*Gestalt*) 심리학이다. 게슈탈트라는 말은 형태, 모양을 의미하는 독일어 명사이다. 게슈탈트 심리학의 주장에 따르면, 무엇을 본다는 것은 개별적인 요소들을 보는 것이 아니라 유기적인 관계 속에서 부분들을 결합한 결과 이상을 인식하는 것이다. 게슈탈트 심리학은 여러 가지 시지각의 원리를 제시해왔다.

가장 잘 알려진 시지각 원리는 '형상(*figure*)과 배경(*ground*)의 법칙'을 보여주는 루빈의 잔(Rubin Goblet)이다. 덴마크 게슈탈트 심리학자 에드가 루빈은 1915년 얼굴과 잔(혹은 꽃병)으로 보일 수 있는 그림을 가지고 형상과 배경 패턴을 실험했다(〈그림 1-2〉 참고).

형상은 둘러싸여진 배경의 의해서 뒷받침된다. 우리가 잔에 주목하면 얼굴은 사라져서 파란색 배경이 되고, 얼굴을 보면 잔은 흰색 배경이 된다. 우리는 잔과 두 사람의 얼굴을 보지만 두뇌는 두 개의 이미지를 한꺼번에 인식하지 못한다. 얼굴과 잔 중에서 하나만을 선택한다. 형상이나 배경 둘 중에서 하나를 인식한 이후에 다른 이미지를 인식하는 것이다. 이것은 오른쪽 그림에서도 마찬가지다. 섹스폰을 부는 남자를 우선 보거나 혹은 흰색 여자의 얼굴을 보거나 둘 중에 하나만이 우선 지각된다.

게슈탈트 심리학은 시지각과 관련해서 근접성(*proximity*)의 법칙, 연속성(*continuity*)의 법칙, 완결성(*closure*)의 법칙, 유사성(*similarity*)의 법칙 등을 제시해왔다. 〈그림 1-3〉은 근접성과 연속성의 법칙을 보여준다. 글자판 가운데에 있는 글자는 정확히 보면 13도 아니고 대문자 B도 아니다. 그러나 세로로 읽으면 12, 13, 14로 인식된다. 13으로서 불충분한 정보를 갖고 있지만 12와 14 사이에 있으므로 근접성과 연속성의 법칙에 따라서 13으로 받아들여진다. 마찬가지로 가로로 읽으면 대문자 B가 된다.

〈그림 1-4〉를 보면, 서부 모자를 쓴 사람이라고 생각한다. 그러나 정보가 충분한 것은 아니다. 사람의 귀는 없고 얼굴 모습도 명확하지 않다. 우리의 뇌는 불충분한 정보를 서로 연결한다. 정보가 부족해도 우리는 과거의 경험이나 유사성을 통해서 부족한 정보를 메운다. 완결성의 법칙은 이미지에만 국한되는 것이 아니다. 우리가 한 편의 영화를 볼 때, 영화 감독은 관객들에게 충분한 정보를 제공하지 않는다. 감독이 충분한 정보를 제공하려면 영화 시간은 한없이 늘어날 것이다. 영화의 서사는 어떤 궁금증을 유발하고, 관객은 그 궁금한 것을 채운다. 이것은 '공백 메우기'(*filling gap*)(Iser, 1980)이

〈그림 1-3〉
근접성과 연속성의 법칙

〈그림 1-4〉
완결성의 법칙

〈그림 1-3〉   〈그림 1-4〉

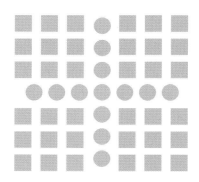

다. 관객이 영화를 해독하는 것은 부족한 정보를 스스로 채우는 공백 메우기의 과정이다. 관객의 영화 해독에서도 완결성의 법칙이 적용된다.

〈그림 1-5〉는 유사성의 법칙을 보여주는데, 유사한 형태나 모양은 하나의 집단으로 인식된다. 유사성의 법칙은 안정적이거나 비슷한 모양을 집중해서 선택하게 함으로써 서로 연결되어 있는 것처럼 받아들여지는 원리이다.

형상의 모양, 크기, 배열, 색채 등은 시지각을 결정하는 지배적인 요소지만, 동시에 프레임의 영향을 받기도 한다. 우리는 프레임 내 선택된 대상물을 지각하는 것과 동시에 대상물과 프레임 사이 공간관계도 인식한다. 인지심리학자들은 프레임 안에서 대상물의 위치에 따라 바라보는 사람은 무의식적으로 정지된 대상물을 움직이는 것처럼 느낀다고 주장한다. 단일한 대상물이 프레임의 중심이나 외곽에 위치하는가에 따라서 우리의 시선도 고정되어 있는 것이 아니라 이동한다는 것이다.

프레임 내 대상물의 위치는 눈에 보이지 않는 요소들로 하여금 화면구성에 강력한 영향을 미친다. 시지각의 힘은 대상물이 프레임 내 구석이나 주변에 놓일 때 대상물이 밖으로 나가는 듯 인식하게 만들며, 대상물이 중심에 놓일 때 중심 안으로 들어가는 것처럼

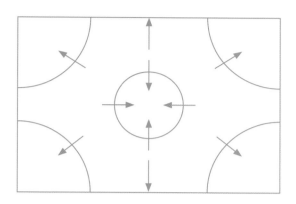

인지하게 만든다. 각각의 요소들은 시지각의 원리에 따라 재배치되는 것이다(〈그림 1-6〉 참고).

　대상물이 중심에 놓일 때 중심 안으로 들어가는 듯 보이며, 주변에 놓일 때 밖으로 빠져나가는 것처럼 인식된다. 예를 들어, 간단한 미디엄 클로즈업이 어떻게 작동하는지 살펴보자. 〈그림 1-7〉에서 보듯, 카메라가 틸트 업(*tilt up*)하면서 '머리 위의 공백'(*headroom*)을 가지면, 인물은 마치 프레임 하단으로 미끄러져 내려가는 듯한 느낌을 줄 것이다. 반면 머리 위의 공백이 형성되지 않도록 카메라를 틸트 다운(*tilt down*)하는 경우에 인물은 프레임의 상단을 통해 위로 올라가는 것처럼 보인다. 프레임의 구석에 위치하는 경우라면 인물은 이미 그 힘을 상실한 중심부로부터 빠져나오는 듯한 느낌을 줄 것이다. 그러나 인물이 프레임의 중심부에 위치하면 각 구석부분에서 끌어당기는 효과에 저항하여 균형을 유지하고 있는 듯한 인상을 준다(Ward, 2002, pp. 72~73).

게슈탈트 시지각의 논리는 우리가 대상이나 형태를 볼 때, 그것들을 구성하는 다양한 구성요소들이 인식에 영향을 미친다는 것이다. 그것은 시각적 주의력을 파악하는 데 유용한 정보를 제공한다.

(a)
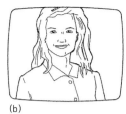
(b)

(c)

〈그림 1-7〉
프레임의 시지각
(a) '머리 위 공백'이 넓으면, 인물은
미끄러져 내려가는 것처럼 보인다.
(b) '머리 위 공백'이 없으면 인물은
위로 올라가는 듯 보인다.
(c) 인물이 프레임의 중앙에 놓이면
균형을 유지하게 된다.

시각 디자이너나 영상 제작자들은 시지각의 원리를 이미지 구성에 활용한다. 그러나 게슈탈트 시지각의 문제는 제작자들이 구성해낸 원리에 따라서 수용자가 그대로 받아들일 것이라고 전제하는 데 있다. 바라보는 사람을 지나치게 수동적으로 가정하는 것이다. 더욱이 시각적 감각에만 초점을 맞춤으로써 의미가 어떻게 해석되며, 이미지가 놓이는 사회적 맥락을 배제하는 한계가 있다.

보는 것은 단순히 시각적 감각에 국한되는 것이 아니라 사회적 과정 속에 놓이는 것이다. 우리가 무엇을 본다는 것은 이미 알고 있는 것이나 믿고 있는 것을 통해서 해석하기 때문이고, 우리는 이미 누군가에 의해서 '구성된 현실'(*reconstructed reality*)을 바라보기 때문이다.

2. 시각과 영상

1) 플라톤의 동굴

현실은 언어와 영상의 세계에 의해서 해석된다. 그러나 철학자들은 영상에 의존하지 않고 현실을 어떻게 이해할 것인가에 깊은 관심을 가져왔다. 플라톤, 경험주의나 실증주의자 철학자들, 맑스

(Marx), 그리고 보드리야르(Baudrillard)에 이르기까지, 이들은 모두 현실과 영상(혹은 이미지) 사이의 관계를 탐구해왔다. 플라톤의 유명한 동굴비유는 영상을 이해하는 출발점을 제공해준다.

> 영혼 안에서 다음의 네 가지 상태가 일어나고 있다고 치세. 즉, 맨 윗부분에는 지성을, 둘째 부분에는 오성을, 셋째 부분에는 신념을, 맨 마지막 부분에는 영상(그림자)을 배당하게(511d). … 우리 인간의 본성은 다음과 같은 상태와 비슷하다고 생각해보게. 즉, 땅 밑에 있는 동굴 모양의 거처에서 살고 있는 사람들을 상상해주게. 길게 뻗어 있는 입구가 빛이 있는 쪽을 향해서 동굴 전체의 넓이만큼 열려 있네. 그리고 그 사람들은 그 거처 속에서 어려서부터 발과 목이 묶여 있기 때문에 같은 자리에만 머물러 있고, 그 사실로 해서 머리를 뒤로 돌릴 수가 없으니 그저 앞만 바라보고 있게 되네(플라톤, 1982, 514b).

플라톤은 동굴에 갇혀 사는 사람의 등 뒤와 빛 사이에 인형 같은 사물의 모형이 있다고 비유한다. 사람들은 뒤를 돌아볼 수 없기 때문에 모형의 그림자를 현실이라고 인식한다. 만일 뒤를 돌아볼 수 있다면 자신들이 본 것이 그림자이며, 실재[여기서 실재는 현실을 의미하는 것이 아니라 보이지 않는 '이데아'(idea)를 의미한다]가 아니라 모형일 뿐이라는 것도 알게 될 것이다. 사람들이 동굴 밖으로 나오기 전까지 실재를 알 수 있는 방법은 없다. 플라톤에게 동굴은 실재인식을 가로막는 방해물의 상징이다.

플라톤에게 영상의 세계는 허깨비의 세계에 지나지 않는다. 이데아-현실-그림자(영상)의 관계에서 이데아는 지성과 오성(수학적 추리)으로 구성되어 있고, 현실은 신념, 그리고 영상은 환영을 의미한다. 이데아는 지성적 사유의 세계인 참된 실재지만, 영상은 지식

		지성	
이데아	실재=진리		보이지 않는 세계
		오성	
현실	모형=현실	신념	
			보이는 세계
그림자	영상=환영	허위	

〈표 1-1〉
이데아-현실-그림자(영상)의 관계

이 아니라 허위일 뿐이다. 플라톤은 기하학, 미적 대상, 올바른 도덕적 가치 등은 경험의 세계에서 찾아볼 수 없지만, 그것들의 의미는 이해되며 사고되고 있으므로 절대적으로 실재하는 것이라고 생각했다. 이데아는 시공을 초월한 비물질적이고 영원한 실재이며 참된 실재의 세계이다. 반면 현실과 영상은 이데아보다 낮은 감각의 세계이기 때문에 참된 실재인식을 가로막을 뿐이다. 플라톤이 이상국가에서 시인을 추방시키고자 했던 이유도 바로 시인이란 영상의 세계에 몰두해 있는 사람이라고 간주했기 때문이다.

플라톤의 전제에 따라서 의자를 생각해보자. 세 가지 의자—'이데아의 의자', '대상(현실)으로서 의자', '영상의 의자'—가 존재한다. 우리 뒤에 대상으로서 의자가 놓여 있다. 뒤쪽에서 빛이 나와서 '의자의 영상'이 벽에 비춰져 있고, '대상으로서의 의자'의 뒤에 '이데아의 의자'가 있다. 그런데 우리의 눈은 뒤를 볼 수 없어서 오직 '영상의 의자'를 실재 의자로 간주한다. '영상의 의자'는 '이데아의 의자'보다 두 단계 낮은 위치에 있는 미천한 것으로 간주된다. 플라톤이 이데아의 세계를 추구했다는 사실은 눈으로 보이는 '영상의 의자'뿐만 아니라, 현실이나 대상으로서 의자의 존재, 즉 감각적 세계에 대한 부정을 내포하고 있다.

플라톤에게 현실 모방으로서의 이미지는 진리에서 벗어나는 환영이지만, 아리스토텔레스에게 모방으로서의 이미지는 예술적 활동의 출발이다. 왜냐하면 자연에 대한 모방은 창조적 행위의 토대를 마련해주기 때문이다. 동시에 아리스토텔레스에게 모방은 하나의 교육적 기능을 수행하기도 한다.

2) 시각 중심주의

플라톤이 눈으로 보이는 세계를 거부했다면, 근대 이후 경험주의나 실증주의 철학자들은 관찰될 수 있는 현실만이 과학적 지식이라고 규정했다. 이데아로서의 진리가 사실들의 인과관계를 통해서 알 수 있는 법칙이나 이론으로서의 진리로 바뀐 것이다. 전(前)근대 시대에 진리는 신(神)이나 절대적 힘에 의해서 정의되었다. 그러나 서구에서 근대 프로젝트는 인간의 '시각 중심주의'(ocularcentrism)에 대한 신뢰로부터 출발했다.

16세기부터 17세기는 과학혁명의 시대였다. 근대 과학의 역사를 새로 쓴 수많은 천재들, 코페르니쿠스, 갈릴레이, 케플러, 뉴턴, 라이프니츠, 보일 등은 과학적 지식을 통해서 미신과 신비주의의 두려움을 정복했다.

코페르니쿠스는 천체의 관측결과를 발표하면서 지구는 둥글고, 스스로 축의 중심으로 자전하면서 1년에 한 번씩 태양 주위를 돌고 있다고 주장했다. 덴마크 천문학자 티코 브라헤는 망원경이 발명되어 본격적으로 천체관측에 사용되기 이전에 가장 정확한 천체관측자료를 가지고 있었다. 케플러는 티코 브라헤의 관측 자료를 면밀히 분석함으로써 행성운동에 대한 세 가지 법칙을 만들었다. 갈릴레이는 1609년 배율이 32배나 되는 망원경을 가지고 태양 흑점의 변화를 관찰했고, 목성의 위성 네 개를 발견하여 목성이 작은 태양계와 같은 구조로 되어 있다는 것을 확인했다.

케플러가 자신의 일생을 바쳐 추구한 목표는 행성의 움직임을 이해하고 천상 세계의 조화를 밝히는 것이었다. 이 목표는 뉴턴의 연구를 통해서 이루어졌다. 뉴턴은 케플러의 연구로부터 모든 물체 사이에는 질량의 곱에 비례하고 거리의 제곱에 반비례하는 인력(引力)이 작용한다는 만유인력의 법칙을 발견했다. 과학혁명의 출발은 천문학으로부터 시작되었는데 이것은 자연현상에 대한 관찰로부터 법칙과 이론을 이끌었고, 시각중심주의는 밑거름이 되었다.

서구 문화에서 시각 중심주의를 형성하게 한 여러 가지 요인들 중 결정적인 것은 망원경의 발명이다.[1] 포스트먼(Postman, 2001)은 중세에서 근대로 넘어가는 과정에서 시계, 인쇄술, 망원경의 중요성을 언급한다. 시계는 성직자의 시간관리에서 노동자의 시간관리 도구로 사용되면서 새로운 시간개념을 만들어냈고, 인쇄술은 구술적 전통의 인식론을 공격했으며, 망원경은 기독교 신학의 근본적인 가정을 흔들었다는 것이다. 망원경의 등장으로 사람들은 하늘을 보고, 측정하고, 사색하게 되었다. 망원경은 서구의 핵심적인 도덕적 토대—지구가 우주의 중심부에 자리하고 있으며 인간은 신의 특별한 은총을 입은 피조물이라는 믿음—를 허문 것이다. 지구가 은하계에서 외로이 떠도는 하나의 행성이 되어버렸기 때문에 우주를 창조한 신의 위치는 흔들릴 수밖에 없었다. 망원경은 '도덕적 가치'와 '지적 가치'를 명백히 구분하는 데 기여했다. 지적 가치가 도덕적 가치보다 우위를 점유하게 된 것은 바라봄의 확장을 통해서 가능하게 되었다.

외부 세계(자연)와 내부 세계(마음) 사이의 구분, 그리고 자아와 타자 사이의 구분은 '관찰'의 중요성을 환기시켰다. '관찰'은 시각 중심적이고, 반성적이지 않으며, 대상을 계량화시킨다는 것을 의미한다는 점에서 현실을 설명하고 접근하는 도구가 되었다. 실증주의의 인식론—말하자면 지식과 세계를 관찰할 수 있는 속성으

1. 망원경을 발명한 사람은 갈릴레이가 아니라 네덜란드의 안경사 조안 리퍼시(Johann Lippershey)였다. 다만 갈릴레이는 망원경을 단순한 장난감에서 과학기구로 탈바꿈시키는 데 이바지했다.

로만 환원시킨 것—에 따르면, "보는 것이 믿는 것"이다. 실증주의는 자연과학 및 과학기술의 발달과 분리하여 설명될 수 없다. 실증주의는 우연적이거나 자의적인 것은 과학적 지식이 아니라는 점을 분명히 하면서 사실의 관찰을 통해서 일반화된 규칙을 찾고자 했다. 그러나 관찰에 대한 집착은 지식의 발견이나 다양한 사회적 경험을 '본다'는 행위로만 축소시키는 결과를 초래했다. 젠크스(Jenks, 1995)가 지적하듯이, 실증주의가 말하는 '순수 인식'(*pure perception*)은 사실상 '부분 인식'(*partial vision*)에 불과한 것이다. 왜냐하면 관찰하는 사람의 세계관을 현상에 대한 탐구에서 제외시켰기 때문이다.

우리는 각자의 세계관을 가지고 현상을 바라본다. 세계관은 가치 중립적으로 순수하게 존재하는 것이 아니라 우리가 살아온 사회적, 역사적, 문화적 경험들로부터 형성된다. 젠크스는 우리가 대상을 바라볼 때 부분적인 시각을 가질 수밖에 없다고 주장하는데, 우리가 바라보는 대상을 '선택'하고, 객관적 사실로부터 본질이 무엇인가를 추론하는 '추상화'의 과정을 거치며, 바라본 것을 '변형 혹은 재구성'하기 때문이다.

3) 이데올로기로서의 이미지

맑스는 실증주의적 바라봄의 방식을 가장 비판했던 철학자 중 한 사람이다. 맑스는 우리가 대상을 있는 그대로 바라보는 것이 아니라 사회적으로 주어진 것을 바라본다고 가정했다. 우리 앞에 놓여 있는 많은 이미지와 사물들이 스스로 존재하지 않는다는 것이다. 우리는 사회적 진공상태에서 사는 것이 아니기 때문에 수많은 사회적 관계들, 계급, 조직, 성, 인종 등을 통해서 매개된 표상의 산물들(사진, 영화, 뉴스 등)을 바라본다. 그것들은 누군가의 시각에서 선택되고, 추상화되고, 재구성된 것들이다. 맑스는 여기에 권력과 계급관계가 개입되어 있다는 점을 지적한다. 우리 앞에 주어진 것은 지배계급에 의해서 구성된 것이라는 점에서 지배 이데올로기가 된다. 시각이 이데올로기와 연결되는 것이다.

맑스의 입장은 실증주의 철학자들의 주장과 상반된다. 실증주의 철학자들은 이데올로기는 과학과 대립되는 것이고, 과학이란 '보편성'을 지닌 것이라고 주장했다. 지배 이데올로기는 현실의 본질을 은폐함으로써 다른 것으로 대체하는 기능을 담당하는 것이지만, 맑스는 이데올로기가 과학일 수도 있다고 가정했다. 이데올로기의 성격이 과학적인가 비과학적인가 하는 문제는 계급이익에 따라 구분된다. 노동계급의 이데올로기는 과학이지만, 부르주아의 이데올로기는 과학이 아닌 것으로 간주되기 때문이다.

맑스는 눈으로 보이는 외양(*appearance*)이 아니라 외양 아래에 놓여 있는 구조나 본질(*essence*)을 분석하고자 했다. 맑스는 보이는 것이 아니라 보이지 않는 힘(경제)의 구조를 밝히고자 했으며, 외양과 본질 사이의 조응관계를 분석했다. 이처럼 보이는 것에 대한 부정은 플라톤에 의해서 이미 제기되었던 것이다. 그러나 플라톤은 참된 진리로서 이데아를 추구했지만, 맑스는 현실을 부정하지도 초월적인 세계를 꿈꾸지도 않았다.

4) 시뮬라시옹

영화 〈매트릭스〉(1999) 도입부에는 책 한 권이 나오는 흥미로운 장면이 있다. 주인공 네오가 해킹한 데이터를 돈을 받고 넘겨주는데, 디스크를 숨겨 놓은 곳이 보드리야르(Baudrillard)의 《시뮬라크르/시뮬라시옹》(*Simulracra & Simulation*)이라는 책이다(〈그림 1-8〉 참고).

이 숏은 쉽게 지나칠 수 있는 장면이지만 영화의 주제와 밀접한 관계를 맺고 있다.

영화 〈매트릭스〉는 실재는 존재하지 않지만 존재하는 것보다도 더 실재처럼 인식되는 가상현실을 다루고 있다. 영화의 배경은 1999년이다. 그러나 1999년은 인공지능이 인간의 생체 에너지를 자신의 동력원으로 활용하기 위해서 설정된 가상현실이고 실재는 2199년이다. 대부분 사람들은 가상으로 만들어진 1999년을 현실이라고 생각하면서 살아간다. 가상현실의 세계가 시뮬라크르이고, 가상현실을 현실이라고 믿도록 작동하는 원리는 시뮬라시옹이다. 시뮬라크르는 플라톤이 말한 동굴의 세계를 의미한다. 플라톤이 동굴에 갇혀 있는 죄수들이 동굴 벽에 비춰진 그림자를 보면서 실재라고 인식하는 것처럼, 우리는 디지털 이미지가 많은 세계 속에서 살고 있는지도 모른다.

전자게임을 하는 동안 우리는 게임의 세계 속으로 들어간다. 이것은 게임이 만든 시뮬라크르에 빠지는 것이다. 게임에 몰입하는 동안 현실의 시간과 공간은 사라지는 듯하다. 현실의 시간이 어떻게 지나가는지 잊어버리면서 게임의 공간 속에서 강한 현실감을 느끼며 몰입하게 되는데, 이것은 시뮬라시옹의 과정이다.

포스트모던 이론가인 보드리야르(Baudrillard)는 플라톤, 실증주

〈그림 1-8〉
〈매트릭스〉(1999)
앤디 워쇼스키·라나 워쇼스키(Andy
Wachowski·Lana Wachowski) 감독

의, 맑스와는 또 다른 시점에서 시각의 문제를 논의한다. 보드리야르는 '가상 현실'이 가상적인 것이 아니라 오히려 현실 자체일 수 있다는 점을 지적한다. 보드리야르는 현대 문화에서 기호와 지시 대상 사이의 관계가 무너짐으로써 정상적 의미사슬의 관계가 해체되었다는 점을 강조한다.

> 시뮬라시옹(*simulation*)이란 원본도 사실성도 없는 실재, 즉 하이퍼리얼(*hypereal*)을 모델로 산출하는 작업이다. … 시뮬라시옹은 본질적 실체로서 지시대상[기호가 구체적으로 가리키는 대상]이 없는, 단지 기호체계 속에서 인위적으로 부활됨으로 강화되는 것이다. 기호를 구성하는 지시대상의 본질성을 상정한 기의의 존재는 없는, 단지 기표의 상호작용 속에서 의미는 생산된다(Baudrillard, 1996, pp.12~18).

보드리야르에 의하면 시뮬라시옹은 원본이 없고, 기의(*signified*)의 존재도 없는 과정 속에서 생산되는 의미를 지칭한다. 원본이 없다는 것과 기표(*signifier*)와 기의(*signified*)의 관계가 해체되었다는 것은 무엇을 의미하는가?[2] 보드리야르는 어디에선가 "걸프전은 없다"라고 단언한 적이 있다. 물론 이것은 걸프전이 발발하지 않았다는 것이 아니라, 기존 전쟁의 의미가 걸프전에서 무너졌다는 것을 뜻한다.

두 가지 전쟁에 관한 사진을 살펴보자(〈그림 1-9〉). 하나는 월남전에서 월맹군 첩자를 처형하는 장면을 담은 애덤스(Adams)의 신문 보도사진이고, 다른 하나는 걸프전에서 이라크의 정보기지가 폭발하기 직전의 상황을 포착한 미국 텔레비전 뉴스채널 CNN의 보도화면이다. 우리는 전쟁이 무엇을 의미하는지 알고 있다. 전쟁의 기표가 서로 죽이고 파괴하는 것이라면, 전쟁의 기의는 잔인함, 인간의 폭력성, 이성의 상실, 비인간성 등이다.

2. 기표와 기의에 대한 설명은 4장을 참고.

〈그림 1-9〉
전쟁에 대한 두 가지 표상
애덤스(Adams)의 월남전 사진은 전쟁의
잔혹함을 표현하지만, 걸프전 CNN
보도 영상은 전자오락 게임 같은 전쟁을
보여준다.

애덤스의 월남전 사진에서는 전쟁의 기표와 기의 사이의 관계가 냉정하게 유지된다. 길거리에서 순간적으로 인간을 죽일 수 있다는 잔인함이 사진 속에서 극적으로 표현되어 있을 뿐만 아니라, 처형되는 순간 한 인간의 모습이 너무도 생생해 섬뜩한 느낌을 자아내기 때문이다. 1970년대 많은 월남전 보도사진들은 폭력과 비인간성의 증거로서 전쟁을 그려냄으로써 반전운동을 촉발시켰다 (Lester, 1996, p.168).

걸프전 사진은 전쟁의 참혹함이 아니라 전자오락게임 같은 전쟁을 보여준다. 우리가 사진을 보면서 스커드 미사일로 폭격 당한 이라크 정보기지 내에 수많은 사람들이 처참하게 죽었으리라는 것을 상상하기는 힘들다. 대신에 스커드 미사일의 정확도나 신무기의 위력, 전쟁이 아니라 CNN 뉴스의 현장성 등을 먼저 떠올릴 것이다. 전쟁이 지니고 있는 기의는 사라진 채 이미지와 게임으로서의 전쟁만이 남게 된 것이다.[3] 따라서 전쟁의 기호에서 기의는 사라지고 기표만이 남았다고 할 수 있다. 이렇게 의미사슬의 관계가 해체되는 것은 걸프전의 텔레비전 화면만이 아니다. 최근의 텔레비전 광고, MTV, 뮤직비디오 등은 정상적 의미관계를 해체함으로써 의미나 내용이 아니라 이미지 자체만을 소비하게 만든다.

3. 미국의 이라크 침략에 대한
CNN보도에서도 전쟁의 의미는 사라졌다.
대신 전쟁은 본질이 사라진 미디어
전쟁으로 바뀌었다.

3. 영상 언어의 특성

1) 구술 언어, 문자 언어, 영상 언어

인쇄술이 발견되기 이전에는 구술(음성) 언어가 지배적이었다. 고대 문학이나 서사시가 운문형식을 취한 것은 소리에 의존했기 때문이다. 청중이 한 번 들어서 의미를 이해해야 했기 때문에 고대 언어는 비록 문자 언어로 쓰였다고 하더라도 리듬이 강조되는 소리에 영향을 받았다. 구술 언어의 메시지는 전달되는 분위기나 환경과 어우러져서 '지금 여기'라는 현재의 경험으로 전달된다.

옹(Ong, 1982)은 구술 언어가 문자 언어와 다른 아홉 가지 특성을 서술한다; 구술 언어는 분석적이거나 추론적이지 않다; 사고와 표현의 구성요소들이 개별적이기보다는 집합적인 성격을 띤다; 기억을 돕기 위해서 중복적이다; 정보 저장의 어려움 때문에 쉽게 기억되고 되풀이될 수 있도록 보수적 성향을 지닌다; 모든 지식을 인간의 일상생활에 가깝게 연결시킨다; 말하는 사람과 듣는 사람이 함께 있다는 가정 때문에 논쟁적인 어조를 갖는다; 지식이 삶의 경험을 바탕으로 구성되기 때문에 참여하면서 배울 수 있다; 현재의 유용성이 강조된다; 마지막으로 사고나 표현이 맥락 의존적(*situational*)이고 일상생활과 밀접히 연결되어 있다.

문자 언어는 인쇄술의 발전으로 확장되었다. 그것은 독서행위를 이끌었고 산문형식은 지배적인 언어가 되었다. 문자 언어는 구술 언어와 다르게 분석적이고 대상을 추상화하는 능력을 지니고 있어서 세상을 해석하는 방법에 적지 않은 영향을 미쳤다. 문자 언어는 영상 미디어가 등장하기 이전까지 인간의 사고와 문화를 압도적으로 지배했다. 이것은 영상 미디어가 나타나서 문자 언어의 영향력이 사라졌다는 것이 아니다. 문자 언어와 영상 언어는 서로 대체할 수 없는 고유한 특성을 지니고 있어서, 영상 미디어의 발달로 영상 언어가 한 사회의 지배적인 언어수단이 된다 해도 문자 언어의 특성은 사라지지 않을 것이다.

미디어 기술의 발달은 구술 언어, 문자 언어, 영상 언어의 변화를 초래했다.[4] 드브레(Debray)는 미디어 기술, 언어, 문화의 관계를 복합적으로 설명한다. 드브레는 미디어의 구성요소인 기록방식이나 수단인 미시적 세계가 거시적 세계인 '미디어 환경'에 상응한다고 주장한다. 미디어가 새로운 것인 반면 미디어 환경은 본질적으로 지속적으로 이어져 오는 것이기 때문에 새로운 미디어의 등장과 더불어 사라지는 것이 아니라, 오래된 차례대로 포개어진다는 것이다. 드브레는 미디어의 변화와 미디어 환경을 〈표 1-2〉와 같이 설명한다(홍석경, 1997, pp.277~279).

구술 언어 중심의 세계는 고대 중심으로 신화, 종교, 신성한 것, 보이지 않는 것 등이 지배하는 사회이다. 설교는 영향력을 행사하는 수단이고, 동일시의 대상은 성자(聖者)이며, 증명할 수 없는 영혼의 세계가 지배하는 사회이다.

문자 중심 세계는 알파벳과 인쇄술의 발달, 이성과 합리성을 축으로 하는 근대적 사고와 불가분의 관계를 맺고 있다. 문자 언어 중심의 세계는 이성적 사고가 정당성의 준거가 되며, 개인 자체가 아니라 동일한 언어를 읽고 쓰는 집단, 즉 민족이나 국가가 이상적 인간 집단으로 간주된다. 교회나 신화의 세계로부터 지식이 신성시되는 사회로 바뀌고 상징적 권위의 근원은 읽을 수 있는 것(근거, 원리) 또는 논리적 진리가 된다. 따라서 영향력 있는 커뮤니케이션 수단은 책(출판)이다.

영상 언어 중심 세계는 민족이나 국가가 아니라 개인 그 자체가

4. 맥루한(McLuhan, 1964)은 문자 이전 시대(구술 문화), 문자 시대, 전자 시대로, 옹은 제1구술 문화, 문자 미디어 문화(인쇄술), 제2구술 문화로, 드브레(R. Debray)는 구어 중심 세계, 문자 중심 세계, 비디오(영상) 중심 세계로 유사한 구분을 한다. 이들은 미디어 기술, 언어, 사회의 관계를 공통적으로 주목하면서 오늘날의 전자 시대가 구술 문화의 특성을 보여주고 있다는 점도 지적한다. 새로운 미디어의 등장이 과거의 언어적, 표현적 특성을 무너뜨리는 것이 아니라 포개어진다는 점에서 연속성을 지니고 있다는 것이다. 텔레비전이나 라디오의 경우 전자 시대의 문화를 주도하지만, 현재에 집중하고 공동사회의 감각을 키우고 있다는 점에서 제1의 구술 문화와 닮아 있다.

이상적 인간 집단으로 간주된다. 영상 이미지가 상징적 기구의 지배적인 수단으로 사용되고 미디어가 생산해내는 정보가 지식을 대체한다. 미디어를 통제할 수 있는 집단이 지배 집단으로 권위를 행사하고, 볼 수 있는 것 또는 그럴듯한 것이 상징적 권위의 근원이 된다. 따라서 개인은 소비자의 위치에서 대상을 바라보며, 동일시의 대상은 더 이상 성자나 영웅이 아니라 미디어가 꾸며내는 스타

〈표 1-2〉
언어와 문화: 구술, 문자, 영상 언어

	구술 언어 중심 세계	문자 언어 중심 세계	영상 언어 중심 세계
이상적 인간집단 (또는 정치적 발생물)	단일(도시국가, 왕국) 절대주의	전체(국민,민족,정부) 민족주의와 전체주의	개인(인구, 사회) 개인주의와 아노미
시간의 존재	원(영원, 반복) 고대 중심	선(역사, 진보) 미래 중심	점(시사성, 사건) 자아 중심
기준이 되는 세대	선조	성인	젊은이
매혹의 패러다임	신화 (신비,도그마,서사시)	이성 (유토피아, 시스템)	영상 (정서와 환상)
상징적 기구	종교(신학)	체제(이데올로기)	모델(도상학)
정신적 계급	교회(예언자와 사제) 신성: 도그마	지식인 신성: 지식	미디어(송신자) 신성: 정보
정당성의 준거	신성한 것	이상적인 것	효율적인 것
복종의 원동력	신앙(광신주의)	법(독단주의)	의견(상대주의)
영향력 행사의 수단	설교	출판	출연
흐름의 통제	성직자 집단	정치 집단	경제 집단
개인의 지위	명령해야 할 신민	설득해야 할 시민	유혹해야 할 소비자
동일시의 대상	성자	영웅	스타
상징적 권위의 근원	보이지 않는 것 (기원) 또는 증명할 수 없는 것	읽을 수 있는 것 (근거, 원리) 또는 논리적 진리	볼 수 있는 것 (사건) 또는 그럴 듯한 것
사회적 지도력	상징적 실체: 왕 (왕조 계승의 원칙)	이론적 실체: 대표 (이데올로기적 원칙)	산술적 실체: 지도자 (통계원칙, 인기도)
주체성 형성의 중심	영혼	의식	몸

가 된다.

문자 언어와 영상 언어는 근본적인 차이가 있다. 도정일(1998)은, 문자 언어는 사건 서술과 대상 묘사에 치중하는 '다이제시스'(diegesis)의 언어인 반면, 영상 언어는 이미지에 의한 대상 재현적 '미메시스'(mimesis)의 언어임을 지적하고 있다. 다이제시스는 화자(혹은 서술자)에 의한 간접적 사건 기술이라는 의미에서 '말하기'(telling)라는 개념과 관계되어 있지만, 미메시스는 사건의 직접적 제시인 '보여주기'(showing)라는 개념과 연결되어 있다.[5]

도정일이 예시하듯, 윌리엄 포크너(William Faulkner)의 단편《에밀리에게 장미를》에서 나오는 "그녀의 두 눈은 흰 밀가루 반죽에 박아 놓은 두 개의 작은 석탄 같았다"라는 문장을 보자. 이와 같은 표현방법은 문자 언어이기 때문에 가능한 것이다. 영상 언어로 그녀의 두 눈이 흰 밀가루에 박아 놓은 두 개의 작은 석탄 같았다는 것을 기술하기는 어렵다. 물론 영화에서 그녀의 눈을 클로즈업(close-up)한 숏 다음에 흰 밀가루에 박혀 있는 두 개의 작은 석탄의 숏을 배열할 수 있다. 그러나 관객이 이런 숏의 연결을 보면 어색해 할 것이다. 왜 문자 언어에서는 어색하지 않은데 영상 언어로 바꾸어 놓으면 이상하게 느껴지는 것일까?

문자 언어에서 독자는 실제 그녀를 볼 수 없다. 그녀의 모습은 독자의 머릿속에서 그려진다. 따라서 "그녀의 두 눈은 흰 밀가루 반죽에 박아 놓은 두 개의 작은 석탄 같았다"는 표현은 상상적으로 독자의 마음속에 그려진다. 독자는 그녀의 큰 눈이 슬픔에 젖어 있는 이미지를 생각한다. 그러나 영상 언어는 그녀의 모습 자체가 보여지기 때문에 상상적 과정이 개입하기 이전에 직접적으로 이해된다. 직접적인 묘사만으로도 충분히 그녀의 눈을 설명할 수 있는 상황에서 또 다른 비유는 자연스럽지 못한 결과만을 초래할 뿐이다.

5. 도정일은 고전적인 의미(플라톤의 입장)에서 다이제시스와 미메시스를 구분하고 있다. 그러나 다이제시스의 개념은 서사이론, 연극, 영화 등에서 다양하게 사용되고 있다. 서사이론에 따르면, 다이제시스는 이야기가 전개되는 '허구적 세계'를 지칭한다. 연극에서 등장인물이 다른 사건을 말하는 것, 그래서 관객이 볼 수는 없고 들을 수만 있을 때 이것을 다이제시스라고 칭하지만, 등장인물이 특정 장면을 스스로 연기할 때는 미메시스라고 부른다(Childers & Hentzi, 1995, p.82). 서사이론에서 다이제시스에 관한 것은 제6장 3절 참고.

문자 언어에서 나타내고자 했던 것은 실제로 그녀의 눈이 두 개의 작은 석탄이었다는 것이 아니라, 그녀의 큰 눈에 대한 생생한 묘사이다. 독자는 큰 눈에 대한 묘사와 은유로 흰 밀가루 반죽의 작은 석탄을 이해하지만, 영상 언어의 경우 대상에 대한 직접적 표상이기 때문에 관객은 우선 시각적으로 읽는다. 그녀의 두 눈과 흰 밀가루 반죽에 박아 놓은 작은 석탄의 영상 이미지를 병치로 읽을 수는 있지만, 그것이 어색함에서 벗어나게 하는 것은 아니다.

그러나 문자 언어가 '말하기'의 언어이고 영상 언어는 '보여주기'의 언어라고 말하는 것은 단순하다. 영상 언어는 문자 언어와 다른 기술과 묘사, '말하기'의 능력을 지니고 있다. 영상 언어의 '보여주면서 말하는' 능력은 편집과 관계되어 있다. 예를 들어, 에이젠슈타인(Sergei Eisenstein)의 〈시월〉(1927)에는 기계적인 황금 비둘기의 숏 이후에 한 인간의 숏으로 이어지는 장면이 있다. 기계적인 황금 비둘기는 허영이나 자만을 암시하기 때문에 허영에 빠진 인간을 함축한다. 이것은 사건의 직접적인 제시나 보여주기가 아니라 서술자(감독)가 암시적으로 허영을 묘사한 것이다.

2) 영상 언어: 도상성, 지표성, 비결정성

영상 언어가 지니는 특성은 의미론과 구문론에서 찾을 수 있다. 의미론적 측면에서 영상 언어는 도상성(*iconicity*)과 지표성(*indexicality*)을 지닌다(Messaris, 1997, pp.5~22). 도상성은 영상 언어가 실재 대상의 외양을 '모방해내는 능력'이다. 도상은 영상 언어와 대상 사이의 직접적인 관계, 성질의 유사성에 의존하는 기호이다. 영상 언어는 모두 도상적 특성을 지닌다. 초상사진이 있다면 그것은 찍힌 사람과 분명한 유사성을 갖고 있다. 물론 영상 언어뿐만 아니라 설계도도 도상적 기호이다. 왜냐하면 설계도는 직접적으로 건물을 표현한 것은 아니지만 건물의 외양을 보여주기 때문이다.

영상 언어의 도상성은 '영상적 기법'—카메라 앵글, 이미지 크기, 조명 등—과 '형식적 스타일적 특성'—색채, 전체 구성, 추상적 모양 등—에 의해서 표현된다. 이미지의 대상이 매혹적으로 보이는 것은 영상 언어의 도상성 때문이다. 이미지 생산자는 영상 언어의 도상성을 활용해서 자신의 목적에 맞게 기호화하고, 특별한 방식으로 수용자의 감정을 통제한다. 따라서 영상 언어의 도상성은 감정과 시각을 연결하는 특성을 지닌다.

영상 언어의 지표성은 영상 언어의 '시각적 진실성'을 유발하는 요소이다. 지표적 기호는 인과관계에 의존하는 기호인데, 내용의 유사성(도상처럼)에 의해서가 아니라 관계를 통해서 예측되는 기호적 특성을 지닌다. 매연으로 가득 찬 사진을 보면 우리는 공해와 환경 문제를 떠올린다. 이것은 공해와 환경 사이 인과관계 때문이다. 만일 텔레비전 광고에서 유명한 대중음악 스타가 초콜릿을 먹는 장면이 나온다면, 유명스타를 좋아하는 팬들에게 높은 광고효과를 미칠 것이다. 왜냐하면 내가 좋아하는 스타가 초콜릿을 좋아하니까 나도 그것을 먹고 싶다는 욕망을 불러일으키기 때문이다. 만일 영상 이미지 없이 신문광고에서 "대중음악 스타 빅뱅은 초콜릿을 좋아한다"라는 카피를 접한다고 가정해보자. 아마도 소구력은 텔레비전 광고에서 보여지는 것보다 훨씬 떨어질 것이다. 이것은 사실의 문제가 아니라, 스타와 초콜릿 스타와 소비자, 소비자와 초콜릿이라는 관계의 설정 때문이다. 영상 언어는 이 같은 관계를 설정하는 데 문자 언어보다 뛰어나다.

구문론적 측면에서 보면 영상 언어의 특징은 비결정적(*indeterminacy*)이라는 데 있다.[6] 물론 하나의 사진이나 숏은 도상성과 지표

6. 비결정성이 영상 언어만의 특징이라고 단정하기는 어렵다. 이것은 영상 언어가 무엇을 표현하는가에 따라 달라진다. 다큐멘터리의 언어는 비결정성보다 결정성이 높은 반면, 허구적 영상 텍스트에서 비결정성은 중요한 미적 장치로서 활용된다.

성으로 인해 비결정적이라고 말하기 힘들다. 그러나 동적 이미지의 경우는 다르다. 예를 들어, 우리는 영화나 텔레비전 드라마의 편집방법으로 몽타주를 생각할 수 있다. 어린아이, 신발, 나무, 바다의 숏으로 연결된 장면을 떠올려 보라. 네 가지 숏은 언뜻 직접적으로 연결되지 않는다. 소설처럼 문자 언어로 네 가지 장면을 묘사한다면, 아마도 "어린아이가 누워 있었다. 들판에 떨어진 낡은 신발 한 짝이 있다. 나무가 있고 바다가 보인다"라고 서술될 것이다. 이것은 너무나 어색한 묘사이기 때문에 독자는 당혹스러움을 느낄 수밖에 없다. 그러나 영화의 장면이라면 자연스럽게 네 가지 이미지가 이어진다. 왜냐하면 영상 언어는 해독 이전에 느낌과 정서로 다가오기 때문이다. 이때 의미는 바라보는 관객에 따라 매우 상이하게 해독될 수 있는데, 이것은 바로 영상 언어가 문자 언어보다 구문론적으로(말하자면 숏과 숏 사이의 연결관계의 측면에서) 비결정적이라는 것을 함축한다.

영상 언어가 비결정적이라는 점은 바라보는 사람의 참여의 폭을 넓혀 놓는다는 것을 의미한다. 그만큼 해독의 범위가 열려 있기 때문에 관객의 관여를 높일 수 있다는 강점이 있다. 다른 예로 아름답고 관능적인 여자 등장인물이 등장하는 담배광고[버지니아 슬림 광고 같은]를 생각해 보자. 논리적으로 따진다면 담배는 여성성과 별로 관계가 없다. 그러나 우리는 자연스럽게 시각적으로 담배와 여성성의 이미지를 받아들인다. 이처럼 영상 언어가 지니고 있는 모호성 혹은 비결정성은 시각적 주장을 용이하게 만든다. 따라서 논리적으로 설명되지 않는 요소들이 영상 언어로 표현될 때 자연스럽게 연결될 수 있다.

4. 영상 이미지의 정서적 관여

1) 선망의 대상

매스 미디어 시대에서 영상 이미지가 제시하는 신화 중의 하나는 대상을 끊임없이 '매혹'(*glamour*)적으로 보이게 한다는 것이다 (Berger, 1987). 영상 이미지는 무엇인가에 대한 선망의 대상으로서 우리 앞에 나타난다. 역사적으로 보아 어떤 사회제도 아래에서도 이렇게 많은 영상 이미지가 한꺼번에 밀집되어 우리 일상생활을 지배한 적이 없었다.

선망의 대상으로서 이미지를 증폭시키는 것은 두 가지 차원에서 진행된다. 하나는 영상 이미지가 미래를 신화화해서 일상적인 대상을 선망의 대상으로 만드는 것이고, 또 다른 하나는 과거를 신화화하는 것이다(Sontag, 1986). 미래를 신화화하는 여러 기제 중의 하나는 광고이다. 광고에서 사용하는 시제는 언제나 미래 시제이다. 광고는 순간적으로 지나가면서도 미래에 관한 이야기를 함으로써 이상한 효과를 만들어낸다. 광고에서 제시하는 영상 이미지는 우리에게 더 아름다운 것, 더 소중한 것, 더 가치 있는 것을 줄 수 있는 것처럼 약속한다.

아름다운 모델이 화장품 광고에 등장한다. 그럼으로써 광고를 보는 여성 소비자들에게 "나도 저렇게 아름다워질 수 있을까"하는 느낌을 부추긴다. 화장품 광고는 소비자에게 당신도 이 화장품을 쓰면 아름다워질 수 있고 그럼으로써 모델과 마찬가지로 선망의 대상이 될 수 있다고 설득한다. 결국 광고의 이미지는 바로 선망의 대상이라 할 수 있는 소비자의 모습을 보여주는 것이다. 그러나 분명한 것은 광고 그 자체의 모델과 광고된 화장품을 사용할 경우 소비자가 얻을 수 있는 아름다움은 별개의 것이라는 점이다.

선망의 대상으로서 이미지를 부추기는 것은 광고뿐만 아니라 영화, 텔레비전 드라마 등에서도 끊임없이 나타난다. 영화에서 정의에 불타 악을 물리치는 주인공이나 부와 권력을 얻어 신분상승이 이루어지는 주인공은 선망의 대상으로 우리 앞에 나타나고 영상미디어는 그 이미지를 확대한다. 스타를 만드는 것은 선망의 대상으로서 이미지를 꾸며내는 것과 별반 차이가 없다.

영상 이미지는 미래를 선망의 대상화시키는 것과 더불어 과거를 선망의 대상화시킨다. 이것은 지금은 실재가 아닌 것을 영상 이미지를 통해 지금도 현실인 것처럼 증명하는 것을 말한다. 예를 들어 친척들이 모두 모이는 결혼식 때나 회갑연 때 우리는 가족사진을 찍는다. 오늘날 핵가족 시대에 살고 있으므로 모든 친척이 한데 모인다는 것은 드문 일이다. 따라서 점차 멀어져 가는 친척들이 모여 기념사진을 찍어둠으로써 가깝다거나 자연스럽게 친척들이 가족 공동체를 이루고 있다는 것을 상징적 기억으로 새삼스럽게 환기시킨다. 가족사진은 하나의 흔적에 불과하지만 사방으로 흩어진 친척 간의 존재를 나타내는 증거가 된다. 가족사진을 찍거나 비디오를 찍어둠으로써 우리는 과거를 상상 속에서 소유한 듯 느끼게 된다.

2) 나르시시즘

영상 이미지는 대상을 자기도취의 우물에 빠뜨린다. 우리는 거울을 보면서 거울 속에 비춰진 '나'가 평소의 내가 아닌 좀더 신비롭고 아름다운 존재로 느낄 때가 많다. 거울이든 사진이든 실물로서가 아니라 무언가 하나의 차폐물을 통해서 들여다보면 확실히 더 아름다워 보인다. 그것은 '현재의 나'를 보기보다는 객관적인 거리를 두고 '이상화된 나'(*idealized I*)를 들여다보는 것이기 때문에 늘 경험하는 나보다 신비롭다.

들여다봄으로써 자기도취에 빠뜨리는 것은 거울만이 아니다. 후기 자본주의 사회에서 소외된 주체로서 우리는 무엇인가를 들여다보는 행위를 통해서 나르시시즘(*narcissism*)에 빠지곤 한다.[7] 텔레비전, 비디오, 광고 등을 보는 것은 일종의 '나'를 들여다보는 행위라고 할 수 있다. 이것은 영상 미디어가 제시하는 영상 이미지를 자기 자신과 동일시하기 때문이다. 윌리엄슨(Williamson, 1998)은 라캉(Lacan)의 이론을 받아들여, 광고에서 거울 이미지가 무의식적으로 어떻게 소비자로 하여금 이상적 자아를 꿈꾸게 하는지를 흥미롭게 논의한다. 광고 혹은 영상 이미지가 사람들에게 현혹된 세계를 제시하여 관념적 자아를 형성시키고 소비주체로서 느끼게 한다는 것이다.

프로이트(Freud)는 나르시시즘을 심리학적 차원에서 이론화하였다. 프로이트의 나르시시즘은 일정량의 리비도를 전제로 한다. 유아기는 '1차적인 나르시시즘' 단계인데 여기서는 유아 자신이 리비도(*libido*)의 대상이 된다. 그런데 개인이 성장해감에 따라 리비도는 자기 자신에게서 다른 대상으로 옮겨간다. 이 과정에서 대상과 관계를 맺는데, 좌절당할 경우 리비도가 그 대상으로부터 다시 자신에게로 돌아온다. 이것이 '2차적인 나르시시즘'이다. 프로이트에 따르면 내가 사랑을 외부세계로 발산하면 발산할수록 자기에 대한 사랑은 감소되며, 역으로 내가 외부세계로 사랑을 발산하지 못하면 못할수록 자기에 대한 사랑은 증가된다.

후기 자본주의 사회에서 사랑은 외부로 나아가지 못한다. 그것은 교환가치와 상징가치 속에서 인간과 사물의 관계가 멀어지기 때문이며 시장논리가 인간과 사물의 관계를 바꾸어 놓기 때문이

7. 나르시시즘은 자신보다 완벽한 자아의 이미지를 발견하는 과정에서 오는 시각적 즐거움이다. 이것은 대상과 동일시 혹은 이상적 자아에 대한 동일시과정을 통해서 구성된다.

다. 이런 뒤바뀜 속에서 개인은 심리적 차원에서 일상적 자아와 내면적 자아 사이의 자아분열을 경험하게 된다. 더불어 일상적 자아와 이상적 자아 사이는 더욱 멀어져 간다. 일상적 자아와 이상적 자아가 멀어질수록 역으로 이상적 자아에 대한 사랑은 증가된다. 이는 이상적 자아에 대한 추구가 높아질수록 개인은 더욱 소외되고 있다는 것을 의미하는 것이다.

영상 이미지가 소외된 주체에게 나르시시즘을 제시한다고 할 때 그것은 프로이트가 말하는 '2차적인 나르시시즘'을 말하는 것이지만, 좀더 엄밀하게 말하면 이상적 자아에 대한 사랑이라고 할 수 있다. 대상에 대한 소외가 심화될수록, 일상적인 꿈이 경제적, 문화적 억압에 의해 상실될수록 이상적 자아에 대한 관심은 높아진다. 여기에서 영상 이미지는 이상적 세계를 제시함으로써 개인에게 이상적 세계에 대한 그리움을 증폭시키고, 이상적 세계를 일상적 세계와 동일시하도록 이끈다. 그러나 우리는 동시에 '현재의 나'가 '이상적인 나'와 다르다는 사실도 알고 있다. 이상적인 나로 다가온 멋진 모델을 보면서 화장을 하고 몸치장을 한다고 해도 '현재의 나'는 '이상적인 나'가 되지 않기 때문이다.

〈그림 1-10〉는 우리가 흔히 볼 수 있는 화장품 광고이다. 대부분 화장품 광고에서는 모델의 얼굴 전체가 한쪽을 장식한다. 따라서 모델의 실제 얼굴 크기와 사진의 크기 사이에 별다른 차이도 없다. 이것은 독자로 하여금 거울을 들여다보고 있다는 느낌을 자아낸다. 독자는 일종의 '이상화된 나'를 들여다보는 것이다. 나르키소스 (Narcissus)가 우물에 비친 자신의 모습을 사랑했다면, 현대인은 영상 이미지에 비추인 이상화된 자신의 모습을 사랑한다고 볼 수 있다. 여기서 매개되는 것은 이미지의 마술이다. 물론 우리는 모델이 자신과 다르다는 사실을 분명히 알고 있다. 그럼에도 불구하고 광

〈그림 1-10〉
광고의 나르시시즘
화장품 광고는 '이상화된 나'를 바라보는
방식으로 코드화되어 있다. 모델의 시선은
독자의 시선과 일치하며, 모델과 독자
사이의 거리도 가까운 편이다.

고의 이미지는 우리의 내면에 깔려 있는 나르시시즘을 호명하며, 이것은 우리로 하여금 상품을 구매하도록 이끄는 중요한 기제로 사용된다.

제틀(Zettle, 1996)은 이미지가 지배하는 현상과 관련해서 우리가 다시 플라톤의 동굴, 좀더 정확히 말하면 '하이-테크 동굴'로 되돌아가는 것이 아닌가 하는 질문을 제기한다. 플라톤이 대략 B.C. 380년경 《국가》를 저술했지만, 어쩌면 그는 오늘날 가상 현실에 대해서 이야기하고 있는지도 모른다. 플라톤의 비유는 조합된 '새로운 그림자의 세계'—가상 현실이라고 찬양되는 인공적 환경—를 설명하는 담론으로서 현재에도 유효하다. 어쩌면 우리는 플라톤의 동굴에 갇혀 있는 죄수들처럼 영속적 이미지의 죄수가 되기 위해서 새로운 하이-테크 동굴로 들어가고 있는지도 모른다.

우리 앞에 보이는 이미지들은 당대 세계관, 미디어의 특성, 테크놀로지의 발달 등이 결합되어 형성된다. 르네상스 시대 그림에서 리얼리즘 영화에 이르기까지, 바라보는 대상은 시대정신, 관습, 문화, 사회변동 속에서 새롭게 표현된다.

중세 회화는 특별히 부여된 의미들을 표현했고, 르네상스 이후부터 인간의 시선이 중심 척도가 되면서 풍경은 다르게 묘사되었다. 천상의 자연, 신이나 신화 속의 자연, 있는 그대로의 자연, 숭고한 자연, 노동 현장으로서 자연 등. 19세기 이후 바라보는 방식은 사진과 영화라는 테크놀로지의 등장으로 바뀌었다. 사진은 있는 그대로 현실을 재현하는 것으로부터 맨눈으로 관찰할 수 없는 대상을 기록하기도 했다. 사진은 예술, 과학 그리고 이데올로기와 만났고, 복제기술은 예술의 의미를 바꾸었다. 영화는 주체와 대상 사이의 거리를 소멸시키고 다양한 시점을 제공함으로써 관객을 허구적 세계 속으로 들어오도록 유도했다.

이 장은 시각이 어떻게 변화되어 왔는가를 논의할 것이다. 첫째, 중세 그림의 해석을 통해서 도상해석학이 영상분석에 주는 함의를 살펴보고, 둘째, 르네상스 시대 이후부터 풍경과 자연이 해석되고 표현되는 방식을 기술할 것이다. 셋째, 사진이 증언과 예술 사이에서 어떻게 진화되었는가를 분석할 것이다. 마지막으로 영화의 미적 특성으로 시점과 리얼리즘의 변화를 논의할 것이다.

1. 도상해석학

중세 회화는 코드를 통해서 '읽는' 그림이다. 그림의 코드를 분석하고 해석하는 학문이 도상해석학(*iconology*)[8]이다. 도상은 그림, 사진, 설계도 등와 같이 실재와 유사한 기호이다. 도상학(*iconography*)은 르네상스 시기에 유행했는데, 상징이나 그림이 지닌 기능 및 의미, 감상자가 취해야 할 태도 등을 다루었다. 르네상스 시기의 그림들은 성서, 신화, 역사 이야기들을 소재로 삼는 경우가 많았다.

도상해석학은 그림의 소재가 갖는 의미를 해석하고, 의미들의 관계를 밝히는 데 있어서 다양한 텍스트들(성서, 문학작품, 역사기술 등)을 참고한다. 도상학이 작품에 재현된 주제(성서 주제, 신화 주제, 역사 주제, 알레고리 주제)를 확인하고 재현된 모티브(표정, 동작, 몸짓, 행위 등)를 밝히는 데 초점을 맞추고 있다면, 도상해석학은 이와 같은 지식을 바탕으로 문화사적 시각에서 당대의 세계관과 접목해서 깊이 있게 해석하는 것을 목표로 삼는다.

우리가 르네상스 시기의 그림을 읽고자 한다면 당시에 사용되었던 문화적, 예술적 규칙으로서 코드를 이해해야 한다. 르네상스 시대 그림들은 정서적으로 느끼면서 '보는' 그림이 아니라 '읽어야'

8. 도상학(*iconography*)과 도상해석학(*iconology*)은 공통점과 차이점이 있다. 공통점은 작품을 당시 문화적 맥락으로 돌아가서 그때 사람들의 시각으로 이미지, 이야기, 알레고리를 파악하는 것이다. 도상학으로부터 발전한 도상해석학은 작품의 세계관, 철학, 종교관, 정치 사회적 입장을 작품 해석에서 폭넓게 사용한다. 따라서 도상해석학은 문화사적 시각에서 작품을 해석한다(Libebmann, 1979/1997, p. 251).

하는 작품이다. 르네상스 시대 그림들은 알레고리를 관습적으로 사용해왔다. 알레고리는 말하고자 하는 바를 그대로 전하지 않고 다른 것에 빗대어 표현하는 방식이다. 르네상스 그림들은 추상적인 개념을 전달하기 위해서 이를 구체화할 만한 적합한 대상이나 상황을 제시했기 때문에, 각각의 대상이 갖는 추상적 의미를 알지 못한다면 도저히 읽어낼 수 없다. 사랑, 죽음, 시간 등은 특정한 관습적 인물로 형상화되었다. 예를 들어, 황금사과나 비둘기와 함께 있으면 사랑을 의미하는 비너스이고, 모래시계나 창을 들고 있으면 시간의 신을 의미했다. 거울은 사치의 상징물이었고, 악의 힘으로 늑대는 약탈, 탐욕, 사자는 불화, 분노, 뱀은 속임, 불신, 개는 시기의 상징이었다.

도상해석학의 대표적인 미술사학자인 파노프스키는 아그놀로 브론치노의 작품인 〈비너스와 큐피드의 알레고리〉를 다음과 같이 해석한다(Panofsky, 1967/2002, pp. 172~179). 파노프스키는 이 그림이 사랑의 즐거움과 사랑이 갖는 위험과 고통을 보여주고 있다고 말한다. 표현방식에 있어서 즐거움에 속하는 사랑은 무익하고 헛된 것으로 그려냈고, 사랑의 위험과 고통은 거대하고 사실적인 악의 모습으로 묘사했다.

그림의 중앙에는 비너스와 큐피드가 있다. 비너스는 육체적 아름다움이고 그녀의 아들인 큐피드는 육체적 아름다움에 끌린 육체적 사랑이다. 비너스는 사과와 화살을 갖고 있는데, 사과와 화살은 사랑은 달콤하지만 위험하다는 것을 암시한다. 화살을 사용할 때는 책임감이 있어야 한다는 뜻이기도 하다. 큐피드는 이곳저곳 돌아다니면서 사람들을 잘못된 사랑에 빠지게 만들었기 때문이다. 큐피드는 아기가 아니라 청소년의 모습으로 그의 제스처는 단순히 엄마와 아들 간의 포옹 이상으로 에로틱한 분위기를 자아낸다. 큐

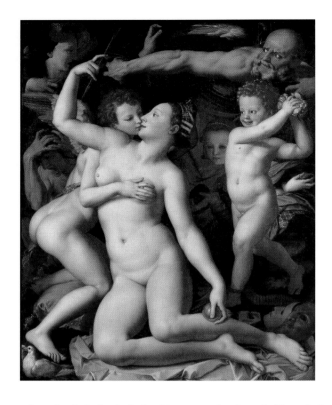

피드의 엉덩이 부분에 있는 도금양 나뭇가지는 사랑의 상징이다. 비너스, 큐피드와 함께 밝게 그려진 오른쪽에 있는 남자 아이는 장미꽃을 뿌리고 있다. 아이는 '쾌락'과 '익살'을 표현한다. 장미꽃은 현세의 사랑, 덧없는 사랑이다.

　큐피드의 뒤에 있는 머리칼을 쥐어뜯는 늙은 여인은 '질투'다. 장미꽃을 뿌리는 남자 아이와 대비를 이루고 있다. 아이 뒤에 등장하는 소녀는 '속임수'나 '위선'이다. 소녀는 비늘이 달린 물고기 같은 몸체, 사자의 발톱, 뱀의 꼬리를 갖고 있다. 그녀는 한 손으로는 벌집을 보여주고 다른 손은 독이 있는 조그만 동물을 감추고 있다. 소녀의 발아래에 있는 두 개의 가면은 젊은 여자와 나이가 많은 남자의 가면인데 이것도 위선이다. 큐피드의 발아래에 서로 부리를 비벼대는 두 마리 비둘기는 사랑의 애무를 의미한다. 맨 위쪽 오른편에 있는 노인은 시간이며, 왼쪽에 있는 여인은 진리이다. 이것은 시간과 진리에 의해서 감추어진 것은 밝혀진다는 뜻이다.

브론치노는 〈비너스와 큐피드의 알레고리〉를 통해서 사랑은 육체적으로 쾌락적인 일이고 세속적이며, 사랑의 이면에는 쾌락, 질투, 위선이 깔려 있다고 말하고 있다. 또한 시간이 흐르면 장막이 벗겨져서 진리는 드러난다는 것을 그림을 보는 사람에게 말하고 싶었을 것이다.

도상해석학은 영상을 바라보는 데 있어서 세 가지 시사점을 제공한다. 첫째, 우리가 바라보는 그림이나 영상은 작가의 의도에 따라서 구성되었다는 것이다. 이것은 당연한 말이다. 그러나 우리는 영상을 볼 때 너무 가볍게 힐끗 보는 경향이 있다. 비너스는 왜 화살과 사과를 들고 있는지? 남자 아이는 왜 장미꽃 다발을 들고 있고, 소녀는 왜 어둡게 그려졌는지? 그림의 모티브들은 어떻게 대비되고 있는지를 생각하면서 그림을 보지 않기 때문이다. 그러나 우리 앞에 놓이는 다양한 영상들(보도사진, 광고, 디스플레이, 영화 포스터 등)은 작가의 어떤 의도를 반영하고 있다. 각각의 구성요소들이 하나씩 면밀하게 파악하지 않으면 영상이 갖는 의미는 제대로 파악될 수 없다.

둘째, 작가는 특정 시대, 특정 사회에 살고 있어서 시대정신이나 문화코드는 작가의 작품 활동에 영향을 미친다. 영상을 제대로 읽기 위해서는 시대적 맥락을 고려해야 한다. 어떤 작품들은 시대정신이나 맥락을 떠나서 존재하거나 뛰어넘는 경우도 있지만, 대부분은 시대적 상황이나 맥락 속에 위치된다. 시대적 맥락은 정치사회적 상황, 종교문화적 배경, 그림이 놓이는 예술적 전통, 화법(畵法), 관습 등을 의미한다.

브론치노가 〈비너스와 큐피드의 알레고리〉를 그렸던 시대는 16세기 중반이다. 16세기 중반은 신플라톤주의, 즉 이데아의 세계에 대한 추구와 기독교의 세계관이 압도했던 시점이다. 따라서 그리스 신화는 그림의 중요한 소재였고, 세속적인 의미보다 성스러운 사랑이라는 종교적 의미가 강조되었다. 〈비너스와 큐피드의 알레고리〉는 당대 종교문화적 배경 속에서 나온 작품이었다. 또한 당시 그림의 전통과 관습도 영향을 미쳤다. 파노프스키는 주목하지 않았지만, 비너스의 음모는 생략되어 있다. 존 버거(Berger, 1987)에 따르면, 중세 그림에서 음모는 성적 표현의 징표였다. 여성인물의 음모를 그리지 않는 것은 철저하게 지켜지던 관습이었다. 비록 〈비너스와 큐피드의 알레고리〉가 사랑의 덧없음과 쾌락의 허무를 표현하고자 했더라도 비너스의 음모를 그리는 것은 금기사항이었다. 왜냐하면 성스러운 여성의 육체가 성적 표상이 되기 때문이다.[9]

셋째, 도상해석학은 그림을 해석할 수 있는 방법론을 제시하고

9. 중세 도덕은 나체에 대한 네 가지 상징적 의미를 담고 있었다. 첫째, 자연적인 나체는 신이 인간을 창조한 상태로서의 나체로 인간을 겸허하게 이끈다. 둘째, 일시적인 나체로 속세의 물질에서 벗어나 있는 수도승을 표현할 때 그려졌다. 셋째, 성스러운 나체는 결백의 상태, 신앙고백의 상태를 의미하며, 넷째, 범죄적인 나체는 욕정과 허영으로 가득 찬 모습을 뜻했다(Panofsky, 1967/2002, p.295). 필립 카곰(Carr-Gomm)은 《나체의 역사》(2012)에서 서구문화적 전통에서 나체는 금욕과 해탈이라는 종교적 의미, 악습에 저항하고 변화를 유발하는 시위의 수단으로서 저항과 결백을 의미하는 정치적 의미, 금기에 도전하는 문화와 예술적 나체가 있다고 밝힌다.

해석대상	해석행위	해석도구	해석의 수정원리
I. 일차적 또는 자연적 주제: 사실과 표현	형식 분석	사물과 사건의 친밀성	양식사(사물이나 사건이 역사 조건 아래에서 어떤 방식으로 표현되어 있는가에 대한 통찰)
II. 이차적 또는 관습적 주제: 이미지, 이야기, 알레고리	표층 의미의 도상학적 분석	문헌 지식(테마나 개념의 친밀성)	유형사(테마나 개념이 역사 조건 아래에서 어떤 방식으로 유형화되어 있는가에 대한 통찰)
III. 내적 의미 또는 상징가치의 세계	심층 의미의 도상학적 해석	종합직관 (인간정신의 본질적인 성향에 대한 친밀성으로서 개인의 심리와 세계관)	문화적 징후 또는 일반적 상징의 역사(인간 정신의 본질적 성향이 다양한 역사 조건 아래서 어떤 방식으로 특정 테마와 개념을 통해 표현되는가에 대한 통찰)

〈표 2-1〉
도상해석학의 방법론

있다. 그림이나 영상을 볼 때 어떻게 해석할 것인가에 대한 방법론은 고민거리이다. 파노프스키는 도상해석학을 방법론을 〈표 2-1〉과 같이 제시한다(Panofsky, 1967/2002, pp. 41~42).

　도상해석학의 방법론은 세 가지 과정으로 구성된다. 세 가지 의미구성과정에서 이차적 주제와 내적 의미과정을 명확히 구분하기는 어렵지만, 앞에서 본〈비너스와 큐피드의 알레고리〉를 방법론에 적용해보면 좀 쉽게 이해할 수 있다. 첫째 일차적 주제는 인물의 표현에 대한 형식 분석이다. 예를 들어, 큐피드와 비너스는 어떻게 표현되었고, 등장하는 사물들(화살, 사과, 비둘기, 가면, 장미꽃다발, 벌통 등)은 어떤 의미이며, 왜 큐피드, 비너스, 어린 남자아이는 밝게 그려졌는가 등에 대한 의미해석이다.

　이차적 주제는 그림의 각각 사물과 인물들이 어떤 유형 혹은 범주 속에 위치하는가를 문헌지식을 통해서 비교하는 것이다. 예를 들어, 비너스와 큐피드는 다른 유형의 그림들(비너스와 큐피드를 그린 수많은 그림들)과 관련해서 어떻게 다르고 어떻게 유사하게 그려져서 공통의 의미를 갖는가를 파악하는 것이다. 벌통을 들고 있는 소녀 역시 얼굴은 인간이지만 몸이 동물로 그려진 다른 유형의 그림들과 관계 속에서 그 의미를 해석한다. 시간과 진리의 그림도 마찬가지다. 노인이 파란 장막을 걷는 부분의 경우 시간이 흐르면 진리를 밝혀진다는 시간에 대한 많은 그림들(폭로자로서의 시간, 죽음으로서의 시간, 선으로서의 시간 등) 속에서 의미를 해석한다. 또한 사랑을 의미하는 유형들(비너스, 큐피드, 도금양 나뭇가지, 비둘기, 가면 등)이 어떻게 배열되어 각각 상이한 사랑의 의미를 나타내는지를 파악해야 한다. 따라서 이차적 의미분석은 〈비너스와 큐피드의 알레고리〉라는 개별 그림의 분석만으로는 부족하다. 이와 유사한 주제나 관습들을 갖는 다양한 그림들과의 관계 속에서 주제를 해석하고 분석한다.

세 번째 내적 의미나 상징가치의 세계는 그림이 그려졌던 16세기의 종교적 가치, 문화적 관습, 신플라톤주의, 인본주의적 관점 속에서 해석하는 것이다. 파노프스키는 세 번째 의미분석의 해석도구로 '종합직관'(*synthetic intuition*)이라는 모호한 표현을 쓰고 있다. 종합직관이란 문화, 철학, 종교 등 해석을 끌어내기 위한 지식들을 축적한 학자나 전문가의 능력을 말한다.

도상해석학의 방법론은 단지 중세 그림을 분석하는 데만 유용한 것은 아니다. 광고나 사진 분석 등에도 활용할 수 있는 요소들을 담고 있다. 특히 이차적 분석 혹은 관습적 분석의 틀은 개별 사진 하나를 분석하는 데 유용한 것이 아니라 역사적 시기나 특정 시기에 걸쳐서 나타나는 사진이나 광고를 분석할 때 적용될 수 있다. 예를 들어, 텔레비전 수상기 광고를 역사적으로 분석하고자 한다면, 초창기부터 현재에 이르기까지 인쇄 광고를 수집해서 일차적 표현으로 광고의 소구요소들이 어떻게 표현되었는지 어떤 사물이나 사건들이 등장하는가를 파악하고, 유형화해서 테마나 개념들의 변화과정을 분석하고 해석할 수 있다.

2. 풍경과 시선의 변화

대상을 바라보는 방식은 역사적으로 변화되어 왔다. 바라봄의 방식이 특정 시대의 인식론과 사회변화와 밀접히 관계되어 있기 때문이다. 자연 정경이 중요한 시각적 모티브가 되는 풍경화는 자연을 바라보는 시선이 어떻게 변화되었는가를 잘 보여준다.[10]

풍경화는 전 근대적 바라봄의 방식을 내포하고 있다. 풍경화에

10. 풍경과 자연은 다르다. 풍경은 가꾸어진 자연, 인간에 의해서 만들어진 것이라면, 자연은 꾸며지지 않은 그대로의 상태이다. 풍경의 선택은 시대의 문화적, 예술적 상황에 따라 달라진다.

서 지평선은 화폭의 1/3 지점에 그려지는 것이 일반적인 관습이다. 지평선을 1/3 지점에 그리는 것이 화면의 구성과 조화에 적절하기 때문이다. 그러나 배제될 수 없는 것은 하늘과 땅 사이의 관계이다. 땅이 하늘보다 더 넓은 공간을 차지한다는 것은 신(神) 중심적인 중세의 시각에서는 상상하기 어렵다. 왜냐하면 땅이 인간의 세계라면 하늘은 신의 세계이기 때문이다. 하늘을 넓게 그림으로써 화가들은 신의 현존재(*presence*)나 실재성을 암묵적으로 보여주고자 했을 뿐만 아니라 언제나 변화하지 않는 영원성을 표현하고자 했다.

15세기까지도 성서, 신화, 역사적 인물들은 중심에 위치하고 풍경은 배경에 불과할 뿐이었다. 중세에 그려진 많은 아담과 이브의 그림들에는 에덴 동산(풍경)이 등장한다. 풍경은 천상의 세계로 신에 의해서 창조된 세계이며, 신들의 장소가 된다. 종교, 신화, 역사 그림에서 풍경은 중요한 모티브가 되지 못하는 하나의 배경일 뿐이었다(〈그림 2-2〉 참고).

르네상스 시대에 들어서면서 자연과 풍경을 바라보는 시선은 바뀌었다. 풍경은 신 중심의 세계에서 벗어나서 인간과 자연, 현재의 모습으로 그려졌다. 시선의 변화는 르네상스 시대의 토대였던 '인간이 모든 사물의 중심이자 척도라는 인간 자신에 대한 새로운 자각'(Letts, 1999, p. 11)에 기인한다. 르네상스 초기에 형성된 원근법은 보는 사람의 눈에 중심을 두는 것이었다. 이것은 사물이 인간의 눈으로 수렴되는 과정을 의미하며, 우주가 신을 중심으로 배열되듯 현상계는 바라보는 주체인 인간에게로 수렴되는 것이었다.

풍경화가 독자적인 장르로 형성된 것은 16세기 이후이다. 16세기는 과학혁명이 시작되는 시점이기도 하다. 천상의 자연이라는 신의 풍경으로부터 신과 인간 사이의 풍경으로 변화되었다. '역사적 풍경화'(혹은 '이상적 풍경화'나 '영웅적 풍경화'라고도 불림)에는 성

서나 신화에 나오는 인물이 등장하지만 풍경은 배경으로 그려지는 것이 아니라 중심에 위치한다.

〈그림 2-2〉 왼쪽
〈아담과 이브〉(1526)
루카스 크라나흐(Lucas Cranach)

〈그림 2-3〉 오른쪽
〈포시옹의 유골을 모으는 아내〉(1648)
니콜라 푸생(Nicolas Poussin)

대표적인 화가는 푸생(Poussin)이다. 푸생은 〈포시옹 시리즈〉 연작을 그렸는데, 포시옹 이야기는 기원전 4세기 아테네의 영웅 포시옹이 군중의 실수로 사형되고 그의 시신이 아테네에서 추방되지만 부인은 화장한 그의 유골을 모아 아테네로 가져가 아테네 사람들에게 잘못을 뉘우치게 하고 포시옹의 명예를 회복시킨다는 내용을 담고 있다.〈포시옹의 유골을 모으는 아내〉(〈그림 2-3〉 참고)는 전경, 중경, 후경의 명백한 구분, 좌우 대칭, 사선의 길을 통한 전경에서 후경으로의 점진적인 공간 이행, 수평과 수직의 기하학적 질서를 보여준다. 화면의 통일감과 절제된 형식미가 강화되었다. 정적 풍경과 포시옹의 이야기는 서로 어울려 장중한 분위기를 자아낸다(마순자, 2003, p. 77). 이 그림은 고전주의 회화의 전형을 보여준다. '역사적 풍경화'와 더불어, '전원적 풍경화'도 16세기에 나타났는데 목동이나 농부 등이 주요한 소재가 되었다(〈그림 2-4〉 참고). 자연의 생동감과 목가적 풍경이 선호되었다. 16세기 귀족들은 농촌의 전

11. 낭만주의 예술개념 중의 하나인 '숭고함'은 다양한 의미를 지닌다. 그것은 자연의 무한함, 끝없음, 이성을 넘어서는 감성의 자극, 측정할 수 없는 형태 없음 등을 의미한다.

〈그림 2-4〉 왼쪽
〈목동들이 있는 풍경〉(1648)
클로드 로랭(Claude Le Lorrain)

〈그림 2-5〉 오른쪽
〈성 고타드의 통로〉(1804)
윌리엄 터너(William Turner)

원풍경을 즐겼는데, 풍경은 이상적 안식처로 인식되었다.

낭만주의 풍경화는 풍경과 자연이 지닌 '숭고함'(*sublime*)[11]을 표현했다. 터너(Turner)의 풍경화는 자연의 광대함이 주는 경외로움의 표현이었다(〈그림 2-5〉 참고). 터너의 풍경은 빛과 대기로 가득한 모호하고 불분명한 세계이고 영속적이며 무한한 세계였다. 인간 이성의 힘으로 알 수 없는 근원이나 상상력의 세계가 풍경이 되었다. 터너가 즐겨 그린 자연은 대홍수, 눈보라, 폭풍의 바다 등이었는데 이것들은 숭고함의 표현이었다.

1730년대에서 1830년대 사이 영국에서는 픽처레스크(*picturesque*) 취미가 유행했다. '그림 같은'의 뜻을 가진 픽처레스크는 자연을 보는 시선을 바꾸었다. 북웨일즈, 와이 밸리(Wye Valley), 레이크 디스트릭스(Lake District)(잉글랜드 중부 호주지역), 스코틀랜드 하이랜드가 영국 고유의 아름다운 풍경으로 주목받았다. 앤드류(Andrews, 1989)는 픽처레스크 취미가 영국의 민족주의와 밀접한 관계를 맺

고 있다고 주장한다. 산업혁명 이후 사회가 급속히 변화하자 상류층은 이탈리아나 다른 유럽 지역의 자연이 아니라 영국적인 아름다운 자연에 대한 자부심과 향수를 느꼈다. 픽처레스크 풍경은 거칠지만 아름답고, 이상적인 것이 아니라 있는 그대로 자연의 모습이었다.

터너가 숭고한 대자연의 모습을 역동적으로 그렸다면, 컨스터블(Constable)은 자연이 있는 그대로 자신이 살았던 마을을 파노라마 구성으로 펼쳐냈다. 어린 시절의 추억, 친근한 마을 정경, 꾸며내지 않은 눈앞의 정경을 그대로 옮겨 놓았다는 점에서 자연주의 풍경화의 특성을 보여준다.[12] 컨스터블이 그려낸 풍경은 픽처레스크에 가깝다고 볼 수 있다.

1848년 이탈리아에서 시작된 혁명은 유럽 전역으로 확대되었고, 이것은 풍경을 보는 방식을 다시 변화시켰다. 자연주의 화풍을 이어받은 밀레(Millet)와 쿠르베(Courbet)는 하층계급 사람들을 화폭에 담았다. 밀레의 그림에서 풍경은 배경으로 위치되고 하층계급의 인물들은 전경으로 부각되었다. 갈퀴로 건초를 모으는 여인과 힘들게 고된 노동을 하는 두 명의 농부를 그린 〈건초 묶는 사람들〉

12. 이 당시 미적 용어 중의 하나는 무관심성(uninterestedness)이다. 무관심성은 저변의 의도를 갖지 않고 작품을 객관적으로 감상하는 태도로 관객과 작품 사이의 관계를 의미하는 것이다. 그러나 무관심성은 작가와 세계 사이의 관계로 확대해석할 수 있다. 작가가 대상(혹은 풍경)을 표현할 때 있는 그대로 바라보는 태도가 무관심성이다.

〈그림 2-6〉 왼쪽
〈건초마차〉(1821)
존 컨스터블(John Constable)

〈그림 2-7〉 오른쪽
〈건초 묶는 사람들〉(1850년경)
장 프랑수아 밀레(Jean François Millet)

에서 보이는 풍경은 친근하거나 아름다운 자연이 아니라 노동의 장소로서 자연이다. 〈씨 뿌리는 사람〉, 〈톱질하는 벌목 인부들〉, 〈섶 나무 모으는 여인들〉, 〈장작 패는 사람〉 등 밀레의 작품들은 공통적으로 투박하고 거친 표현으로 끊임없이 반복되는 힘든 노동의 세계를 담고 있다. 르네상스 회화에서 건초는 신이 만인에게 주는 선물이라는 의미를 담고 있는데, 컨스터블의 〈건초마차〉에서 느껴지는 풍경과 밀레의 〈건초 묶는 사람들〉에서 보이는 풍경은 상이하게 느껴진다. 신의 선물을 담고 있는 평화로운 건초와 반복되는 힘든 노동으로서의 건초가 표현되어 있기 때문일 것이다. 하층계급의 노동 현장과 투박한 표현이라는 측면에서 보면 밀레의 그림은 리얼리즘을 충실히 담고 있다.[13]

르네상스 이후 전경, 중경, 배경의 구도나 풍경을 그리는 관습들이 변화되어 왔지만 강조되어야 하는 것은 빛의 적극적 표현이다. 렘브란트 이후 빛의 표현은 회화에서 중요한 요소였다. 빛은 대상의 명백함보다는 대상의 불확실성을 표현하는 방법이었기 때문이다. 빛을 사용했다는 것은 대상이 스스로 존재한다는 사실을 부인한 것이다. 오히려 대상은 스스로 보여주기 위해서 화가에게 다가온다고 볼 수 있다. 빛의 흐름에 따라서 대상은 변화하기 때문에 대상의 확실성이나 명백함은 무너진 것이다.

13. 밀레는 단순히 리얼리즘 작가로 말할 수는 없다. 밀레의 작품에서 표현되는 짜임새 있고 균형 잡힌 구성 등은 고전주의의 특징이고, 저녁 시간과 종교적 상징은 낭만주의의 감성표현이며, 노동이라는 현실적 주제와 노동으로서 농촌풍경은 리얼리즘과 자연의 관찰과 경험을 토대로 생동감 있게 그려내는 자연주의의 특성을 동시에 포함하고 있기 때문이다 (마순자, 2003, p.202)

3. 사진의 재현

사진이 발명되어 새로운 기술적 진보를 이루었던 때는 리얼리즘이 부상하기 시작했던 시기와 일치한다. 이것은 우연의 일치라기보다 사실에 대한 재현 욕구가 강했던 사회적 요구가 있었기 때문일 것이다. 1839년 사진술이 대중에게 공개되면서 관심을 끌었지만 니엡스(Niepce)는 1826년 사진기술로 〈당브와즈 추기경 동판화의 복제판〉과 다음해 자신의 집에서 내려다보이는 풍경을 찍었다. 1851년이 되면서 사진술은 새로운 시대를 열었다. 영국 조각가 아처(Archer)가 콜로디온을 은염류와 함께 사용하여 감광 처리한 유리판 방식을 발명하였고, 이 기술은 다게레오 타입과 칼로 타입 제판술을 대체하면서 1880년에 이르기까지 사진계를 장악했다(Newhall, 1987, p. 81).

다게레오 타입이 1839년 공개되었을 때 기대만큼 커다란 호응을 받지 못했는데 가장 큰 이유는 초상사진에 대한 대중의 요구를 만족시키지 못했기 때문이었다. 노출 시간이 길어서 초상사진을 찍는 데 한계가 있었다. 그러나 1850년대 노출시간이 짧아지면서 초상사진은 인기를 끌었다. 초기 사진술은 두 가지 측면에서 주목을 받았는데 하나는 초상사진이고, 다른 하나는 풍경사진이었다.

사회계층의 신분상승은 1830년대부터 상공업의 발전으로 확대되기 시작했다. 특히 하층 중산계급과 상층 중산계급이 확대되었다. 이들은 사진을 경제적, 이데올로기적 조건에 부합하는 새로운 자기표현의 수단으로 생각했다(Freund, 1979, p. 25). 과거 귀족계급이 부와 정치적 지위를 표상하기 위해서 화가에게 초상화를 그리게 했던 것처럼, 중산계급은 자신의 부와 정치적 신분상승을 표현하기 위해서 사진사에게 초상사진을 찍게 했다. 사진을 찍는다는 것은 자신의 계급상승을 다른 사람에게 과시하고, 사회적 평판을 누리는 계층 속에 스스로를 귀속시키는 상징적 행위였다.

1850년대 자연주의 풍경화의 지배적인 요소는 자연에 대한 순간적인 감각, 성실한 묘사, 짧은 순간의 광선, 대기의 조건들이었다. 풍경사진이 이와 같은 요소들을 담아냄으로써 풍경화가들은 자연스럽게 사진에 관심을 갖게 되었다. 사진사들은 자연(오래된 농가, 교회의 참나무, 스코틀랜드 풍경 등), 웅장한 건축물이나 이국 풍경들(파리 풍경, 이슬람 지역 건물, 스핑크스 등)을 찍었다.

아론 샤프(Scharf, 1986)는 바르비종(Barbizon)[14] 풍경화가들이 사진에 깊은 관심을 가졌다고 말한다. 사진으로 찍힌 자연의 특성과 해석은 화가들의 그림에 영향을 미쳤다. 화가들은 사진이 보여주는 세부 묘사의 풍부함과 광선들을 드로잉할 때 참고했다. 사진은 인간의 눈으로 잡아낼 수 없는 색채나 명암의 미묘한 변화를 보여주었기 때문에 화가들은 그것으로부터 영감을 얻었다.[15]

1850년대 사진이 계급상승의 표현이라는 사회적 요소와 자연주의 예술과 만났다는 것은 사진이 단순한 재현기술 이상의 의미를 지니게 되었다는 것을 함축한다. 사진은 '사실에 대한 증언'과 제한적이었지만 '예술의 한 영역'으로 위치되었다. 사실에 대한 증언은 정치, 과학, 사회학 등과 만나면서 '사실성'의 문제를 제기했고, 예술과 만나면서 미술의 관습을 따르거나 도전하면서 새로운 형식미를 추구했다.[16]

사실에 대한 증언으로서 전쟁을 제일 먼저 광범위하게 보도한 사람은 로저 펜튼(Fenton)이었다. 로저 펜튼의 크리미아 전쟁 사진은 낭만적으로 그리는 화가의 관습에 젖어 있었다. 치열한 전투 장면은 별로 없으며 낭만적 전쟁의 모습이 의도적으로 표현되었다. 〈그림 2-8〉에서 보듯이, 사진은 작위적인 측면이 강하게 나타난다.

14. 바르비종은 1830~1960년대 자연주의 화풍을 이끌었던 화가들이 모여 그림을 그린 프랑스의 작은 시골 마을이다. 코로, 밀레, 쿠르베, (화가) 루소 등이 바르비종파에 속하는데, 이들은 직접 야외에 나가서 대자연의 풍경을 그렸다.

15. 예를 들어, 쿠르베(Courbet)의 그림 〈쉬롱성〉(Château de Chillon)은 아돌프 브라운(Adolphe Braun)의 풍경사진 〈쉬롱성〉을 그대로 그린 것이었다.

16. 〈그림 2-8〉에서 〈그림 2-13〉까지 사진설명은 Newhall(1987), Scharf(1986), 최봉림(2011)을 참고했다.

 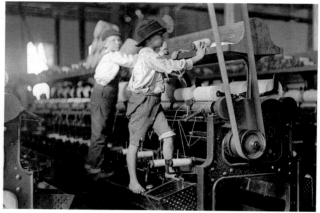

〈그림 2-8〉 왼쪽
〈부상당한 병사를 간호하는 군 식당
관리인〉(1855)
로저 팬튼(Roger Fenton)

〈그림 2-9〉 오른쪽
〈캐롤라이나 방직공장〉(1908)
루이스 하인(Lewis Hine)

부상당한 병사는 누워 있고 식당관리인이 병사에게 마실 것을 건네는 모습은 정적이며 연극배우처럼 찍혀 있다. 이 사진은 연출되었을 것으로 추측된다. 로저 펜튼이 낭만적 전쟁 사진을 찍은 것은 정치적, 경제적, 기술적 이유 때문이었다.

　　로저 펜튼은 콜로디온-습판 사진술을 사용했다. 판형과 빛의 강도에 따라 3초에서 20초가 걸리는 느린 촬영 속도는 등장인물로 하여금 연극적 포즈를 취하도록 요구했을 것이다. 그러나 보다 중요한 이유는 종군 사진의 후원금을 댄 사람이 출판자본가인 토마스 애그뉴(Thomas Agnew)와 빅토리아 여왕의 부군인 알버트 공(Prince Albert)이었다는 것이다. 애그뉴는 전쟁을 직접 눈으로 확인하고 싶어하는 대중의 욕망을 이용해서 팬튼의 사진첩 출간으로 이익을 얻고 싶었고, 알버트는 사진은 실제 현실을 있는 그대로 재현한다는 대중들의 믿음을 이용해서 전쟁으로 동요하는 민심을 수습하고자 했다. 로저 팬튼의 크리미아 전쟁 사진은 분명한 하나의 사실을 보여준다. 사진은 있는 그대로를 찍은 것이지만, '있는 그대로'라는 것은 실재를 의미하는 것이 아니라 사진사의 이데올로기나 정치적 의도를 담고 있다는 것이다. 사진은 대중이 순수하게 생각하고 있는 것처럼 있는 그대로가 아니다.

　반면 루이스 하인(Hine)은 현실고발의 도구로서 사진을 활용했다. 사회학자인 하인은 미국으로 건너온 이주민들, 캐롤라이나주 면공장에서 일하는 아이들, 맨하튼 고층건물에서 일하는 노동자들을 찍었다. 루이스 하인의 사진에서 등장하는 어린 아이들의 시선은 기계 속에 묻혀 있거나 처절한 모습으로 카메라를 응시하는 것이었다. 1900년대 어린이들이 저임금을 받으며 비참한 노동자로 전락한 현실에 대한 고발은 미국에서 아동노동복지법을 제정하도록 이끌었다.

이드웨이드 머이브리지(Muybridge)는 연속적인 동작과 순간을 정복하면서 화가와 과학에 영향을 미쳤다. 그동안 화가들이 그린 달리는 말을 보면, 말의 앞발들은 앞으로 뻗어 있고, 뒷다리들은 뒤편으로 박차는 모습이었다. 그러나 말이 달리는 사진은 회화에서 보여준 전통적인 말의 도약 자세와는 달랐다. 18세기나 19세기에 걸쳐서 육안의 한계를 넘어서는 순간 동작을 포착해내는 것은 커다란 관심사였다. 머이브리지의 연속동작 사진은 이 문제를 완벽하

〈그림 2-10〉
〈달리는 말〉(1878)
이드웨이드 머이브리지(Eadweard
Muybridge)

〈그림 2-11〉
〈스팀보트 스프링즈〉(1867)
티모시 오설리번(Timothy O'Sullivan)

게 해결했다. 머이브리지의 사진은 리얼리즘 화가들이나 동작의 움직임에 관심이 많았던 조각가들에게 영향을 미쳤고, 과학적 기록사진의 출발점을 제공했다.

남북전쟁 기간 동안에 종군사진사로도 활동했던 티모시 오설리번은 지형학과 지질학을 위한 풍경 사진을 찍었다. 그는 지질 탐사대의 일원으로 미국 서부지역의 정확한 지형조사와 광물의 분포 조사에 참여했다. 서부의 정복, 골드러시, 철도산업의 발달 그리고 연속적으로 행해진 지형, 지질학 탐사 사진은 미국인들에게 국토 개발과 관리라는 경제적 목적뿐만 아니라 거대한 자연에 대한 종교적 감정을 불러일으켰다. 오설리번의 사진은 상이한 두 가지 측면, 지형학이나 지질학이라는 경제적 목적과 서부의 숭고한 자연이라는 낭만주의적 태도를 함께 보여주었다는 점에서 아이러니하다고 볼 수 있다.

오스카 레일랜더(Rejlander)의 〈인생의 갈림길〉(〈그림 2-12〉)은 조합인화(혹은 합성인화) 사진이다. 조합인화는 여러 장의 음화를 중첩시켜 인화하는 방법이다. 레일랜더는 유랑극단 단원의 협력을 얻어 관객이 바라볼 수 있는 연극적 거리를 두고 각각의 단원들을 촬영했고, 또 다른 음화들로는 무대장치를 담았다. 그는 이렇게 30장의 음화를 제작한 후 여러 부분의 인화지를 모아 최종적으로 한 장의 인화지로 집산시켰다.

〈인생의 갈림길〉은 사진이라기보다 15~16세기 그려진 종교그림과 유사하다. 라파엘로의 〈아테네 학당〉에서 보이는 대칭구도, 황금분할 구도, 통일과 균형 등 〈인생의 갈림길〉은 현인이 두 젊은 이에게 인생의 양면을 제시하는 광경을 재현하고 있다. 왼쪽에는 쾌락과 타락의 세계를 담아냈고, 오른쪽에는 종교와 자비의 세계를 표현했다. 빅토리아 여왕은 레일랜더의 사진을 구입함으로써 사진을 예술작품으로 인정했다. 그러나 레일랜드의 사진이 예술로서 영국 왕실로부터 승인받은 이유는 사진의 예술성 때문이 아니라 사진작업이 이룩한 회화 구성과 회화적 발상을 높이 평가했기 때문이었다. 말하자면 새로운 방식으로 그려진 전통회화로 간주된 것이었다.

사진과 예술의 관계를 보면, 사진은 초창기부터 예술적 지위를

〈그림 2-12〉
〈인생의 갈림길〉(1857)
오스카 레일랜더(Oscar Rejlander)

얻지 못했다. 사진은 미술을 위한 도구나 보조재의 역할을 수행했다. 풍경화가나 리얼리즘 화가들은 사진이 주는 정확성, 묘사능력, 광학성에 주목했지만, 사진은 그 이상의 예술적 평가를 받지 못했다. 1910년대까지도 사진은 회화의 생산과 구성방식 그리고 규율을 따랐다.

순수파 사진의 선두주자였던 에드워드 웨스턴(Weston)의 사진은 추상성과 사실성이라는 두 가지 경향을 동시에 보여준다(〈그림 2-13〉참고). 그가 존 사이먼 구겐하임 재단(John Simon Guggenheim)의 상금을 수상한 것은 1937년이었고, 뉴욕미술관이 예술로서 사진을 구매하기 시작한 것도 1930년대였다. 사진은 1930년대에 들어와서 예술로서 인정받았다. 그럼에도 불구하고 미술계의 피카소로 불린 에드워드 웨스턴의 사진가격은 그가 살아 있을 때 10달러 내외로 값이 매우 쌌다. 1980년대에도 그의 작품은 3,000~50,000달러였지만, 2008년 소더비 경매에서 160만 달러에 뉴욕의 예술구매자에게 팔렸다.

사진은 바라보는 방식에서 직접적인 변화를 초래했다. 사진은 르네상스 초기에 형성된 원근법을 변화시켰다. 다양한 카메라의 렌즈는 원근법을 과장하거나 축소했다. 사진은 순간적으로 형상을 포착하기 때문에 이미지의 '시간성'은 '순간성'으로 나타났다.

화가(주체)는 르네상스 그림에서 세계의 중심이었다. 그러나 사진에는 중심이 어디에도 없다. 왜냐하면 시간과 공간에 의해서 계속적으로 제약을 받기 때문이다. 시간과 공간을 통한 이미지의 제약과 더불어 중요한 복제 가능성은 예술의 '고유성'(*originality*) 개념을 무너뜨렸다. 과거 그림은 건물의 일부가 되는 경우가 많아서 배경이 되는 건물과 관련해서 해독되었다. 그러나 기술복제로 인해서 그림은 주어진 공간으로부터 이동하게 되었다. 예술작품의 고

〈그림 2-13〉
〈누드〉(1925)
에드워드 웨스턴(Edward Weston)

유한 이미지가 중요한 것이 아니라 작품이 놓이는 공간, 시장가치, 상품성이 중요한 것이 되었다. 역사적으로 예술의 권위는 소유한 계급의 권위를 나타냈다. 귀족이나 왕이 그림을 소유함으로써 계급의 권위는 곧 소유한 작품의 권위를 의미했다. 그러나 기술복제는 이와 같은 예술의 권위를 부수거나 제거했으며, 예술 작품을 특정 계급의 테두리에서 해방시켰다.

벤야민(Benjamin)은 이 점을 아우라(aura)의 파괴와 관련시킨다. 아우라는 "대상과 주체의 완벽한 교감을 불러일으키는 예술혼이며, 예술 작품이 갖는 유일무이한 현존성"이다. 예술의 아우라는 〈최후의 만찬〉 같은 그림에서 보듯이 종교적 제의(祭儀)의 기능과 분리되지 않았다. 벤야민은 기술 복제를 통한 아우라의 파괴를 두 가지 측면에서 설명한다. 하나는 복제 기술을 통해서 사물의 일회적 성격이 극복되었다는 것이고, 다른 하나는 인간이 사물을 공간으로부터 자신에게로 끌어오게 되었다는 것이다.

기술 복제 이전에 예술은 일회성이나 지속성을 유지했다. 왜냐하면 다빈치의 〈모나리자〉는 오직 하나밖에 없기 때문에 일회성을 지니고 작품으로서의 지속성을 유지할 수 있었다. 그러나 〈모나리자〉 그림은 복제됨으로써 '일회성'은 '반복성'으로 '지속성'은 '일시성'으로 그 가치가 바뀌었다. 〈모나리자〉의 그림은 걸려 있는 루브르박물관이라는 공간으로부터 벗어나서 우리의 일상생활의 공간 안으로 들어오게 되었다.

벤야민은 기술 복제의 이중성을 지적한다. 부정적인 측면에서 기술 복제가 아우라를 무너뜨림으로써 예술혼의 파괴를 가져오지만, 긍정적인 시각에서 보면 예술 작품은 종교적 제의(祭儀) 속에서 기생적으로 살아온 방식으로부터 벗어나게 되었다. 이것은 대중과 예술의 만남을 의미하는 것으로 예술의 대중화뿐만 아니라,

대중운동의 미디어로서 기술 복제기술(사진이나 영화)의 가능성이
열렸다는 것을 의미한다. 사진의 조작, 확대, 축소, 복제기술은 대
상을 과거보다 더 분리시키고 해체했다.

4. 영화의 시점과 리얼리즘

영화는 사진의 전통을 이어받았지만 움직이는 이미지로 구성되어
있다는 점에서 사진과는 다른 바라봄의 방식을 보여준다. 영화가
회화나 사진과 다른 바라봄의 방식을 보여주는 영화는 〈카메라를
든 사나이〉(1929, 베르토프 감독)일 것이다. 〈카메라를 든 사나이〉는
음악[무성기록 영화의 대부분은 음악으로 대사와 현장을 처리하며
내용을 진행시킨다]을 사용하지 않았고, 사건을 해설하기 위한 자
막도 쓰지 않았다. 게다가 현실을 객관적으로 제시한다는 인상도
주지 않았다. 대신에 베르토프(Vertov) 감독은 일상적 사실성로부
터 얻은 수많은 사소한 장면들을 고도의 특질을 지닌 기록영화로
만들기 위하여 편집이나 촬영기법의 조작능력을 극단적으로 강조

〈그림 2-14〉
〈카메라를 든 사나이〉(1929)
지가 베르토프(Dziga Vertov) 감독

하였다(〈그림 2-14〉 참고).

　〈카메라를 든 사나이〉는 영화 작가의 눈과 카메라 렌즈의 동등함을 영화 전체의 토대로 삼았다. 이 영화는 편집과 특수효과를 통해 사실성에 대한 우리의 일반적인 인식에 의문을 제기하면서, 영화 작가의 권능을 찬양하고 있다. 말하자면 화가의 시점에 정면으로 도전해서 영화 작가의 시점을 강조한 것이다(Berger, 1987).

　〈표 2-2〉에서 보듯이, 영화에서 주체와 대상 사이의 거리는 파괴된다. 영화작가는 마치 외과의사처럼 대상의 조직에까지 침투해 들어간다. 사진의 경우도 이것은 가능하다. 그러나 사진 이미지가 고정되어 있다는 한계 때문에 대상의 조직까지 들어갈 수 있는 침투력은 제한된다. 사진은 화면구성에 있어서도 카메라의 뷰파인더가 화면 안과 밖의 공간을 절취한다. 화면 밖의 공간은 여전히 화면 밖의 공간으로 존재할 뿐이다. 이것은 고정 이미지의 강점이면서 극복할 수 없는 기술적 한계이다.

영화의 화면은 단편적인 대상들의 조합으로 구성되어 있다는 점에서 그 같은 한계를 넘는다. 영화에서 원근법은 사진의 원근법보다 더 많이 파괴되며, 영화의 시점은 '다(多) 시점'으로 수없이 이동한다. 영화의 시점 이동은 소설이나 사진 등과 다른 독특한 미학적 특성이며, 관객의 관여성에 밀접히 관계 맺고 있다는 점에서 중요하다.

〈표 2-2〉
바라보는 방식의 변화

	회화	사진	텔레비전/영화
거리 (주체와 대상)	화가와 대상 사이 일정한 거리 유지	사진사와 대상 사이 유동적인 거리	주체와 대상 사이 거리 파괴
프레임	화면의 생략과 첨가	파인더(finder)로 대상을 분리	단편적인 대상의 조합
원근법	유지	어느 정도 유지	파괴
시점	객관적	객관적/주관적	다(多)시점

영화와 소설의 시점은 분명한 차이가 있다. 소설의 시점은 서술자(화자)가 누구인가에 따라서 일인칭 소설과 삼인칭 소설로 나눈다. 서술자가 '나'인 경우 일인칭 소설이고, 서술자의 시점은 대체적으로 일관성을 지닌다. 만일 소설에서 서술자가 자주 바뀌면 독자는 혼란스럽게 느낄 수밖에 없다. 독자는 등장인물의 시점에 맞추어 소설을 읽기 때문이다. 소설의 시점으로 보면, 어느 영화의 주인공이 자신의 어린 시절을 회상하는 보이스오버(*voice-over*)를 통해서 이야기가 시작될 경우 일인칭 시점이라고 말할 수 있다. 그러나 영화가 일인칭 서술자 시점으로 시작되어도 카메라는 삼인칭으로 세상을 묘사한다. 영화의 시점은 카메라의 시점에 따라 정의되기 때문에 일인칭 영화라고 부르지 않는다.

영화는 카메라의 시점에 따라서 주관적, 객관적, 상호주관적 시점 숏을 구성한다. 영화의 대부분은 객관적 시점(혹은 전지적 시점)으로 진행된다. 관객은 카메라가 찍은 한 인물을 보고 그의 관점에서 풍경을 보며, 그 인물을 바라보는 다른 인물의 관점에서도 바라본다. 관객은 사방에 있는 카메라의 시점을 따라가는 데 익숙하다. 영화 숏은 대체로 객관적 시점에서 구성되지만, 영화는 객관적 시점, 주관적 시점, 상호 주관적 시점으로 이동하면서 관객을 영화 안으로 끌어들인다.

시점의 이동은 관객의 관여를 극대화한다. 수사관이 범인들이 숨어 있는 지하실로 들어가는 장면을 상상해보자. 아마도 첫 숏은 객관적 시점으로 수사관이 지하실로 들어가는 모습을 그릴 것이다. 객관적 시점은 상황을 꾸밈없이 기록하는 관찰자의 시점으로 사건을 해석하거나 논평하지 않는다. 다큐멘터리에서 보듯이 상황을 충실하게 그려낼 뿐이다. 그 다음 숏은 수사관이 암흑 속에서 손전등으로 비추는 어두운 지하실의 숏[수사관의 모습은 보이지 않

〈그림 2-15〉 위
주관적 시점(간접적 시점)
〈드레스드 투 킬〉(1980)
브라이언 드 팔마(Brian De Palma) 감독

〈그림 2-16〉 아래
주관적 시점(직접적 시점)
관객은 자전거를 타고 있는 등장인물의
시점을 취함으로써 마치 자신도 자전거를
탄 것 같은 느낌을 갖는다.

고]으로 연결되어 있다면, 그것이 주관적 시점으로 전환된 것이다. 주관적 시점은 관객을 영화 속으로 참여시킨다. 관객은 관찰자의 시점에서 등장인물의 시점으로 전환됨으로써 수사관이 바라보는 시선 안으로 편입되어 들어온다. 이것은 수사관이 느끼는 긴장을 그대로 관객에게 전달하는 효과를 만들어낸다.

영화의 주관적 시점은 관객의 시점이 등장인물의 시점과 일치될 때 형성된다. 이것은 두 가지 방향에서 진행된다. 하나는 객관적 시점에서 등장인물을 묘사했다가 갑자기 등장인물의 시점으로 바뀌는 경우(간접적 시점)이고(〈그림 2-15〉 참고), 다른 경우는 주관적 시점을 그대로 유지하는 것(직접적 시점)이다(〈그림 2-16〉 참고). 주관적 시점 내 간접적 시점은 적어도 두 숏 이상이 연결되어야 가능한 시점이다. 시점은 편집으로도 바뀔 수 있다.

상호주관적 시점은 명확히 정의하기 어렵다. 만일 등장인물이 악당들에게 쫓겨서 말을 타고 도망가는데 카메라가 빨리 달리는 말의 앞발과 비춘다면 우리는 상호주관적 시점이 사용되었다고 말한다. 왜냐하면 급히 도망가고자 하는 등장인물의 마음이 말의 앞발을 통해서 관객에게 전달되기 때문이다. 관객도 등장인물과 마찬가지로 말이 더 빨리 달리기를 기대할 것이다.

영화에서는 작가적 시점이라는 용어도 자주 사용한다. 감독이 자신의 영화에서 특별한 의미를 부여하기 위해서 특정 사물과 상징물을 반복적으로 보여주거나 특별한 화면구성과 구도를 설정할 때 작가적 시점이라고 부른다. 이것은 등장인물의 시점이나 관객이 취하는 시점과는 관계가 없다.

영화의 시점은 소설이나 사진과 다르게 상이한 시점들이 혼합되어 있다. 서술자의 시각에서 보면 일인칭 시점을 사용하지만 카메라는 객관적 시점을 취하고, 등장인물의 시점과 관객의 시점에서 설정된 시점 숏을 통해서 주관적, 객관적 시점을 말하기도 하고, 감독의 입장에 서 있는 작가적 시점도 있다. 따라서 영화의 시점은 계속 이동하는데 이것이 바로 영화의 기술적, 미학적 특성에 기인한다.

사진의 전통으로부터 발전한 영화의 또 다른 미적 특성은 리얼리즘이다. 영화의 사실성(*reality*) 문제는 언제나 논란거리이다. 무엇이 사실이고 사실이 아닌가 하는 문제는 영화만의 쟁점이 아니라 인식론의 문제이기도 하다. 영화의 사실성은 두 가지 상이한 방식에서 정의되어 왔다. 하나는 영화가 다큐멘터리와 구별될 수 없을 정도로 실제 현실을 그대로 모방한다는 의미이고, 다른 하나는 서사, 인물형상화가 영화의 허구적 세계 내에서 일관성 있게 표현되는 방식을 의미한다(Rowe, 1999, p.90). 이것은 '외적 리얼리즘'과 '내적 리얼리즘'으로 부를 수 있다. 외적 리얼리즘은 영화와 사회의 관계 속에서 만들어지는 사실성이라면, 내적 리얼리즘은 영화 내 서사와 인물 속에서 형상화되는 사실성이다.

초기 영화의 두 선구자―뤼미에르(Lumiere) 형제와 멜리에스(Georges Méliès)―의 작품 (최초의 영화인〈열차의 도착〉(*Train Arriving at the Station*, 1895)과 픽션 영화인 〈달나라 여행〉(*Trip to the Moon*, 1902)은 외적 리얼리즘과 내적 리얼리즘을 상징적으로 보여주었다. 크라카우어(Kracauer, 2004)는 영화 역사는 두 가지 경향인 리얼리즘과 형식주의로 발전해왔는데, 뤼미에르와 멜리에스 영화가 초기부터 분명한 경계를 보여주었다고 말한다. 영화에서 리얼리즘과 형식주의는 완전히 분리되는 것이 아니라 서로 통합되어 있지만, 두 영화가 상이한 사실성의 문제를 보여준 것만은 분명하다.[17]

영화의 리얼리즘은 일반적으로 외적 리얼리즘을 지칭한다. 이것은 19세기 문학과 미술에서 나타났던 리얼리즘으로 일상에 대한 진지한 접근, 하층계급에 대한 관심, 사회 안에 위치된 평범한 인물의 묘사, 세밀한 묘사 등을 의미한다. "내 시대의 풍습, 사상, 모습 등을 표현하는 것, 즉 살아 있는 예술을 한다는 것, 그것이 나의 목표"라는 1855년 쿠르베의 '리얼리즘 선언'은 1848년 맑스 엥겔스의 〈공산당 선언〉에 영향을 받았음에 틀림없다. 리얼리즘은 노동계급의 삶의 방식을 다루는 것에서 출발했다고 볼 수 있다.

영화의 리얼리즘에서 주목할 만한 경향으로 1920년대 러시아 사회주의 리얼리즘, 1940~50년대 이탈리아의 네오리얼리즘, 1960년대 프랑스의 누벨바그 등을 들 수 있다. 아이젠슈타인의 〈전함 포템킨〉(1925)은 사회주의 리얼리즘을 전형적으로 보여주는 작품이다. 〈전함 포템킨〉은 1905년 러시아 1차 혁명 20주년 기념으로 만들어

17. 전자는 '삶에 대한 근접성'을 통한 사실성의 발현이라면, 후자는 영화를 그럴듯하게 만들면서 관객을 상상의 세계로 몰입하게 하는 '예술적 진실'을 통한 사실성의 표현이다.

졌다. "혁명은 전쟁이다. 역사에 기록된 전쟁 중 유일하게 합법적이 며 정당한 것은 혁명이다. 진실로 위대한 전쟁이 시작되었다. 러시 아에서 선포되고 시작된 전쟁, 바로 혁명이다"라는 레닌의 말이 자 막으로 나오면서 영화는 시작된다. 이데올로기로서 영화의 목적을 분명히 하고 있다. 〈전함 포템킨〉은 사병들에게 제공되는 고깃덩어 리(피지배계층)에서 구더기(지배계층)가 나오면서 선상 반란이 일 어나고, 코사크 군대가 오데사 시민들을 무자비하게 학살하는 이야 기를 담고 있다. 〈전함 포템킨〉은 당시 러시아 사회를 의미하고, 선 장은 황제, 사관들은 지배계층, 사병은 피지배계층 등으로 사회와 인물의 전형(*type*)을 반영한다. 사회주의 리얼리즘 영화는 인물의 전형을 통해서 사회의 총체성(*totality*)을 드러내는 방식을 취한다.

〈전함 포템킨〉에는 주인공이 없다. 바쿠린추크를 주인공으로 볼 수 있으나 그는 영화 5막 중 2막에서 죽는다. 영화에서 대부분 인 물들은 이름이 없으며, 대규모 군중장면이 자주 등장한다. 역사의 주인공은 개인이 아니라 집단이기 때문이다. 아이젠슈타인은 특 정 인물에 주목해서 어떤 장교가 억압적인 행동을 하는가와 같은 개인적 감정을 철저하게 차단했다. 관객은 특정 인물에 감정적으 로 연루되기보다 지배와 피지배, 혁명의 사회적 의미를 생각하도 록 유도된다. 사회주의 이데올로기를 선전하지만, 감독의 표현방식 은 철저하게 형식주의를 따르고 있다. 왜냐하면 영화가 현실 세계 의 공간적, 시간적 법칙을 따를 필요가 없다는 아이젠슈타인의 몽 타주 이론을 바탕으로 만들어졌기 때문이다.

〈자전거 도둑〉은 다른 방식의 리얼리즘을 보여준다. 영화의 현실 은 시간과 공간의 법칙을 충실히 따르고 있다. 〈자전거 도둑〉은 어 떤 과장된 표현이나 편집기법을 사용하지 않는다. 2차 세계대전 이 후 궁핍과 가난에 빠진 서민들의 모습을 있는 그대로 충실히 묘사

할 뿐이다. 침대보까지 팔아야 하는 가난, 거대한 전당포, 길거리 풍경, 거리의 악사, 교회의 가난한 사람들 등 모든 촬영은 스튜디오가 아니라 실제 로마 거리에서 이루어졌다. 인공조명을 배제한 자연광 조명을 그대로 사용했고, 핸드 헬드 카메라를 사용함으로써 거친 현실을 표현했다. 〈자전거 도둑〉의 이야기는 선형적인 플롯으로 잃어버린 자전거를 찾는 과정으로 구성되어 있다. 각본을 쓴 세자르 자바티니(Cesare Zavattini)는 네오리얼리즘을 다음과 같이 정의한다.

> 영화는 절대로 과거로 돌아가지 말아야 한다. 영화는 무조건적으로 당대의 것을 받아들여야 한다. 오늘, 오늘, 오늘. 영화는 이야기로 존재하는 현실을 표현해야 한다. 실재의 삶과 영화 속의 삶 사이에 어떤 간극도 있어서는 안 된다. … 네오리얼리즘은 절대로 대체될 수 없는 경험은 우리의 눈앞에서 발생하는 현실로부터 나온다는 것을 인식해왔다(Zavatini, 1953, pp. 57~58).

네오리얼리즘은 허구보다는 현실을, 고상한 영웅보다는 평범한 사람을, 예외적인 것보다는 일상적인 것을 다루고, 사회구조가 인간의 가치를 어떻게 파괴하고 위협하는가를 다룬다. 네오리얼리즘이 눈앞에서 경험되는 현실을 강조하는 것은 쿠르베가 선언했던 리얼리즘의 정신과 유사하다. 쿠르베가 그림은 구체적인 예술이며 현실적으로 존재하는 것을 표현할 수밖에 없다고 주장하면서 평범한 사람들(석공, 농부 등)의 삶의 방식을 그린 것은 네오리얼리즘의 미학과 다를 바가 없기 때문이다.

1960년대 전후 누벨 바그(Nouvelle Vague)는 프랑스의 젊은 영화감독과 이론가들 사이에서 확산되었다. 누벨 바그는 표현방식에 있어서 네오리얼리즘의 영향을 받았다. 허구와 기록영화를 결합하고 느슨한 구성을 하며 핸드 헬드 카메라를 사용하면서 사실성을 높였다. 특정한 줄거리보다는 대화를 중심으로 진행하고 즉흥성을 강조하면서 완결되지 않은 이야기로 끝낸다. 누벨 바그는 정치적인 메시지나 작위적인 이야기를 거부했다. 누벨 바그의 대표적인 감독인 고다르는 〈네멋대로 해라〉에서 생략적이고 빠른 전개, 음향과 영상의 몽타주, 그리고 불연속 편집을 기초로 앞뒤에 맞지 않는 서술방식을 사용해서 부조리한 현실을 표현했다(Forbes, 2004, p.532).

〈그림 2-19〉
〈네 멋대로 해라〉(1960)
장뤼크 고다르(Jean Luc Godard)
감독

자연과 세상을 바라보는 방식은 특정 시대가 만들어낸 시대정신과 미디어 자체의 진화과정을 통해서 변화되어 왔다. 인간 중심적 시선과 과학은 풍경을 바라보는 시선과 표현방식을 바꾸었다. 산업혁명으로 하층계급이 확대되면서 리얼리즘이 등장했으며, 사진은 다양한 영역들과 만나서 진화했다. 영화는 사진의 영향을 받았지만 독자적인 표현방식을 구성해왔다. 미디어의 발전은 이미지에 대한 인식을 변화시켰다. 예전에 이미지란 현상에 의해 드러나는 형상이라고 생각했다. 그러나 사진의 발전 이후 점차 이미지는 그것이 표상하는 것 이상일 수 있다는 인식의 변화가 이루어졌다.

이미지는 한 대상을 어떻게 보았는가 혹은 한 대상이 어떻게 보여졌는가와 분리되어 설명될 수 없게 되었다. 이것은 이미지를 만든 사람의 특정한 시선이 하나의 기록으로 매개되기 때문이다. 하나의 사진이나 영화 장면을 볼 때, 우리는 그것이 기계적인 기록만이 아니라는 것을 알 수 있다. 그것들을 찍은 사람이 무한히 많은 장면으로부터 한 장면을 선택한 것이다. 이렇게 해서 이미지는 A가 B를 어떻게 보았느냐에 대한 기록이 된다.

영상 미디어는 닫힌 사고의 방식에서 열린 사고의 방식으로 변화시켰다. 현대 문화는 수없이 중첩되는 영상 이미지 속에서 구성된다. 이 같은 이미지의 축적은 예술의 전통을 이어받으면서 1839년부터 진행되었는데 그때부터 세계의 모든 대상은 사진으로 찍혀왔고, 영상 이미지로 보여져 왔다. 사진, 영화, 텔레비전 등 영상 미디어의 눈은 어두운 동굴에 틀어박혀 사는 시각으로부터 넓은 세계에서 사는 방식으로 끌어내렸다. 현대 사회에서 영상 미디어는 전 세계를 하나의 영상 이미지의 집합체로 구성함으로써 시야는 넓어지고 세계는 축소되었다.

우리는 이미지의 문명 속에서 살고 있다. 이미지는 자연스럽게 받아들여지지만 의도적으로 생산되는 것이다. 이미지의 역설은 '자연스러움'과 '의도성' 사이에서 존재한다. 이미지는 개별적으로 존재하는 것이 아니라 다양한 이미지들의 관계 속에서 생산되고 수용된다는 점에서 관습, 문화, 역사적인 것들을 포함한다.

이미지가 무엇인지 정의하지 않지만 우리는 일상생활에서 이미지라는 단어를 자주 사용한다. 어느 사람에 대해서 좋은 이미지를 가지며, 정치인이나 연예인에 대한 이미지와 기업이나 조직에 대한 이미지를 갖고 있다. 체험하지는 못했지만 용이나 봉황의 이미지도 알고 있다. 이미지는 경험이나 상상력을 통해서 형성된 감각이 마음속에서 재생된 것이다.

우리가 일상적으로 사용하는 이미지의 용어를 통해서 이미지가 무엇인가를 추론해볼 수 있다. "나는 그에 대해 좋은 이미지를 갖고 있어"라고 말하는 경우나, 산이나 호수의 이미지는 대상 자체에 대한 이미지로서 경험을 통해 형성된다. 반면 문학작품, 영화, 뉴스 등에서 보여지는 이미지는 대상 자체라기보다 언어를 매개체로 만들어진 이미지다. 뉴스에서 나오는 이미지는 프레임을 통해서 선택된 표상의 이미지인데 우리는 그것을 의식적으로나 무의식적으로 받아들인다. 허구적 사사물인 영화나 드라마, 문학작품 속에서 형성되는 이미지는 유추의 과정을 통해서 만들어진다.

이미지는 개별적으로 존재하기보다 다양한 이미지들의 관계 속에서 만들어진다. 그렇다면 영상 이미지를 만들어내는 언어적 기제는 무엇인가? 이 장은 언어적 측면에서 이미지의 문제를 논의할 것이다. 첫째, 표상과 이미지의 관계를 살피면서 영상 이미지를 구성하는 빛, 색, 공간을 간략하게 기술할 것이다. 둘째, 영상 이미지가 은유와 상징으로 활용되는 방식을 검토할 것이다. 셋째, 영상 이미지를 구성하는 다양한 수사학적 요소들을 논의하고, 언어적, 조형적, 도상적 메시지가 어떻게 의미를 생산하는가를 분석할 것이다. 마지막으로 텍스트를 통해서 형성된 이미지가 어떤 과정을 통해서 수용되는지를 논의할 것이다.

1. 표상과 이미지

이마고(*imago*)[18]가 이미지의 어원이라는 사실은 흥미로운 함의를 제공한다. 이미지는 대상을 '모방하는 것'과 '죽은 자들의 세계'와 관계가 있다. 고대 이미지와 관련된 많은 단어들, 형상(*figure*), 묘비 등은 죽음과 밀접하게 연결되어 있었다. 특히 죽은 자에 대한 모방이 이미지의 어원이라고 말할 수 있다. 모방한다는 것은 대상과의 '유사성'을 의미하고, 죽음은 보이지 않는 세계에서 존재하는 그 무엇

18. 마르틴 졸리(Martine Joly, 1999, p.21)는 '이마고'의 어원은 'imitor', 즉 모방한다는 뜻이며, 이 단어는 또 다른 세계, 즉 죽음의 세계와 관계를 갖고 쓰여졌다고 말한다.

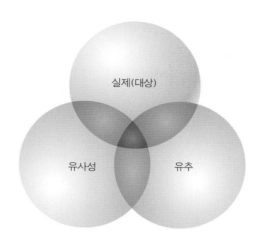

(유추해야 하는 것)을 의미한다. 유사성(*resemblance*)과 유추(*analogy*)는 서로 배타적인 것이 아니라 상호작용하면서 이미지를 만들어낸다.

이미지는 문학작품에서 중요하게 논의되어 왔다. 시, 소설, 희곡 등은 수많은 이미지들을 담고 있다. 시의 이미지는 표면상으로 묘사적이지만 시적 상상을 통해서 현실에 대한 반영 이상의 것을 전달한다. 예를 들어, 짧은 시 한 편을 보자.

> 이상난동으로 봄꽃 피는 오후
> 전보 한 통이 왔다.
> 지금 어디로 가느냐고.
> 눈 다친 동백이 붉게 그리워 울고
> 우체통에 피가 묻어 있다.[19]

'봄꽃 피는 오후', '전보 한 통', '눈 다친 동백', '피가 묻은 우체통' 등이 각각 이미지로 활용되었다. 이상난동이라는 현실은 무엇인가 잘못되고 있다는 것이고, 전보 한 통은 급한 상황이라는 것을 보여준다. '전보', '동백', '붉게', '우체통', '피' 등의 시어들은 강렬한 시

19. 이 시는 1980년대 중반에 쓰인 〈편지 · 7〉이라는 졸시(拙詩)다. 당시의 비극적 정서를 표현한 것이다.

각적 이미지들이다.[20] 붉게 그리워 우는 눈 다친 동백이나 피 묻은 우체통, 그리고 지금 어디로 가느냐고 묻는 시적 화자(話者)를 통해서 독자는 비극적 정서를 읽을 수 있다. 비극적 이미저리(*imagery*)가 이 시의 중심고리를 형성하는 것이다.

영상 이미지도 마찬가지다. 영상 이미지는 시의 이미지와 마찬가지로 언어를 매개로 하고 있는데, 언어적 차이에도 불구하고 유사성과 유추를 통해서 형성된다. 물론 영상 이미지와 시의 이미지가 유사하게 생산된다고 하더라도 똑같은 것은 아니다. 영상 이미지는 일차적으로 대상의 유사성에 기대어 있다. 사진, 영화, 그림 등으로 표현된 것은 대상 그 자체와 밀접한 연관성이 있다. 영상 이미지는 시의 이미지와 달리 상대적으로 모호성이 적은 편이다. 바로 이 점 때문에 표상과 영상 이미지를 동일한 것으로 간주하기도 한다.

사진이 대상 그 자체가 아닌 것처럼 이미지도 대상 그대로가 아니다. 사진의 경우 대상과 상당한 유사성이 있기 때문에 대상 그 자체로 인식되기도 하지만, 한 대상이 어떻게 찍혔는가에 따라서 이미지는 수없이 달라질 수밖에 없다. 이미지의 기능은 대상과의 유사성을 통해서 대상이 아닌 다른 것을 환기하고 의미를 전달하는 데 있다.

표상과 이미지는 유사한 점이 있지만 반드시 동일하지는 않다. 예를 들어, 〈그림 3-2〉와 〈그림 3-3〉을 보자. 〈그림 3-2〉는 잘생긴 남자 모델의 사진이다. 표상(멋진 남자)과 이미지 사이에는 밀접한 유사성을 지닌다. 대상도 멋진 남자이며, 표상과 이미지도 멋진 남자다. 그러나 〈그림 3-3〉은 표상과 이미지 사이에 모호성이 존재한다. 시계, 벽난로, 기차, 벽에 걸린 그림 등은 표상이고 개별적 이미지다. 이것들이 모여 작가가 의도했던 예술적 이미지를 만들어낸

20. 문학에서 이와 같은 이미지 군(群)을 이미저리(*imagery*)라고 부른다.

〈그림 3-2〉
대상과 이미지의 유사성
대상과 이미지는 동일하게
멋진 남자를 보여준다.

〈그림 3-3〉
〈정지된 시간〉(1932)
르네 마그리트(René Magritte)

다. 독자가 개별 이미지들이 모여 어떤 이미지를 형성해내는가를 알기 위해서는 유추의 과정이 필요하다.

유사성이 너무 지나칠 경우 표상과 이미지 사이의 구분이 모호한 반면, 유사성이 떨어지면 이미지를 해독하기 어렵거나 혼란을 일으킨다. 이미지의 해독이 거의 불가능해질 수도 있다. 만일 죽음의 이미지를 표현하기 위해서 나무의 표상을 사용했다면, 죽음과 나무 사이에 유사성이 낮기 때문에 해독의 어려움이 발생할 수 있다.

이미지는 유사성과 유추를 통해서 텍스트와 정신 속에 기록되는 감각적 모습이라고 지적했다. 영상 이미지는 문자 이미지와 달리 이미지를 만들어내는 다양한 요소들이 개입한다. 조명, 색채, 이차원과 삼차원 공간을 만들어내는 요소(비율, 이미지의 크기, 부피, 방향 등) 등이 영상 이미지를 구성하는 요소들로 기능한다.

영상 이미지에서 빛의 종류는 매우 중요하다. 우리는 빛이 있어서 대상을 볼 수 있다. 빛은 시선을 끌어들이는 장치로서 활용된다. 빛은 대상에 대한 우리의 인식을 유도한다. 빛은 모양, 질감, 색채를 비춤으로써 대상이 어떻게 생겼는지 보여준다. 게다가 빛은 그림자를 만들어냄으로써 어떤 감정이나 태도를 유발시킨다. 빛은 화가, 사진작가, 감독이 통제할 수 있는 수단 중 하나이며, 매우 강력한 미적 장치이다.

예를 들어 명암체 조명(*chiaroscuro*)[21]이 있다. 명암체 조명은 공포 영화에서 보듯 강한 빛과 그림자를 가지고 있어서 강렬한 감정을 표현한다. 명암체 조명은 공간을 효과적으로 표현하고, 대상의 삼차원 속성을 강화시키며, 하나의 장면에 표현적 강렬함을 제공한다. 따라서 화면의 특정 영역에 주의 깊게 빛이 비춰지고 다른 곳은 의도적으로 약한 빛이나 어둡게 처리되면서 화면 내에서 극적 요소를 만들어내는 데 이바지한다.

21. chiaroscuro는 이탈리아어로 밝음과 어둠을 의미한다.

대상에서 반사되는 파장의 조합이 우리의 눈으로 메시지를 보내어 색을 인식하게 만든다. 대상이 빛의 대부분을 반사할 때 흰색으로 인지되며, 빛의 대부분을 흡수하면 검은 색으로 인지된다. 색은 "색조, 채도, 명도의 기준을 갖는 시각적 경험의 속성으로 시각적 경험에서 주관적 요소와 객관적 자극이 시지각을 만들어낸다"(Gage, 1999, p.11). 따라서 색은 객관적 자극과정에 대한 주관적 반응이라고 할 수 있다. 색은 우리의 인식과 정서에 영향을 미친다. 어떤 색은 실제 거리보다 가깝게 느껴지고, 어떤 색채는 따뜻하게 느껴진다. 어린아이가 빨간색 공을 실제보다 가깝게 느끼고, 파란 공을 실제보다 멀리 느끼는 것은 색이 거리감을 만들어내기 때문이다.

전통적으로 그림, 사진, 텔레비전, 영화 등은 3차원의 공간을 2차원의 공간으로 표현한다. 영상 이미지에 있어서 넓이, 높이, 깊이는 이미지의 인식에 중요한 영향을 미친다. 보통 화면(사진 등)의 넓이는 X축으로, 높이는 Y축으로, 깊이는 Z축으로 표시된다. X축과 Y축의 2차원적 공간에서 3차원적 공간을 만들어내는 Z축이 추가되면 이미지는 깊이를 지닌다. 2차원(높이와 넓이)의 공간으로서 이미지를 상상한 다음 3차원을 첨가시키면 대상은 부피를 지니는 것으로 인식한다. 인간의 눈이 대상이 부피를 가지고 있는 것으로 인식하기 때문에, 시각 현상의 대부분이 부피를 지니거나 있는 것처럼 파악된다. 넓이를 보여주는 X축과 높이를 보여주는 Y축은 명확한 공간의 제한을 가지고 있는 반면, Z축은 가상적으로 무한한 공간감을 만들어낸다. 찍혀진 대상은 화면 앞으로부터 화면 뒤(배경)로까지 확장된다. 따라서 우리는 상대적 거리감을 느낄 수 있다. 영상 이미지 내에서 대표적인 X축은 지평선이고, 대표적인 Y축은 고층 빌딩의 높이이며, Z축은 소실점을 만들어내는 원근법을 활용한 이미지다.

영상 이미지는 유사성과 유추를 통해서 생산되지만 문자 언어의 이미지와 달리 빛, 색, 공간 등의 요소들이 일차적으로 개입한다. 빛이나 그림 등은 이미지의 깊이나 부피를 만들어내고 우리의 시선을 감각적으로 유도한다.

2. 은유와 상징

이미지는 하나로서 개별적으로 존재하는 것이 아니라 다양한 이미지들의 관계 속에서 의미를 생산한다고 지적했다. 하나의 사진 안에는 다양한 이미지들이 스며있다. 우리는 개별적으로 각각의 이미지들이 어떤 의미를 갖고 있는지 꼼꼼히 읽지 않는다. 우리는 그것을 하나의 이미지(이미저리)로 받아들인다. 그러나 이미지는 기호의 이미지이면서 동시에 문화적으로 배우면서 가졌던 무엇이 서로 상호작용하면서 전달되는 것이다. 이미지에는 우리가 대상을 바라보는 방식이 내재되어 있다. 그렇지 않다면 이미지는 제대로 전달되기 어렵다. 이미지는 '정신 속에 기록되는 감각적인 모습'이면서 동시에 '기호들에 의해서 재생산되고 재창조'되는 것이다.

우리는 앞에서 이미지란 용어가 일반적으로 어떻게 사용되는지 살펴보았다. "나는 그에게 좋은 이미지를 갖고 있어"라는 진술은 대상 그 자체에 대한 이미지이다. 내가 그와 경험하면서 우리의 정신 속에 남아 있는 것으로 '표상'은 아니다. 문자 언어나 영상 언어를 통해서 형성된 이미지가 아니라는 것이다. 그러나 시에서 "우체통에 피가 묻어 있다"는 이미지는 문자 언어를 통해서 형성된 이미지고, 사진이나 영상 이미지는 영상 언어를 통해서 만들어진 이미

지이다.

이미지는 육체적 지각을 통해서 생산되는 이미지와 육체적 지각을 통하지 않고 생산되는 이미지가 있다(이승훈, 1979, pp.114~127). 두 가지 이미지가 생산되는 방식은 서로 분리되어 있는 것이 아니라 연결되어 있다. 나무나 사진을 보면 그것이 나무의 모습인 것을 안다. 이것은 육체적 지각을 통한 것이다. 반면 기억, 꿈, 환상 등으로 생산되는 이미지는 육체적 지각을 통하지 않는다.

이미지는 세 가지—감각적 이미지, 비유적 이미지, 상징적 이미지—로 분류할 수 있다. 감각적 이미지는 시각, 청각, 후각, 촉각, 미각 등을 통해서 전달된다. 영상 이미지의 경우, 촉각을 표현하는 방법은 대상의 질감을 통해서이다. 미각이나 후각을 나타내는 영상 이미지는 음식이나 음식자료와 관련된 광고 등에서 수없이 나타난다. 시각 이미지가 문자 언어에서 "우체통에 묻은 피"나 "눈 다친 동백"과 같이 시각적 경험을 추상적으로 만들어내는 것처럼 영상 언어에서도 색채, 채도, 명도 등 색과 조명을 통해서 형성된다(〈그림 3-4〉 참고).

비유적 이미지는 서로 다른 두 사물을 병치함으로써 과학적 인식으로는 거의 불가능한 예술적 진리의 세계를 보여준다. 비유적 이미지는 그 속성이 이질적인 것, 모순, 충돌하는 것을 한 문맥에 배치함으로써 참신한 사물의 인식에 도달하게 한다. 비유적 이미지는 단순히 대상에 대한 시각적 경험(빛이나 색 등)에 의존하는 감각적 이미지와는 다르며, 문자 이미지뿐만 아니라 영상 이미지에서도 중요하게 사용된다.

대표적인 비유적 이미지는 은유, 병치, 환유 등이다.[22] 은유는 비교(*comparison*)를 통해서 의미를 생산한다. 예를 들어, "그녀는 장미"라고 한다면 그녀=장미라는 관계가 성립된다. 영상 이미지의 예를 들어보자(〈그림 3-5〉와 〈그림 3-6〉).

미쓰비시 자동차에서 제작한 SUV 자동차 광고 위에는 SUV 자동차가 위치하고 아래에는 코뿔소 사진이 위치한다. 여기서 말하고자 하는 것은 미쓰비시 SUV = 코뿔소이다. SUV 자동차가 갖는 활동성과 튼튼함은 코뿔소 이미지의 은유로 표현되었다. 자동차 몸체는 코뿔소의 몸이며, 바퀴는 다리이고, 앞부분은 코뿔소의 머리이다.

하겐다즈 광고도 은유를 사용하고 있다. 광고 카피는 "하겐다즈 아이스크림은 비교적 빨리 녹습니다. 첨가제를 전혀 섞지 않았다는 증거죠. 함께 녹아 있습니다"로 "함께 녹아 있다."(*melt together*)는 단어가 부각됨과 동시에 함께 녹아 어울려져 침대에 누워있는 남녀의 모습이 추상적으로 처리되어 있다(김홍탁, 2000, p. 16). 아이스크림의 질감을 그대로 느끼게 해주는 침대시트 안으로 사랑하는 남녀가 한데 녹아들어 합일을 이루는 모습이 실루엣으로 비쳐진다. 첨가제를 섞지 않아 순수함이 녹아 있는 하겐다즈 아이스크림= 함께 녹아 있는 순수한 남녀의 사랑으로 동일시된다. 특히 질감이 느껴지는 시각적 이미지가 함께 녹아 있다는 카피와 아름답게 조화를 이루고 있다.

22. 영상 언어는 문자 언어와 달리 직유와 은유의 구별이 거의 없다. 비유적 이미지로 시에서 직유가 많이 활용된다. 시에서 직유는 두 사물 사이의 유사성을 직접 연결하기 때문에 보통 ~처럼, ~같이 등의 연결어미에 의해 결합된다. 그러나 영상 언어는 도상성을 특징으로 하고 있기 때문에 비교되는 두 대상은 그대로 A는 B가 된다. 또한 시에서 은유는 혼합은유로 사용되는 경우가 적지 않다. 예를 들어, "사랑하는 나의 하나님, 당신은 / 늙은 비애다 / 푸줏간에 걸린 커다란 살점이다 / 시인 릴케가 만난 슬라브 여자의 마음속에 가라앉은 놋쇠항아리다…." 김춘수 〈나의 하나님〉에서 나의 하나님은 늙은 비애, 커다란 살점, 놋쇠항아리로 표현된다. 즉, 일(一):다(多)로 혼합은유가 활용된다. 그러나 사진과 같은 고정된 영상에서 혼합은유는 사용되지 않으며, 영화에서도 거의 활용되지 않는다.

병치는 병렬과 종합의 형식을 취하는 은유의 한 형태이다.[23] 병치는 대비를 통해서 의미를 생산하는데, 언뜻 연결되지 않는 두 개나 혹은 그 이상의 이미지들을 연속적으로 배치함으로써 새로운 의미를 생산하는 것이다. 영상 이미지에서 이질적인 두 요소가 새로운 배열, 곧 병치됨으로써 이제까지의 의미를 다른 의미로 전환시킨다(〈그림 3-7〉 참고).

〈그림 3-7〉
병치의 사용
〈전함 포템킨〉(1925)
세이게이 아이젠스타인(Sergei Eisenstein) 감독

에이젠슈타인의 〈전함 포템킨〉에서는 잠에서 깨어난 돌사자가 포효하는 장면이 민중들이 항거하는 장면과 대비되어 편집되어 있다. 이것은 돌사자의 포효와 민중의 깨우침이나 저항을 대비시킴으로써 혁명을 나타낸 것이다. 몽타주는 이와 같은 병치의 방법을 통해서 새로운 의미를 재생산한다.

환유는 연상관계(association)로 의미를 생산하는 방법이다. 은유는 A라는 기호와 함께 또 다른 A' 기호를 함께 놓음으로써 두 기호가 직접적인 관계를 맺지만, 환유는 구체적인 비교를 사용하지 않기 때문에 보다 여러 가지 의미를 생산할 수 있다. 환유는 작은 것으로 전체를 의미하거나 또는 전체를 가지고 작은 것의 의미를 생산하는 방식이다. 예를 들어, 〈브레이브 하트〉(Brave Heart)에서 주인공 멜 깁슨이 어린 시절 여자친구로부터 엉겅퀴꽃을 받는 장면이 나온다. 이때 엉겅퀴꽃은 환유인데, 왜냐하면 그것이 스코틀랜드 민족주의를 의미하기 때문이다. 따라서 이것은 작은 것(엉겅퀴꽃)을 통해서 전체(스코틀랜드 민족주의)를 표현한 것이다(〈그림 3-8〉 참고).

여기서 지적할 수 있는 것은 은유, 환유, 병치는 서로 분리되어 있는 것이 아니라는 점이다. 잠자는 돌사자의 숏은 병치지만, 의식이 깨어 있지 못한 민중에 대한 은유이면서 동시에 볼셰비키 혁명에 대한 환유로서도 기능하기 때문이다.

상징적 이미지는 일반적으로 상징하는 것이 다른 어떤 것을 의

23. 은유에는 치환은유와 병치은유가 있다. 치환은유가 동일성의 원리에 의해서 대비된다면, 병치은유는 두 이미지 사이에 유사성이 없고 등식관계가 성립될 수 없어도 문맥 내에서 배열과 조합의 형태로 의미를 만들어낸다. 따라서 영상 언어에서는 병치은유가 치환은유보다 활발하게 사용되는데, 몽타주가 대표적인 병치은유다.

미하거나 수용하는 사람의 마음을 자극함으로써 다른 무엇인가를 연상하게 하는 것을 가리킨다. 상징은 다른 뜻을 함축하고 있는 이미지라는 점에서 은유와 유사하다. 상징과 은유를 비교하면, 상징은 주지(主旨: 원관념)가 없지만, 은유는 주지가 나타나 있는 비유이다. 상징은 주지가 생략되기 때문에 문맥에서 비교를 통한 유추적 관계가 성립되지 않는 반면, 은유는 두 사실 사이의 유사성, 상호 암시성을 근거로 한 1(주지 혹은 원관념) : 1(보조관념) 관계가 성립된다. 즉, 은유에서 A는 B라는 관계는 유사성과 유추관계를 형성하지만, 상징에서는 A 자체가 어떤 의미를 만들어낸다. 일반적으로 은유는 텍스트의 어떤 한 부분에서 맡은 역할을 하는 데 비해 상징은 작품 전체 ― 또는 작가 ― 를 지배하는 의미 또는 암시성을 갖는다. 더욱이 상징은 영화나 드라마 같은 텍스트에서 은유와 달리 반복해서 나타나는 특징이 있다.

상징에는 보편적 상징과 특수한(구체적) 상징이 있다. 보편적 상징은 주어진 문화권 내에서 모든 사람들이 이해하거나 연상할 수 있는 상징이다. 이것은 문화적으로 또는 역사적으로 만들어진 상징이다. 십자가는 보편적 상징의 예다. 십자가는 기독교 신앙과 관련된 다양한 가치나 느낌을 위해서 사용될 수 있다. 까마귀는 죽음의 상징으로 많이 사용된다. 까마귀가 죽음을 상징하는 것은 검은색이며, 시체만을 먹고, 죽어가는 생물 위를 멀리서 활공하는 것이다가오는 죽음을 보여주기 때문이다. 영화나 사진 이미지에서 까마귀 울음소리가 들리면 대체적으로 죽음이 다가오고 있음을 의미한다. 물론 영화의 문맥에 따라서 까마귀는 다른 상징으로 사용될 수 있지만 보편적으로 죽음을 상징한다. 이미지 생산자가 어떤 관념을 효과적으로 전달하기 위해서 보편적 상징을 사용한다.

그러나 보편적 상징은 새로운 상징적 의미를 창조하지 못한다. 어느 영상 이미지에서 까마귀를 표현하여 죽음을 의미한다면 그것은 진부한 상징이므로 죽은 상징에 불과하다. 이미지 생산자들은 기존의 상징에 의존하기보다는 텍스트의 내적 맥락에 따라 기능할 수 있는 새로운 상징을 창조해낸다. 이와 같이 특정 텍스트에서 새롭게 창조되는 상징을 구체적 상징이라 부른다.

구체적 상징은 영화나 드라마에서 수없이 나타난다. 〈시민 케인〉(*Citizen Kane*)의 '장미꽃 봉오리'(*rosebud*)나 〈레옹〉(*Leon*)의 화분 같은 상징은 영화 내에서 여러 번 반복되면서 특별한 의미를 만들어낸다. 〈레옹〉에서 화분의 상징은 레옹의 무의식적인 단면을 의미한다. 레옹은 냉정한 살인청부업자지만, 화분의 상징을 통해서 냉혹함의 다른 단면을 보여준다. 영화에서 레옹은 화분이 뿌리가 없다는 점에서 자신과 닮아 있다고 말한다. 한 곳에 뿌리를 내리지 못하고 떠돌아야 하는 자신의 운명이 화분의 상징을 통해서 표현되는 것이다. 또한 화분의 상징은 살인청부업자의 냉혹함과 대비되는 순수의 이미지도 만들어낸다.

3. 이미지의 수사학

고전적 수사학은 말과 글을 닦는 기술이다. 수사학은 논거를 발견하고 제시하는 기법과 문체(*styles*)의 기술인 표현기법을 포함하는 일련의 말과 글에 관련된 기술들을 포괄한다. 고대 그리스인들에게 말을 잘하는 것과 글을 잘 쓴다는 것은 연설이 지향하는 목적을 이루었다는 뜻이었다. 연설의 목적은 청중을 설득하고 납득시키는 것이므로 말을 잘한다는 것은 도덕적 기준이 아니라 효용성의 기준이 적용된다.

웅변이나 글에 있어서 문체의 타당성과 마찬가지로 논증의 타당성은 진실보다는 '그럴듯함'(*verisimilitude*)과 관계된다. '그럴듯함'이 수사학을 정죄나 찬양의 대상으로 만들었다. 수사학이 절대선과 진리를 지향한다면 그것은 '시늉된 말의 기술'에 불과하지만, 대중을 즐겁게 하고 감동을 주는 기능을 추구한다면 가치 있는 예술로 인정받고 요구된다.

고전적 수사학은 창안법(라틴어 *inventio*), 배열(라틴어 *dispositio*), 문체(라틴어 *elocutio*)의 문제에 집중했다. 창안법은 테마 또는 선택된 이유와 관련하여 주제, 논증, 장소, 확대와 설득의 테크닉을 추구하는 것이다. 그것은 전통적인 논술에서 '생각의 추구'와 같은 것이다. 배열은 언술의 중요한 부분들(서론, 서술방식, 토론, 결론 등)을 위치시키는 것이다. 문체는 스타일 및 문채(文彩, *figures*)의 선택과 관련된다. 문장의 문채는 도치, 생략, 반복, 완서법, 대조법, 감탄법, 점증법 등을 통해서 문장의 기본적이고 통사적인 구조를 조절하는 기능을 의미하며, 단어의 문채는 단어의 선택과 연관성으로 은유와 환유의 활용을 지칭한다(Joly, 1999, pp.120~121). 이와 같은 고전적 수사학은 이미지를 다루는 현재의 문화현상에도 유용한 지침을

언어 {	1. 기표	2. 기의	
	3. 기호		Ⅱ. 기의
신화 {	Ⅰ. 기표		
	Ⅲ. 기호		

제공해준다.

바르트(Barthes)는 고전적 수사학을 현대의 이미지 현상을 이해하는 데 적용하고 있다. 바르트는 고전적 수사학으로부터 설득과 논증의 방식(창안법)과 문채의 활용을 수용해서 이미지의 작동 메커니즘을 밝히고 있다. 바르트는 설득의 방식으로서 수사학에서 이미지의 함축적 의미가 작동하는 방식을 제시했다. 정확히 말해서 의미작용의 방식은 이미지의 고유한 부분은 아니다. 그러나 의미작용이 어떻게 일어나는가를 배제하고 설득의 과정을 말하기란 어렵다. 바르트는 의미작용의 두 단계를 제시한다. 언어로서 기표와 기의가 새로운 기호를 형성하고, 다시 형성된 기호의 기표와 기의가 사회적으로 이데올로기나 신화로 나아가는 과정을 다음과 같이 도식화한다(Barthe, 1972, p.115).

우선 기표와 기의가 모여서 하나의 기호를 이룬다. 예를 들어, 돼지라는 기호(영상이든 문자이든)는 '게걸스러움', '풍요', '탐식' 등 다양한 기의를 지닌다. 우리가 일상에서 돼지를 보았을 때 느끼는 돼지에 대한 경험이 돼지의 의미를 만들어낸다. 언어로서의 돼지가 '게걸스러움'이나 '풍요'를 의미하는 단계가 의미작용의 첫 번째 과정이다. 그러나 기호 돼지가 특정한 맥락 속에서 어떻게 놓이는가에 따라서 돼지의 의미는 달라질 수밖에 없다. 만일 노동문제나 노사문제를 다룬 포스터나 사진 이미지에서 등장하는 돼지의 기호는 탐욕스러운 자본가나 사업주를 의미할 수 있다. 이것은 돼지의 기호가 새로운 의미를 얻게 되는 두 번째 의미작용의 과정이다. 두 번째 의미작용을 통해서 특정 기호는 이데올로기나 신화로서 기능하게 된다.

언어적 메시지의 의미작용 과정에서 바르트는 수사학적으로 두 가지 요소, 즉 '의미의 닻 내리기'(*anchorage*)와 '중계'(*relay; relais*)에 주목한다. 의미의 닻 내리기는 "텍스트에서 독자를 지도하며, 거기에서 어떤 것은 피하고 어떤 것은 받아들이도록 해준다. 흔히 섬세한 배치를 통해서 텍스트는 독자를 사전에 선택된 의미로 원격조정하는"(Barthe, 1993, p.96) 것이다. 다시 말하면 의미의 닻 내리기는 일련의 부유하는 의미를 고정시키는 역할을 말한다. 텍스트는 다의성을 지니기 때문에 의미는 상대적으로 열려 있게 된다. 그러나 광고나 보도사진의 경우 의미가 지나치게 열려 있으면 효과나 독자가 해독하는 데 심각한 문제에 직면하게 된다. 의미의 닻 내리기는 해독의 혼란을 방지해주는 역할을 담당한다. 광고의 헤드카피나 보도사진의 캡션 등은 의미의 닻 내리기 기능을 수행한다.

중계는 언어적 메시지가 이미지 표현의 한계나 결핍을 보완하고 이미지의 역할을 이어받을 때 표현되는 기호이다. 영상 이미지의 경우 (문자나 청각) 언어의 도움을 받아야 할 경우가 적지 않다. 예를 들어, "매주 토요일 늦은 저녁"을 영상 이미지로 표현하기 위해서는 적지 않은 이미지들이 필요하다. 그러나 문자 언어로 "매주 토요일 늦은 저녁"을 영상 이미지와 함께 써주면 의미는 쉽게 전달될 수 있다. 따라서 중계는 특정 장소나 시간의 흐름, 기대감, 미래를 지시하는 역할을 담당한다.

바르트는 이미지의 수사학과 관련된 메시지를 세 가지―언어적 메시지, 코드화된 도상적 메시지, 코드화되지 않은 도상적 메시지―로 분류한다. 코드화된 메시지와 코드화되지 않은 메시지의 구분은 명확하지 않다. 따라서 여기서는 졸리(Joly, 1999)가 구분한 조형적 메시지와 도상적 메시지로 분류해서 살펴보겠다.

조형적 메시지는 프레임, 색깔, 구성, 질감, 크기, 조명 등과 같은 이미지의 순수한 조형적 도구들을 지칭한다. 영상 이미지 내에서 조형적(구상적) 기호들은 단순한 표현수단이 아니라 하나의 독립적인 기호이면서 동시에 서로 연결되어 의미를 만드는 데 기여한다. 의미는 도상에 의해서만 결정되는 것이 아니라 조형적 선택에 의해서도 결정된다.

프레임은 시각에 대한 제약으로 기능한다. 프레임은 지면이나 화면의 경계에 의해 중단되거나 잘려져 있는 것이다. 프레임은 선택된 경계나 절단이라는 점에서 보이는 것(선택된 것)과 보이지 않는 것(선택되지 않은 것; 프레임 밖에 존재하는 것)을 구별짓는다. 그러나 선택된 것(프레임 내에 존재하는 것)이 일차적으로 중요하지만 선택되지 않거나 잘려나간 부분 역시 의미구성에 중요한 기능을 담당한다. 이 밖에도 촬영각도, 렌즈의 선택이나 페이지 구성, 모양(곡선, 원, 직사각형, 삼각형 등), 색깔과 조명, 질감 등이 조형적 메시지를 구성하는 요소들이다.

도상적 메시지는 특정 이미지 내에 포함되는 있는 모든 도상을 포함한다. 하나의 이미지 안에 여성이 등장한다면, 여성, 입고 있는 옷이나 장신구, 배경 등이 도상적 메시지를 구성한다.

이미지의 수사학을 구성하는 언어적 메시지, 조형적 메시지, 도상적 메시지가 어떻게 의미를 생산하는가 하는 문제를 하나의 사례를 통해 살펴보자. 필자가 재직하고 있는 학교의 캠퍼스를 걷다가 우연히 하나의 홍보 포스터를 보았다. 홍보 포스터는 2003년 서울여자대학교 모집전형에 관한 것이었다. 전체적으로 보면, 왼쪽 상단에 홈페이지 주소(www.swu.ac.kr)가 있고, 그 아래 2003 서울여자대학교 모집전형 수시 2학기 모집전형, 전형방법, 모집일정, 정시

세계가 우리의 교실

모집 등에 대한 구체적인 정보를 담고 있다. 오른쪽 상단에는 청치마를 입고 갈색 퓨마 운동화를 신은 학생의 하반신이 찍혀있고, 전체적으로 잔디밭이 폭넓게 화면을 차지하고 있다. 포스터 하단에는 Heidelberg, Oxford, Boston, Cambridge, Harvard, Yale의 표지가 있으며, 프레임 밖에 "세계가 우리의 교실"이라는 카피가 적혀 있다 (〈그림 3-10〉 참고).

언어적 메시지에서 "세계가 우리의 교실"이라는 카피는 의미의 닻 내리기 역할을 수행한다. 서울여대에서 학생들을 모집하는 데 소구하는 것은 세계와 미래에 대한 꿈과 비상이다. 세계가 우리의 교실이라는 것을 표현하기 위해서 세계 유명대학의 이름이 중계(relay)기능을 담당한다. 만일 중계기능이 없다면 아래의 건물들이 대학인지 아니면 다른 건물인지가 모호해진다. 세계 유수대학의 이름들은 건물의 사진들만으로 메울 수 없는 불충분한 정보를 보완하고 청치마를 입은 학생(미래의 서울여자대학교 학생)이 지향하는 곳을 표시해준다. 이와 같이 의미의 닻 내리기 기능과 중계기능을 중심으로 왼쪽에는 구체적인 입시요강이, 오른쪽에는 추상적인 서울여대인의 꿈과 비상이 문자 언어로 쓰여 있다.

이미지는 내용에 따라서 프레임으로 구체화되는 물리적 한계를 지니므로 프레임은 시각의 제약으로 기능한다. 그러나 프레임은 단순히 물리적 시각의 제약만을 의미하는 것이 아니라 제약을 통한 시각이나 상상력의 확대를 의미하기도 한다. 서울여자대학교 모집전형 포스터는 프레임으로 제약된 두 개의 이미지가 있다. 오른쪽 위 청치마와 퓨마 신발을 신고 다가오는 여학생의 발걸음과 아래 수평으로 펼쳐진 세계 유명대학의 건물들이다. 대학 건물들은 지면의 경계에 의해 잘린 것처럼 보인다. 더 많은 세계 유명대학 건물들을 콜라주로 포함시키고 싶지만 지면의 한계로 더 제시하지 못했음을 잘려나간 프레임을 통해서 알 수 있다. 반면 오른쪽 위에서 걸어오는 학생은 지면의 경계에 의해 잘린 것이 아니라 의도적으로 선택된 것이다. 의도적으로 제약된 여학생의 무릎 위 상체와 얼굴은 프레임 밖에 위치한다. 왜냐하면 그 여학생은 아직 서울여자대학교 학생이 아닌 미지의 학생이고 누구인지 모르기 때문이다. 즉, 당신이 누구인지 아직 모르지만(입학하지 않았으므로) 서울여대에 진학해서 미래의 첫 걸음을 시작하라는 의미로 받아들일 수 있다. 게다가 한 명의 여학생을 위치시킴으로써 '바로 당신'이라는 개별적 존재의 중요성을 환기시킨다. 여기서 우리가 상상할 수 있는 것은 비록 한 여학생의 모습이지만, 이것은 프레임 밖에 존재하는 수많은 학생들이 된다는 것이다.

위치 조절은 이미지의 크기(피사체와 카메라 렌즈 사이 거리의 결과)와 관계된다. 가까운 느낌을 주는 하단 잔디밭 아래로 세계 유명대학을 위치시킴으로써 가깝게 느껴지고, 상단의 잔디밭은 떨어져 있는 듯한 느낌을 준다. 따라서 멀리서 세계로 다가오는 이미지를 부각시킨다. 촬영 각도는 부감으로 잔디가 지배하는 듯

〈표 3-1〉
조형적 메시지

조형적 기호	기표	기의
프레임	청치마를 입고 있는 학생 유수대학 건물들	부재/지금 있음의 사이
위치 조절	밀도 있음	가까움
촬영 각도	부감(*high angle*)	보는 이의 지배현상
렌즈의 선택	긴 포커스	명료함
구성	하강적 수직	위(미래)에서 내려오는 발걸음
크기와 차원	상대적으로 큰 학생의 발걸음 작은 대학건물들	학생의 미래와 세계
색깔	초록	새로움, 출발
조명	자연광	일상성
질감	풍성하게 자라는 잔디밭	촉각적

한 느낌을 준다. 렌즈의 경우 포스터의 아랫부분 잔디는 선명하지만 윗부분은 약간 흐릿한 것을 고려하면 초점거리가 긴 렌즈를 사용했을 것이다. 아랫부분 잔디의 선명함은 현실로 부각되고 윗부분의 흐릿함은 미래로부터 현실로 다가오고 있음을 의미한다.

구성은 시각 메시지의 내적 지형도로 이미지의 해독 방향을 정하는 데 중요한 역할을 수행한다. 모든 이미지의 구축방식에 있어 오랜 세월 동안 만들어진 수많은 관례들을 존중하거나 거부하기도 하며 시대나 스타일에 따라 변하기도 한다. 구성은 여러 가지 이미지의 요소들을 배열하여 통일성 있게 만드는 것이다. 왼쪽과 오른쪽의 배열, 위와 아래의 배열, 가운데의 배열은 매우 중요하다. 서울여자대학교 모집전형 포스터에서 왼쪽은 구체적인 정보를 담고 있으며 현재에 가깝고, 오른쪽은 추상적인 내용으로 미래를 지칭한다. 이것은 글쓰기 방향이 왼쪽에서 오른쪽으로 향하기 때문에 시간적으로 구분된다. 위와 아래의 경우 위는 이상적인 것(미래), 아래는 현실적인 것(현재)을 나타낸다. 청치마를 입은 학생은 위에 위치함으로써 입학할 학생이라는 미래적 의미를 지닌다. 반면 아래에 놓여 있는 세계의 대학 건물들은 미래의 일이지만 서울여대에 들어오면 꿈을 현실화시킬 수 있다는 의미를 담고 있다. 이 점은 크기에서도 유사하다. 상대적으로 학생의 발걸음은 크고, 대학 건물들은 작다. 이것은 소유할 수 있는 대상(즉, 미래의 꿈을 이룰 수 있다는 것)으로 학생에게 크게 의미부여를 하기 때문이다. 색은 초록색이 주를 이루고 있는데, 이는 새로움과 출발을 함축한다. 이 밖에도 조명은 자연광으로 현실성이 높음을, 질감은 풍성하게 자라는 잔디밭에서 보듯 촉감이 강조되면서 생명력을 표현한다.

도상적 메시지는 대상과 유사성을 지니는 기호들의 집합이다. 포스터에 있는 청치마, 신발, 발목, 잔디밭, 대학 건물들이 모여 도상적 메시지를 구성한다. 일반적인 독자의 기대와 달리 모델의 얼굴이 보이지 않는 것의 의미는 프레임에서 설명했다. 얼굴이 부재한다는 것 자체가 수사학의 중요 요소인 생략 문채의 활용이다. 얼굴의 생략을 통해서 부각되는 것은 청치마, 발목, 갈색 퓨마 운동화이다. 청치마와 운동화는 대학에 입학할 학생의 나이에 대한 표지지만, 자유로움과 활동성에 대한 환유이기도 하다. 잔디밭은 전체 포스터를 지배하는 이미지이다. 잔디밭이 주는 생명력, 출발, 푸르름은 새로 입학할 학생들을 지칭하기도 한다.

이미지의 수사학은 언어적 메시지, 조형적 메시지, 도상적 메시지의 구성요소들이 어떻게 바라보는 사람을 설득하는가와 관련되어 있다. 포스터에서 보듯이 미래를 향한 첫 출발이라는 주제를 위에서 아래로, 즉 수직 하강의 구도로 표현함으로써 정서적 호소력을 높이고 있다.

4. 이미지의 수용

이미지들이 모여 형성된 영상 텍스트는 독자에게 읽혀질 때 의미를 지닌다. 영상 텍스트는 독자를 영상 텍스트의 세계 안으로 초대한다. 영상 텍스트가 어떻게 독자의 관심을 끌어들이며, 독자가 텍스트를 읽을 때 어떤 선개념(*pre-conceptions*)이 개입하는가를 밝히는 일은 중요하다. 영상 텍스트와 독자의 상호작용과 관련해서 여기서는 수용미학 이론가인 이저(Iser)와 야우스(Jauss)의 논점을 살펴볼 것이다.[24]

이저는 텍스트가 의미를 만들어내지만 동시에 의미의 가능성을 제한한다고 주장함으로써 텍스트 지향적 관점과 독자 지향적 관점

24. 이저와 야우스는 영상 텍스트가 아니라 문학작품을 대상으로 수용미학을 전개하고 있지만, 이미지나 영상 텍스트에 적용해도 별 무리는 없다. 다만 여기서는 한 장의 사진과 같은 스틸 이미지(*still image*)가 아니라 영화와 같은 이동화면(*moving image*)을 중심으로 살펴볼 것이다.

사이에 서 있다. 이저는 텍스트의 수준에서 독자가 의미를 만드는 두 가지 장소로 '공백'(*blank*) 혹은 '간극'(*gap*)과 '부정'(*negation*)의 중요성을 밝힌다.

> 공백과 부정은 다양한 방식으로 커뮤니케이션 과정을 통제한다. 공백은 텍스트의 관점과 패턴 사이의 관계를 열어 놓는 데 기여한다. 공백은 독자로 하여금 '텍스트 내에서'(*within*)[텍스트의 통합적 구조 내에서] 의미를 만들도록 유도한다. 다양한 유형의 부정은 친숙하거나 결정적인 요소 혹은 지식을 환기시키고, 때로는 그것을 지워버리거나 부인하는 것이다. 따라서 친숙하거나 결정적인 것을 향하는 독자의 해독 내에서 변형을 초래한다(Iser, 1980, p.112).

이저의 해독행위에 관한 이론은 통합적 구조와 계열적 구조 사이의 의미론적 구분에 의존하고 있다. 공백 혹은 간극은 텍스트 의미의 '비결정성의 장소'(*spots of indeterminacy*)로 정의되는데, 이는 통합적 구조와 관련되어 있다. 공백이 중요한 이유는 그것이 텍스트와 독자 사이의 커뮤니케이션을 위해서 장면과 장면 사이를 연결시켜 주기 때문이다. 말하자면 기본적인 해독행위는 장면과 장면 사이의 의도적 분절로부터 독자가 텍스트가 비워놓은 공백을 채우는 과정이다.

독자는 일반적으로 '예상'(*protension*)과 '회상'(*retention*)의 해독과정을 통해서 텍스트의 공백을 메운다. 예상은 다음 장면에서 무엇이 발생할 것인가 기대하는 것이고, 회상은 이전의 장면에서 제기된 기대에 대답하는 것이다. 수용자는 예상과 회상 사이의 교환을 통해서 텍스트의 의미를 만들어 나가고 해독의 즐거움을 얻는다.[25]

수용자가 어떻게 텍스트의 공백을 채우면서 예상과 회상의 기본

25. 광고 텍스트의 경우도 예상과 회상의 기제로 구성되어 있다. 예상은 소비자가 갖고 있는 문제가 무엇인지 묻는 것이고, 회상은 그 문제에 대한 대답의 과정이다. 예를 들어 젊은 부부가 함께 자동차를 타고 여행하는 자동차 광고가 있다고 생각해보자. 이 자동차 광고가 묻고 있는 예상(혹은 문제의식)은 당신은 행복한 부부인가 하는 질문이다. 회상은 부부의 행복은 자동차를 소유하고 함께 여행하는 것으로 대답된다. 즉, 광고는 예상과 회상의 과정이 질문과 대답의 과정으로 치환되어 있는 것이다.

적인 해독과정을 수행하는지 멜로드라마에서 흔히 볼 수 있는 장면을 통해 생각해보자. 만일 아내가 우연히 길거리에서 남편이 다른 여자와 손잡고 가는 장면을 목격한 '숏'(shot)을 가정해보자. 아내가 남편의 외도를 목격한 장면 이후의 숏은 아내가 남편에게 달려가서 다그치는 것이 아니다. 대부분의 다음 숏은 아내나 남편이 아닌 다른 인물들이 등장하는 장면으로 이어지거나 혹은 그날의 에피소드가 끝나서 시청자는 다음날이나 다음주까지 기다려야 한다. 이것은 드라마가 통합적 구조에서 공백을 의도적으로 만들어내는 과정이다.

　독자가 취할 수 있는 시점은 당사자인 아내나 남편의 시점 혹은 제3자의 시점이다. 비록 독자가 두 관점 사이에서 오고 간다고 하더라도 여전히 유효한 것은 아내나 남편의 시점일 것이다. 독자는 지배적으로 취하는 하나의 시점으로부터 예상과 회상의 해독과정을 동시에 수행한다. 왜냐하면 드라마는 아내가 남편이 다른 여자를 만나는 것을 목격하는 〈장면 1〉, 아내, 남편, 남편이 만나는 여자가 아닌 다른 등장인물들과 관련된 〈장면 2〉, 그리고 〈장면 1〉과 직접적으로 관련된 아내가 남편과 싸우거나 대화하는 〈장면 3〉으로 구성되어 있기 때문이다. 말하자면 〈장면 1〉과 〈장면 3〉 사이에는 의도적 공백인 〈장면 2〉가 삽입되어 있다. 아마도 시청자는 〈장면 1〉에서 직접적으로 〈장면 3〉으로 넘어가는 것을 희망하겠지만, 어떻게 하면 독자의 관심을 증폭시킬 수 있을 것인지 알고 있는 연출가나 작가는 〈장면 2〉를 삽입시킨다. 〈장면 2〉는 시청자에게 〈장면 1〉 이후 무엇이 발생할 것인지 예상하도록 의도적인 공간을 만들어줄 뿐만 아니라, 〈장면 1〉에서의 긴장을 한 단계 더 끌고 가는 기능을 담당한다. 따라서 텍스트의 구조는 독자의 해독과정을 통제하는데, 그로부터 드라마의 흡입력이 증대되고 독자는 해독의 즐거움을 얻는다.

공백이 통합적 구조 내에서 설정된 것인 반면, 부정은 계열적 구조와 관련되어 있다. 이전에 받아들여진 가치, 규범 혹은 예상이 유효하지 않을 때 부정이 발생한다. 부정은 독자가 텍스트의 간극을 메우는 또 다른 과정이다. 이저는 부정을 텍스트의 질을 평가할 수 있는 기준이라고 주장하면서 부정이 독자의 지평을 초월하지 못할 경우 텍스트의 질은 낮은 것으로 평가한다. 그러나 이저의 이론을 텔레비전 드라마의 수용에 도입할 때 질에 대한 그의 전제는 재고될 필요가 있다. 텔레비전 드라마의 해독행위와 관련해서 긍정은 부정만큼이나 중요하기 때문이다. 텔레비전 드라마가 만들어내는 긍정의 세계를 '예측가능성의 미학'이라고 말할 수 있다. 대부분의 텔레비전 드라마의 서사는 부정보다는 예측가능성에 의존하는 경향이 높다. 시청자들은 드라마의 처음 일부를 보면 대략적으로 이야기가 어떻게 전개될 것인지 아는 경우가 많다. 시청자들이 이야기가 어떻게 전개될 것인지 안다는 사실이 드라마를 보는 즐거움을 반감시키는 것은 아니다. 드라마가 예측가능한 테두리에서 진행된다고 하더라도 허구로서 텔레비전 드라마의 지위는 여전히 유효하기 때문이다.

독자는 영상 텍스트를 해독하는 데 있어서 텍스트가 제공하는 공백을 메우고 또 부정을 통해서 수용의 즐거움을 얻는다. 여기서 고려할 수 있는 또 다른 요소는 독자가 갖는 기대지평(*horizons of expectations*)이다(Jauss, 1982). 후설(Husserl)은 인식하는 주체와 인식되는 대상 사이의 상호관계를 탐구하고 있다. 후설의 기본적 가정은, 인식주체는 '선의도'(*pre-intentions*)나 '선개념'(*pre-conceptions*) 없이 현상을 파악할 수 없다는 것이다. 후설은 인식과정에서 순수하게 주관적이지도 않고 객관적이지도 않은 주체의 마음속에서 형성된 그 무엇(프레임 혹은 선의도들)을 '지평'(*horizon*)이라고 부른다. 야우스는 후설로부터 보다 좁은 의미로 독자가 어떻게 텍스트를 해독하는가를 밝히기 위해서 '기대지평'의 개념을 도입한다. 야우스는 기대지평을 구성하는 세 가지 요인들을 다음과 같이 기술한다.

> 첫째, 장르의 친숙한 규범이나 내재적인 시학(詩學)[각각의 장르가 갖고 있는 고유한 관습이나 형식적 측면에서]에 의해서, 둘째, 친숙한 작품을 문학사적인 상황과 함축적으로 관련시킴으로써, 셋째, 반성적인 독자라면 텍스트를 해독하는 동안에 비교 가능한 허구와 현실 사이 또는 언어의 시적 기능과 일상적 기능 사이의 대립관계를 통해서. 여기서 세 번째 요인은 독자가 새로운 작품을 읽을 때 갖는 (좁은 의미의) 문학적 기대지평과 (넓은 의미의) 삶에 대한 기대지평 내에서 작품을 인식하는 가능성을 포함한다(Jauss, 1982, p.24).

야우스는 독자가 어떻게 텍스트를 해독하는지에 관한 열쇠를 제공해준다. 문학독자와 마찬가지로 텔레비전 수용자도 드라마의 시학, 특정 드라마에 대한 친숙성과 문화적, 사회적 지식으로부터 기대지평을 구성한다고 말할 수 있다. 수용자의 해독과 관련해서 기대지평의 개념이 중요한 이유는 주관적인 텍스트에 대한 반응을 넘어서서 상호주관적인 의미를 밝힐 수 있는 길을 열어주기 때문이다. 수용자가 드라마에 대해서 갖고 있는 기대지평은 무한정으로 열려 있는 것은 아니다. 드라마의 의도성이나 친숙한 규범, 내재적인 형식이 수용자로 하여금 어떤 기대지평을 구성하도록 만들기 때문이다. 다시 말하면 기대지평은 수용자가 텍스트의 의미를 해독하는 데 있어 상호주관적으로 공유하는 '인식의 프레임'이라고 할 수 있다.

예를 들어 시청자라면 누구나 텔레비전 드라마를 보기 이전에 드라마는 무엇이라는 (전체로서의 드라마와 장르에 대한) 기대지평을 갖고 있다. 그는 경험적으로 많은 드라마를 봄으로써 선지식을 갖고 있기 때문이다. 그가 이미 구성하고 있는 지평은 텔레비전 드라마의 해독에 매개된다. 만일 그가 텔레비전 드라마는 사회의 현실을 직접적으로 반영하고 보통 사람들의 세계를 다루는 것으로 인식하고 있다면, 그의 기대지평을 '자연주의적 리얼리즘'(*naturalistic realism*)이라고 부를 수 있을 것이다. 혹은 그가 드라마는 비도덕적이고, 유치하며 현실적이지 않은 꾸며낸 이야기일 뿐이라는 인식을 갖고 있다면 그것을 '거리감'(*distanceship*)이라고 칭할 수 있다. 물론 자연주의적 리얼리즘이나 거리감 이외에 다른 기대지평들이 존재하며, 각각의 기대지평은 드라마에 대한 보다 다양한 인식으로부터 형성된다. 시청자들이 텔레비전 드라마에 대해서 이미 구성하고 있는 '자연주의적 리얼리즘'이나 '거리감'은 순수한 주관적 경험이 아니라 공유된 상호주관적인 경험이다. 왜냐하면 그것은 드라마의 친숙한 규범이나 형식, 그리고 다른 장르와 차별화를 통해서 어느 정도 조건지어진 것이기 때문이다.

텍스트의 의도와 수용자의 선지식으로부터 구성되는 기대지평은 수용자의 해석적 위치와 밀접하게 관련되어 있다. 수용자가 하나의 해석적 위치를 취한다면 그것은 텔레비전 드라마에 대한 여러 수준의 기대지평들과의 관계 속에서이다. 즉, 한 사람의 시청자는 '자연주의적 리얼리즘'과 '거리감', 그리고 다른 기대지평들을 동시에 갖고 있을 수 있다. 그럼에도 불구하고 하나의 지배적인 기대지평은 여전히 존재하며, 다른 기대지평들과의 관계 속에서 수용자의 해석적 위치가 보다 복합적으로 밝혀질 수 있다. 다만 수용자의 기대지평을 좁은 의미로 수용자가 텍스트를 받아들이기 이전에 이미 구성하고 있는 상호주관적인 기대들의 체계로 정의함으로써 역사적 수준이나 상황적 조건이 배제되는 한계가 있다. 이것은 수용자가 텍스트를 해독하는 과정에서 담론적 관계를 강조하려는 의도 때문이다. 그러나 이와 같은 담론적 관계로부터 수용자의 해석적 위치를 밝힌다면 수용자의 해독이 어떻게 사회적 요인들과 관련되는지를 분석할 수 있다.

　이번 장에서 이미지는 유사성과 유추의 과정을 통해서 형성되며, 이미지와 표상은 반드시 동일한 것이 아님을 논의했다. 영상 이미지가 의미를 생산하는 과정으로 은유, 병치, 환유, 상징 등도 살펴보았는데, 이것들이 문학으로부터 차용되어 왔을지라도 영상 언어에서 다르게 사용된다는 점도 지적했다. 게다가 이미지의 수사학으로 언어적 메시지, 조형적 메시지, 도상적 메시지가 함께 결합되어 의미를 생산하는 방식도 하나의 사례를 중심으로 분석했다. 마지막으로 이미지의 수용과정으로 독자가 하나의 이미지를 읽을 때 이미지의 공백을 메우거나 부정의 과정을 통해서 해독의 즐거움을 얻으며 텍스트를 평가한다는 점도 지적했다. 다음 장은 작가가 특정 의미를 부여하기 위해 이미지 생산과정에서 제시하는 다양한 코드와 관습들을 살펴볼 것이다. 또한 시선의 관계가 어떻게 의미생산에서 중요한 역할을 담당하는지도 검토할 것이다.

코드와 시선

기호에 대한 관심은 고대 그리스로부터 시작되었다. 고대 그리스에서 기호학은 의학의 한 갈래로 병적 징후를 읽어내는 학문이었다. 그러나 고대 그리스인들은 의학적 증상만을 기호로 간주한 것이 아니라 인간들 사이 의사소통에 사용되는 언어도 기호의 범주 안에 포함시켰다.

　기호는 어떤 것을 표상하는 그 무엇이다. 우리의 일상적 커뮤니케이션 행위는 직접적이기보다 간접적으로 다양한 기호들을 통해서 이루어진다. 예를 들어 배우가 비밀경찰이라는 것을 표현하는 데는 여러 가지 방법이 있다. 배우가 스스로 비밀경찰임을 밝히거나 서술자가 관객에게 말해줄 수도 있다. 또는 배우가 레인 코드를 입고 검은 선글라스를 쓰며 수갑이나 권총을 소지하고 있다면 이것들이 비밀경찰을 표현하는 기호들이 될 수 있다.

　퍼스(Pierce)는 기호를 세 가지 종류 — 도상(*icon*), 지표(*index*), 상징(*symbol*) — 로 구분한다. 도상은 표현하는 대상과 유사한 기호다.

비행기 그림, 비행기 사진, 비행기 설계도는 표현하는 대상(비행기)과 유사하기 때문에 도상이다. 대부분 영상 이미지는 도상적 기호인 셈이다. 지표는 표현하는 것과 논리적으로 연결되어 있는 기호이다. 연기는 불의 지표이다. 불이 있는 곳에 연기가 발생하기 때문이다. 지표는 인과적 관계를 맺고 있는데, 고대 그리스에서 의학적 증상으로 이해된 기호가 지표이다. 환자의 몸에서 난 열꽃이 감기의 지표로 파악되는 것과 같이 환자의 신체에 나타난 현상을 통해서 병을 논리적으로 추적할 수 있기 때문이다. 상징은 문화적으로 받아들여지는 기호다. 상징은 인과관계를 갖지 않으며 문화마다 다르게 해석된다.

기호는 세 가지 특성을 지닌다. 첫째, 기호는 세계에 대한 논평일 뿐만 아니라 그 자체가 대상이다. 둘째, 기호는 의미를 전달할 뿐만 아니라 의미를 생산한다. 셋째, 기호는 하나의 의미를 생산하기보다는 여러 가지 의미를 생산한다(Thwaites & Mules, 1994, p.7). 기호는 사회 내에서 사물이나 대상처럼 존재하지만 사회에 대한 해석을 포함한다. 기호의 의미는 다른 기호와의 관계와 텍스트의 맥락 내에서 어느 정도 규정되어 있다. 그러나 기호 생산자가 하나의 의미로 고정시켜 놓았다고 하더라도 그것은 수용의 과정에서 다양한 방식으로 받아들여진다. 기호의 의미는 어느 정도 규정되어 있으면서도 열려 있다. 동시에 기호의 의미를 해석하는 입장에서 보면 해석자는 기존의 경험과 관습을 통해서 기호의 의미를 받아들인다. 따라서 기호 생산자와 기호 해석자 사이에 문화와 코드의 공통분모가 형성되어 커뮤니케이션이 이루어지지만 의도하지 않은 결과를 초래할 수도 있다.

하나의 예를 살펴보자. 소련이 아프가니스탄을 침공했을 때 영국에서는 작은 사건이 발생했다. 영국이 아프가니스탄을 직접 침략한 것도 아니었지만, BBC 저녁뉴스가 소련의 아프가니스탄 침공을 보도한 후 시청자들의 문의전화가 폭주했다. 시청자들은 자신들이 어떻게 이 상황을 대처해야 하는가를 물었다. BBC가 나중에 알게 된 사실은 뉴스 앵커가 서서 텔레비전 뉴스를 진행했기 때문에 시청자들의 문의전화가 폭주했다는 것이었다. 앵커는 일반적으로 앉아서 뉴스를 진행한다. 그러나 아프가니스탄 침공 보도에서 앵커는 평소와 다르게 서서 뉴스를 진행함으로써 시청자들은 긴박감을 느끼게 되었다. 서 있는 것은 앉아 있는 것보다 안정감이 떨어진다. 마치 어디론가 빨리 피해야 할 것 같은 느낌을 주기 때문이다. 이 에피소드는 기호가 얼마나 상이한 방식으로 받아들여지는가를 단적으로 보여준다. 소련의 아프가니스탄 침공에 대한 수많은 기호들 중에서 일부 시청자들은 앵커가 서서 보도했다는 사실에 가장 큰 의미를 두었다. 말하자면 '서서 보도하는' 앵커의 기표에 다른 기호보다 우선적으로 의미를 부여한 것이다.

서서 보도하는 앵커의 기표가 시청자에게 불안을 야기했던 것은 '서 있는 것'과 '앉아 있는 것'에 대한 코드가 해독에 직접적으로 영향을 미쳤기 때문이다. 따라서 코드는 관습화된 기호의 체계로서 의미를 생산하는 기제이다. 코드는 문화적으로, 체계적으로 만들어진다. 도로 표지판은 운전면허증을 취득하기 위해 배워야 하는 코드이다. 빨간불이 켜지면 멈추고 초록불이 켜지면 출발해야 한다고 사회적으로 약속되었기 때문이다. 색깔이나 의상, 몸짓 등도 문화적으로 공유된 코드가 있다. 우리에게 흰색은 전통적으로 죽음의 코드지만 서양에서 흰색은 죽음이 아니라 순수와 출발의 코드다.

기호가 상이한 방식으로 해독되기는 하지만 기호의 관습과 규칙은 의미와 해독의 범위를 규정해주는 경향이 있다. 카메라의 앵글, 렌즈, 숏의 구성, 조명, 카메라의 움직임, 숏과 숏 사이의 연결, 시선의 유도 등에는 의미생산의 매개 역할을 하는 관습이 존재한다. 이번 장에서는 영상 기호의 다양한 요소들이 의미생산을 위해서 어떻게 작동하는가를 논의하겠다. 첫째, 영상 언어의 기술적(*technical*) 코드로서 숏, 카메라 앵글과 렌즈, 초점, 카메라의 움직임 등이 지니는 관습적 의미들을 살펴볼 것이다. 둘째, 하나의 텍스트 내에서 다양한 코드들이 어떻게 관계를 맺으면서 전체 의미의 맥락을 형성하는가를 검토할 것이다. 셋째, 영상 이미지에서 나타나는 시선의 움직임이 어떻게 수용자나 관객의 시선을 유도하는가를 논의할 것이다. 넷째, 텍스트를 통한 응시와 제도적 응시가 어떻게 특정 방식으로 바라보도록 유도하는가를 살펴볼 것이다.

1. 영상 언어의 기술적 코드

1) 숏의 종류

영상 언어는 다양한 기술적 코드들로 구성되어 있다. 어느 장면에 관계없이 하나의 '숏'(*shot*)은 다양한 영상 언어들로 짜여 있다. 숏은 영화나 텔레비전 프로그램에서 가장 작은 단위이다. 숏은 카메라가 작동하는 순간부터 멈추는 순간까지 하나의 사물이나 장면을 연속적으로 촬영한 것이다.

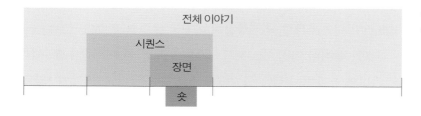

〈그림 4-1〉
숏, 장면, 시퀀스

숏들이 모여 하나의 '장면'(scene)을 구성하며, 장면들이 모여 '시퀀스'(sequence)를 이룬다. 따라서 숏이 어떻게 짜여 있는가 하는 문제는 영상분석의 출발점을 제공한다. 영화나 텔레비전 프로그램에서 모든 숏을 분석하는 것은 현실적으로 어렵다. 왜냐하면 1시간 정도의 텔레비전 드라마는 평균 500~600개 정도의 숏으로 구성되어 있으며, 영화의 경우 장르에 따라 차이가 있지만 평균적으로 1,500개 정도의 숏을 갖고 있기 때문이다. 따라서 숏 분석을 할 때에는 특징적이고 전체 전개과정에서 중요한 장면을 선택할 수밖에 없다.

하나의 숏은 수많은 기호들로 구성되어 있다. 숏은 영상적 기호, 음성적 기호(등장인물의 언어), 청각적 기호(문닫는 소리 등)를 포함하고 있는데, 여기서 가장 중요한 요소는 영상적 기호이다. 영상적 기호도 수많은 기호들이 모여서 하나의 숏을 구성한다. 한 등장인물이 거리를 지나가는 숏이 있다면, 거기에는 다양한 영상적 기호들(자동차, 행인, 가로수 등)이 존재하게 된다. 영상적 기호는 작가가 의도한 것도 있지만 의도하지 않은 것도 포함될 수 있다.

〈표 4-1〉은 숏을 구성하는 다양한 기호들이 어떤 의미를 담고 있는가를 보여준다(Selby and Cowdery, 1995, pp.57~58). 이 관계는 관습적인 것이기 때문에 반드시 위의 기표와 기의관계가 유지되는 것은 아니다. 예를 들어 빅 클로즈업(big close up)이 일반적으로 중요한 순간이나 감정의 고조를 나타낸다고 하더라도 그것은 맥락에 따라서 다른 기의를 지닐 수 있다.

클로즈업은 전통적 회화에 대한 영화의 도전으로 볼 수 있는데, 1903년 에드윈 포터(Edwin Porter)의 〈미국 소방관의 삶〉(The Life of American Fireman)에서 처음 시도되었다. 클로즈업은 피사체의 크기를 확대하므로 사물의 중요성을 강조하며 종종 상징적인 의미작용을 일으킨다. 또한 클로즈업은 사물의 질감이나 형태, 세부묘사 등

	기표	기의
숏 크기	빅 클로즈업 클로즈업 미디엄 숏 롱 숏	중요한 순간, 감정의 고조 친근감 인물과의 개인적 관계 맥락, 객관적 거리
카메라 앵글	높음 시선과 일치 낮음	등장인물의 나약함, 무기력 평등한 관계 등장인물의 지배력, 권력, 권위
렌즈 유형	광각 표준 망원	감정의 고조 일상성, 규범성 관음주의
구성	대칭 비대칭 정적 구성 동적 구성	고요함, 침착함 일상성 갈등의 결핍 혼란
초점	선택 초점 연 초점 깊은 초점	특정 부분의 강조, 관심 끌기 로맨스, 향수 모든 배경과 요소의 중요성
조명	명조광(*high key*) 암조광(*low key*) 강한 대비 약한 대비	행복 불행, 우울함 연극적 효과나 극적 효과 현실적 또는 다큐멘터리
색채	노랑, 오렌지, 갈색 등 파랑, 녹색, 회색 등 검정과 흰색	낙관주의, 열정 비관주의, 침잠, 이성 리얼리즘, 사실
영화적 코드	줌 인 줌 아웃 팬 틸트 페이드 인 페이드 아웃 디졸브 와이프	관찰 맥락 관찰 관찰 시작 끝 시간의 경과, 장면의 연결 강요된 결론

을 확대시킴으로써 표정에서 보이지 않는 내면적 세계를 끌어낼 때 사용된다. 이런 특징 때문에 인간의 내면적 혹은 심리적 경험을 묘사하는 표현주의 영화에서 많이 사용되었다. 인물을 묘사하는 클로즈업 숏은 인물에 대한 감정을 시청자나 관객에 이입한다. 클로즈업은 관객의 주의를 끌고, 인물에 대한 동일시와 직접성을 구축한다. 또 한 장면 안에 세부를 분리해 넣고, 장면 속에 시각적 다양성을 창출하며, 극적인 강조를 마련한다.

일반적으로 클로즈업은 사적 거리가 45cm가량 되며, 겨드랑이가 경계선이 된다. 미디엄 숏은 1.2m~3.6m의 거리가 유지되는데 서술장면이나 대화장면에서 많이 사용되며, 롱 숏보다 한층 더 인물을 환경으로부터 분리시킨다. 미디엄 숏은 무릎이나 허리 위에서부터 인물을 잡는다. 이것은 일종의 기능적 숏으로서 해설장면, 움직이는 장면 등에서도 많이 사용된다. 특히 미디엄 숏은 대화장면이 가장 중요한 미적 관습인 텔레비전 멜로드라마에서 지배적으로 사용된다.

롱 숏은 일반적으로 연극에서 관객과 무대 사이의 거리에 해당된다. 롱 숏은 어떤 맥락이 진행되고 있는가를 밝혀주는 공간적 준거틀의 의미를 담고 있는데, 주로 서사적 영화에서 많이 쓰인다. 롱 숏의 넓은 시야는 관객으로 하여금 크기, 모양, 위치 등 한 장면 내 여러 요소들의 상대적 비례관계를 파악할 수 있게 한다. 롱 숏은 관객의 방향감각 확보를 위해서 필수적인 요소로 간주된다. 롱 숏이 서울의 남산이나 63빌딩과 같이 알아보기 쉬운 시각적 자료를 통해 배경을 설정하는 기능을 할 때 '설정 숏'(establishing shot)이라고 한다.

2) 카메라 앵글과 렌즈

앵글은 선택된 소재에 대한 작가의 해석이나 논평이라고 볼 수 있다. 평범한 앵글은 화면의 일상적 표현에 적합한 형식이지만, 극단적 앵글은 영상의 핵심 의미를 나타내고자 할 때 사용된다. 높은(*high*) 앵글(혹은 부감)에서 촬영된 인물은 낮은(*low*) 앵글(혹은 앙각)에서 촬영된 동일 인물의 영상과는 정반대의 해석을 낳는다.

높은 앵글은 위로부터 내려다보는 시점에서 대상을 촬영한 것으로, 카메라를 부감 위치까지 올리는 장대나 크레인 장치에 부착시키기도 한다. 높은 앵글의 중요한 가치는 그것의 특권적이고 위압적인 시점에서 나온다. 사물의 높이는 감소되고 속도감각은 잘 전달되지 않는 반면 지루함을 나타내는 데는 효과적이다. 또한 화면 속의 장치나 배경의 중요성이 증가되며, 주위배경이 종종 인물들을 집어삼킬 듯이 보인다. 높은 앵글은 피사체의 중요성을 감소시키며, 위에서 찍힌 인물은 아무런 해도 끼치지 않을 것 같고 왜소하게 보인다. 인물이 혼자 있거나 다른 사람들로부터 떨어져 있는 상황에서 인물 위에서 촬영한 숏은 고독감, 무기력, 나약함, 왜소, 자기비하 등을 나타낸다.

높은 앵글보다 더 높이 있는 앵글을 버드-아이 뷰(*bird-eye view*)이라고 부르는데, 주로 전지적 시점과 신적 영역의 시점을 표현할 때 많이 쓰인다. 한 등장인물이 총에 맞아 죽었을 때 버드-아이 뷰로 묘사되는 경우가 많다. 왜냐하면 죽음은 인간의 시점이 아니라 신의 시점이기 때문이다(〈그림 4-2〉 참고).

낮은 앵글은 눈높이보다 낮게 설치된 카메라 위치에서 인물이나 사물을 올려다보는 것이다. 대상물의 높이는 증대되고, 수직성을 나타내는 데 유용하다. 아래에서 찍은 에펠탑이나 높은 건물 등

〈그림 4-2〉
버드 아이 뷰(*bird-eye view*)
버드-아이 뷰는 신적(神的) 시점을
표현할 때 쓰인다. 인간은 한없이 왜소해
보이며 공간의 의미는 확대된다.

을 생각하면 쉽게 이해될 수 있다. 인물의 경우, 낮은 데서 올려보는 화각은 인물들이 관객 위로 솟아오르게 만들며, 오만함과 우월감을 표현하기도 한다. 낮은 앵글로 찍으면 동작에 속도가 붙어 보이기 때문에 폭력장면에서와 같은 혼란감이 잘 포착된다. 또한 인물은 위압감을 느끼는 관객 위쪽에서 위협적으로 모습을 드러내기 때문에 선전영화나 영웅주의를 묘사할 때 자주 쓰인다.

카메라 렌즈에는 광각 렌즈, 표준 렌즈, 망원 렌즈가 있다. 광각 렌즈는 넓은 화면을 제공하는 렌즈로 피사계 심도(*depth of field*)가 깊어야 하는 상황일 때 널리 쓰인다. 광각 렌즈는 좁은 장소를 넓게 보이게 하고, 원근법을 왜곡하며, 움직이는 피사체가 렌즈에 가까이 올 때 그 속도를 실제보다 빠르게 보이게 하는 기능을 갖고 있다. 원근법이 강조되기 때문에 자연 그대로의 리얼리즘은 부정된다.

어안(魚眼) 렌즈(*fish-eye lens*)는 초광각 렌즈로 카메라가 피사체에 근접할 때는 상을 왜곡시키고 멀리 떨어져 촬영하면 공간감을 크게 확장하는 특성 때문에 일반적으로 특수효과 렌즈의 역할을 한다. 어안 렌즈 쪽으로 팔을 뻗으면 두 배의 길이로 보이고, 오목 렌즈로 보듯 수평선은 곡선으로 보이게 된다.

망원 렌즈는 광각 렌즈와 정반대의 효과를 지닌다. 망원 렌즈는 초점거리가 멀어지면 멀어질수록 원근감이 좁아지기 때문에 가까운 피사체와 먼 피사체가 하나로 달라붙어 평면화된다. 즉, 피사계의 심도가 얕으므로 주제를 배경에서 돋보이게 하는 시각적 특징이 있다. 또한 망원 렌즈는 관음주의적 시선을 유도한다. 피사체(인물)는 누군가 자신을 바라보고 있다는 사실을 모르기 때문에(멀리서 망원 렌즈로 찍고 있으므로) 관객은 망원 렌즈의 시점에서 훔쳐보는 위치에 놓이게 된다.

3) 초점

선택(*selective*) 초점은 관객의 눈이 선명한 영상의 부분만을 쫓도록 다른 초점면을 흐릿하게 만드는 기법이다. 초점을 이동할 때 많이 쓰이며, 특정 부분이나 특정 인물을 강조할 때 사용된다.

연(*soft*) 초점은 초점의 선명도를 약화시키는 기법이다. 한 프레임 속의 이미지 가운데 시야의 어떤 부분은 뚜렷하게 초점이 맞는 반면, 나머지 부분은 흐릿하게 보인다. 시야 심도의 범위에 속하지 않는 공간은 연 초점 이미지로 처리되는데, 이는 주로 화면의 특정 부분을 의도적으로 강조하기 위해서 사용되나, 때로 선택한 렌즈, 필름, 조명 등의 조건으로 시야 심도가 얕아지는 경우도 있다. 연 초점을 사용하면 화면 자체에 부드러움이 나타나기 때문에 낭만적이고 향수 어린 화면을 연출할 때 많이 쓰인다. 뮤직비디오나 화장품 광고 등에서 많이 쓰이는데, 조명의 사용과 노출의 조정이 필요

〈그림 4-3〉
깊은 초점, 〈시민 케인〉(1941)
오손 웰즈(Orson Welles) 감독

하다.

깊은(deep) 초점은 사실상 롱 숏의 변형으로서 복수의 초점거리로 구성되어 있으며, 피사계의 심도가 깊다(〈그림 4-3〉 참고). 종종 광각 앵글 숏이라고 불리는 이 기법은 피사체를 가까운 거리, 중간 거리, 먼 거리에서 동시에 포착한다. 이는 공간의 통일성을 유지하는 데 유용하다. 깊은 초점 숏으로 포착된 피사체들은 평면 공간의 연속 선상에서 깊이 있게 배열된다. 그럼으로써 작가는 관객의 눈을 하나의 거리에서 다른 거리로, 또 다른 거리로 안내할 수 있다. 관객의 눈은 가까운 거리의 피사체에서 중간 거리의 피사체로 다음에는 먼 거리의 피사체로 움직이기 때문에, 의미 파악의 불편함을 느끼지만 이성적으로 몰입된다. 깊은 초점을 사용할 때는 화각을 넓혀야 하기 때문에 광각 렌즈를 사용하며, 많은 양의 조명이 요구된다.

4) 카메라의 움직임과 장면전환

카메라의 움직임은 안정적인 화면을 만드는 고정(fix), 카메라가 고개를 돌리듯이 좌우로 움직이는 팬(pan: 파노라마의 준말), 카메라가 고개를 끄덕이듯 위 아래로 오가는 틸트(tilt), 카메라를 이동차에 싣고 움직이면서 찍는 달리(dolly), 카메라를 기계팔에 싣고 공중에서 찍는 크레인(crane), 관객으로 하여금 한 장면 속으로 빨려 들어가게 하거나 나오게 하는 줌(zoom) 등이 있다. 여기서 팬, 틸트, 줌 등은 관찰, 맥락, 조사 등을 설명할 때 사용된다.

팬과 틸트는 제한된 공간 내에서 인물의 움직임을 보여줄 때 많이 사용된다. 설정 숏의 경우, 팬과 틸트를 사용하면 넓은 맥락을 제공한다. 팬은 인물의 시선에 대입시켜 주관적 숏에도 자주 사용된다. 한 인물이 어두운 방에 들어갔을 때 팬이 인물의 시선을 따라

좌우로 움직이면 관객의 시선은 인물의 시선과 일치된다.

줌과 달리의 미학적 차이는 중요하다. 피사체를 줌 인(*zoom-in*) 하면 피사체가 관객(바라보는 사람)에게 다가오는 듯한 느낌을 주며, 줌 아웃(*zoom-out*) 하면 피사체가 관객으로부터 멀어지는 느낌을 제공한다. 그러나 달리 인(*dolly-in*)의 경우 관객이 카메라를 가지고 피사체로 다가가고 있다는 느낌을, 달리 아웃(*dolly-out*)의 경우 관객이 카메라를 가지고 피사체로부터 멀어지고 있다는 느낌을 불러일으킨다. 줌에서 카메라는 움직이지 않기 때문에 카메라의 원근법은 변화되지 않는다. 반면 달리는 카메라의 움직임 때문에 관객은 계속적으로 변화하는 원근법을 경험한다.

장면전환 방법은 컷(*cut*), 디졸브(*dissolve*), 페이드(*fade*), 특별 장면전환 효과 등이 있다. 일반적인 장면전환 방법은 컷이다. 컷은 하나의 이미지로부터 다른 이미지로의 즉각적인 변화이다. 컷은 인간 시선의 변화와 매우 유사하다. 우리가 사물을 볼 때 시선은 하나의 장소에서 다른 장소로 건너뛴다. 따라서 시선은 한 장소와 다른 장소 사이의 공간을 무시한다. 컷에도 이와 마찬가지의 원리가 적용된다. 기본적으로 컷의 기능은 숏과 숏 사이의 행위를 연결시키고, 대상의 연속성을 유지하며, 관점을 변화시키고, 사물을 세부적으로 묘사하는 것이다(Zettle, 1999, p.256). 커팅은 화면과 화면의 자연스러운 연결을 말하며, 연결성의 자연스러움을 위해 촬영각도와 화면의 크기 등을 다양하게 변화시켜야 한다.

디졸브도 장면전환 방법의 하나인데, 영상의 이중인화로 보통 중앙지점에서 두 숏으로 변화시키는 것이다. 단순히 말하면 디졸브는 두 개 또는 그 이상의 화면이 겹쳐지면서 이전 화면은 서서히 사라지고 새로운 화면이 서서히 떠오르는 기법이다. 디졸브는 시간의 경과를 나타낼 때 자주 쓰인다. 디졸브의 미학적 기능은 부드러운 연속성을 제공하고, 스크린 시간과 사건 리듬에 대한 우리의 인식에 영향을 미치며, 두 사건 사이에 주제론적, 구조적 관계를 암시하는 것이다.

페이드 아웃(*fade-out*)은 점차적으로 화면이 암흑상태로 어두워지면서 장면이 마무리되는 것이고, 페이드 인(*fade-in*)은 암흑상태에서 점차적으로 화면을 밝게 하는 것이다. 정확히 말하면 페이드는 장면전환 기법이 아니라기보다 오히려 개별 사건의 지속시간(*running time*)을 정의하는 것이다.

와이프(*wipe*)는 한 숏이 왼쪽에서 오른쪽으로 혹은 오른쪽에서 왼쪽으로 스크린을 가로질러 가면서 선행 숏을 지우는 장면전환 기법이다. 와이프는 현상과정에서 나오는 효과이며 극적인 페이스를 유지하면서 장면을 전환시키는 방법이다.

2. 영상 텍스트의 코드

텍스트의 복합적인 의미는 원칙 없이 생산되는 것이 아니라 어느 정도 일반화된 규칙을 통해서 진행된다. 해독은 텍스트가 지니고 있는 (관습화된 기호들의 집합으로서) 코드들을 통해서 이루어지기 때문이다. 코드는 문화적, 사회적으로 약속된 기호들의 집합이기 때문에 해독의 과정에서 필수적인 요소이다. 코드가 없다면 해독은 무한정 열려 있을 수 있겠지만, 해독의 난해성으로 인해 수용자가 의미를 만들어내기 어렵다. 드라마 등과 같은 허구적 텍스트는 서로 긴밀하게 연결된 몇 가지 코드들로 형성되어 있다. 앨런(Allen, 1991)은 장르 코드, 문체의 코드, 개별 텍스트의 코드, 상호텍스트적 코드, 이데올로기적 코드가 해독과정에 매개되어 있다는 점을 지적하고 있다.

1) 장르 코드

장르는 산업, 저자 혹은 제작자, 수용자 사이의 상호관계 속에서 형성되는 코드이다. 대중문화 텍스트의 경우, 산업이 저자나 수용자보다 장르 형성에 지배적인 영향력을 행사해왔다. 그럼에도 불구하고 장르 코드는 수용자의 기대나 경험과 분리될 수 없다. 장르는 수용자의 관여를 결정하는 중요 요인일 뿐만 아니라 즐거움과 해독 사이를 차별화시키는 데 기여한다.

예를 들어 멜로드라마가 수용자의 관여와 즐거움을 만들어내는 방식은 역사드라마나 경찰드라마와는 다르다. 멜로드라마는 사건이나 이야기의 압축보다는 느슨한 전개과정에 의존하고 가족공동체 지향적이다. 또 복잡한 인물들 사이의 상호관계에 집중하며, 공적 공간보다는 사적 공간에서 거의 모든 사건이 진행된다. 인물설정과 관련해서도 멜로드라마에서 여성 등장인물의 중요성은 남성 등장인물보다 크며, 여성 등장인물의 폭도 남성 등장인물의 폭보다 넓다. 장르 코드는 수용자에게 익숙한 것들이기 때문에 수용자는 장르 코드 내에서 텍스트를 해독한다.

2) 문체의 코드

문체(*stylistic*)의 코드는 서술자로서 작가의 코드라고 볼 수 있다. 작가가 텍스트를 어떤 방식으로 표현해내는가와 관련되어 있다. 문체의 코드는 특정 장르 텍스트가 다양하게 묘사되는 방식을 의미한다. 멜로드라마와 같은 특정 장르의 드라마가 일반적인 장르 관습을 공유하고 있다고 하더라도 각각의 드라마가 표현되는 형식이나 문체는 다를 수밖에 없다. 예를 들어 장희빈에 대한 여러 편의 역사드라마가 방영되었다 해도 장희빈의 의미는 각각 다르다. 이들 드라마는 역사드라마로서의 장르 코드에 의존하지만 장희빈에 대해서 다양한 해석이 가능한 이유는 그 인물을 그려내는 문체가 다르기 때문이다. 따라서 문체의 코드는 장르 코드 내에서 보다 자율적이고 작가 중심적으로 기능하면서 동시에 수용자 해독의 방향과 폭을 결정하는 또 하나의 요인으로 작용한다.

3) 개별 텍스트의 코드

개별 텍스트의 코드는 장르와 문체의 코드 내에서 존재한다. 그러나 개별 텍스트는 각기 특징적인 서사구조, 등장인물의 유형, 역사를 지니고 있다. 개별 텍스트의 코드는 장르와 문체의 코드를 통해서 구성되면서도 특수하게 개별 텍스트마다 다르게 발현되는 코드를 의미한다. 이 경우 일일연속극을 매일 보는 시청자는 가끔 보는 시청자보다 많은 개별 텍스트의 코드를 갖는다고 말할 수 있다. 또 다른 예로써 멜로드라마 장르 내에서 다양하게 표현되는 남편이나 아내의 혼외정사에 대한 의미를 생각할 수 있다. 이 같은 소재는 멜로드라마의 장르 코드이므로 소재 자체로는 차이가 없다. 그러나 상황의 피상적 의미가 같다 해도 구체적인 등장인물의 네트워크에서 발생하는 심층 의미는 다를 수밖에 없다.

4) 상호텍스트적 코드

상호텍스트적(*intertextual*) 코드는 하나의 텍스트가 다른 텍스트와 관련되는 코드를 의미한다. 최근 들어 상호텍스트적 코드는 패러디를 통해서 빈번하게 사용되고 있다. 일례로 드라마 플롯이 영화, 소설, 현장체험, 시청자 경험을 통해서 재구성되고 있다. 상호텍스트적 코드는 단순히 기존 텍스트의 짜깁기가 아니라 새로운 맥락 속에서 재생산되는 것이다.

5) 이데올로기적 코드

대부분의 텔레비전 드라마는 사회적으로 합의된 신념에 의존하고 있다. 정의나 도덕적 가치 등이 텔레비전 드라마에서 배반되는 경우는 매우 드물다. 잘못을 저지른 등장인물은 대체로 죄를 받거나 잘못을 뉘우치는 것으로 끝이 난다. 텔레비전 드라마는 기존 규범이나 신념체계를 따르고 있다는 점에서 기본적으로 보수주의 이데올로기를 표상한다. 따라서 사회적, 정치적 쟁점이 드라마화되는 경우는 드물다. 이것은 성(*gender*)과 계급의 문제를 표현하는 방식에 있어서도 마찬가지이다. 그것들은 지배 이데올로기의 코드 내에서 표현된다. 물론 텍스트의 이데올로기적 코드는 수용자의 이데올로기적 코드와 충돌을 일으키기도 한다. 왜냐하면 텍스트가 지배 이데올로기를 표상해도 수용자가 반드시 그것을 따르는 것은 아니기 때문이다.

3. 시선과 벡터

1) 주체적 시선과 객체적 시선

영상 이미지에 등장하는 인물의 시선은 그것을 바라보는 수용자나 관객의 시선을 유도한다. 등장인물이 어떤 지점을 바라보고 있다면 관객도 자연스럽게 그곳을 바라보도록 이끌리기 때문이다. 따라서 등장인물의 시선의 움직임은 수용자, 바라봄의 방식, 정서적 관여, 감각 등과 연결되어 있다. 등장인물의 시선과 관련해서 크레스와 뢰웬(Kress & Leeuwen, 1996, pp.121~130)은 '요구 그림'(*demand picture*)과 '제공 그림'(*offer picture*)을 구분하고 있다. 요구 그림은 주체적 시선의 영상 이미지라고 부를 수 있고, 제공 그림은 객체적 시선의 영상 이미지로 설명할 수 있다.

주체적 시선은 등장인물이 직접적으로 카메라를 보는 사진이나 그림을 말하며, 객체적 시선은 등장인물이 카메라가 아니라 다른 어떤 곳이나 사물, 사람 등을 바라보는 것이다. 주체적 시선에서 등장인물은 주체가 되며 이것을 바라보는 독자나 수용자는 대상으로 위치한다. 이것은 독자나 수용자가 등장인물을 바라보는 것이

〈표 4-2〉
주체적 시선과 객체적 시선

	주체적 시선	객체적 시선
등장인물	주체	대상
수용자	대상	주체
바라봄의 방식	응시	제3의 공간
감성	가까이 있다는 느낌	멀리 있다는 느낌
거리감	거의 없다	유지
정서적 관여	높다	낮다
사례	초상화, 표지 사진, 광고 사진, 카메라를 응시하는 사진 등	영화, 드라마, 스포츠 사진 등

〈그림 4-4〉
주체적 시선
럼스펠드 미 국방장관은 기자회견에서
이라크 종전을 위해서 어떠한 협상도
하지 않을 것임을 밝히고 있다.
미국의 오만한 태도가 럼스펠드의
주체적 시선으로 표현되어 있다.

아니라 오히려 등장인물이 수용자를 바라보는 것이다. 등장인물은 그와 같은 시선 속에서 "나를 따르라" 혹은 "나와 동일시하라"라고 말하는 것이라고 볼 수 있다(〈그림 4-4〉 참조). 등장인물이 수용자를 응시한다는 것은 직접적인 관계의 설정을 의미하며, 수용자의 입장에서 동일시를 확대시킨다. 따라서 수용자로 하여금 어떤 상상적 관계에 들어가게 만든다.

주체적 시선에서 등장인물(주체)과 수용자 사이의 거리는 거의 없거나 가깝다. 등장인물과 수용자 사이의 거리관계를 가장 잘 이용한 것은 사실상 초상화이다. 대부분의 초상화는 주체적 시선으로 그려져 있다. 초상화가는 모델과 4~8피트 정도 떨어져서 그림을 그리는데 이것을 '초상화 거리'라고 부른다. 이 거리는 등장인물(모델)과 화가(수용자) 사이에서 가까이 있으면서 떨어져 있는 듯한 느낌을 준다. 이 거리는 오늘날 광고사진에도 그대로 적용되어 등장인물과 수용자 사이의 정서적 관여를 높이는 데 이용된다. 독자를 직접적으로 바라보면서 얼굴 전면이 찍혀있는 여성 화장품

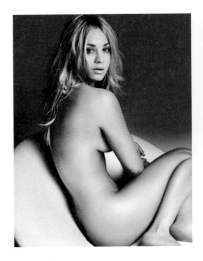

광고 같은 경우가 주체적 시선을 이용한 것이다. 여기서 독자는 화장품 광고 모델과 시선을 일치시키게 되는데 이것은 상상적 동일시를 불러일으킨다.

　주체적 시선의 변형된 형태가 누드 사진에서 모델의 시선이다. 누드 모델들은 카메라를 응시함으로써 (자신을 바라보는 프레임 밖의) 남성과 시선을 교류한다. 이들의 시선은 주체적이기라기보다 객체적이다. 왜냐하면 바라보여지는 대상으로 벌거벗은 모습이 보여지기 때문이다(〈그림 4-5〉 참고). 바라보여지는 대상으로서 성적 아름다움은 나체(*nudity*)이다. 반면 나체와 다른 벌거벗음(*nakedness*)으로서의 아름다움이 있다. 벌거벗음은 아무것도 걸치지 않은 상태나 스스로 드러나지만 보여지는 대상이 되지 않는 상태를 의미한다. 아담과 이브는 아무것도 걸치지 않았지만 나체의 상태가 아니라 벌거벗음의 상태에 있는 것이다. 따라서 벌거벗음은 성적 매력의 표현이 아니라 하나님이 창조한 인간의 순수 그 자체를 의미한다(Berger, 1987)(〈그림 4-6〉 참고).

　객체적 시선은 수용자가 바라보는 주체가 되며, 등장인물은 바

〈그림 4-5〉 왼쪽
누드 모델의 시선
주체적 시선의 변형된 형태가 누드 모델의 시선이다. 누드 모델은 카메라를 응시하지만 주체적이기보다 객체적이다.

〈그림 4-6〉 오른쪽
〈천상의 사랑과 세속의 사랑〉(1514)
티치아노 베셀리오(Tiziano Vecellio)

라보여지는 대상으로 위치한다. 객체적 시선의 경우 등장인물이 직접적으로 수용자를 바라보는 것이 아니라 제3의 공간이나 다른 영역을 바라보는 것을 의미한다. 객체적 시선은 수용자와 떨어져 있다는 느낌을 제공하면서 객관적 거리를 유지한다. 수용자와 등장인물 사이에 거리가 유지됨으로써 정서적 관여는 낮다.

2) 벡터

주체적 시선과 객체적 시선의 관계와 더불어 영상 텍스트는 독자의 시선을 유도하는 요소들을 지니고 있다. 광고에서 흔히 보듯이 왼쪽에 사진을 오른쪽에 카피를 넣는 것도 일종의 시선을 유도하기 위한 방법이다. 하나의 영상 이미지 자체에는 우리의 시선이 일정한 방향으로 흘러가도록 하는 암묵적인 길이 있으며, 그것은 자연스럽게 서사(*narrative*)를 구성한다.

예를 들어 화면 왼쪽 아래에 총을 들고 산 속으로 들어가는 포수가 있고, 화면 오른쪽 위에 작게 묘사된 호랑이가 있는 사진을 생각해보자. 이 경우 포수의 모습은 크게 그려지고 멀리 있는 호랑이의 모습은 작게 그려질 것이다. 독자는 이 같은 사진을 보면서 포수가 호랑이를 잡으려 한다고 생각하지 호랑이가 포수를 노리고 있다고 읽지 않는다. 만일 반대로 화면 왼쪽에 크게 찍혀진 호랑이가 있고 화면 오른쪽 위 멀리에 작게 그려진 포수가 있다면, 우리는 호랑이가 포수를 노리고 있다고 생각할 것이다. 화면 내 위치의 차이가 왜 정반대의 해독을 이끄는 것일까? 그것은 화면에서 우리의 시선을 어떤 방향으로 유도하는 힘이 있기 때문이며, 그 방향성에 맞추어 우리가 이미지를 해독하기 때문이다. 이렇게 우리의 시선을 유도하는 방향성을 '벡터'(*vector*)라고 부른다.

아마도 스크린 내에서 작동하는 가장 강력한 요소는 우리의 시선을 하나의 지점으로부터 다른 지점으로 이끄는 방향적 힘(*directional forces*)일 것이다. 벡터라고 불리는 이들 힘의 요소들은 실제 물리적 힘처럼 강력할 수 있다. 각각의 벡터는 방향적 확실성에 대한 중요도나 강도를 갖고 있다. 그러므로 벡터는 방향과 중요성을 지니는 요소이다(Zettle, 1999, p.166).

벡터에 대한 이해와 통제는 매우 중요하다. 왜냐하면 벡터가 시각적 요소들의 관계를 설정해주고, 하나의 프레임이나 연속적 프레임(영화) 내에서 화면 공간과 시각적 에너지를 담고 있기 때문이다.
영상 이미지는 여러 가지 다양한 구성요소(*participants*)들을 담고 있다. 하나의 사진 안에 들어가 있는 인물과 모든 사물들이 어떤 방식으로든지 서로 연결되어 의미를 생산해낸다. 포수와 호랑이의 예처럼, 하나의 전체적인 이미지 내에서 구성요소들의 크기, 위치, 대조, 배열 등에 따라 독자는 이미지가 지니고 있는 의미를 해석하게 된다. 이런 점에서 모든 영상 이미지는 서사구조를 지니고 있다. 영상 이미지의 서사구조 내에서 이야기가 전개되는 방식을 '과정'(*process*)이라고 부른다.

3) 교류적 시선

이 과정에서 이미지의 다양한 구성요소들이 어떤 관계를 맺고 있는가에 따라 독자들은 다양한 의미를 읽어낸다. 여기서 중요한 것은 구성요소들 중 인물의 관계이다. 영상 텍스트 내에서 인물(들)은 두 가지 역할을 수행하는데, 하나는 행위자의 역할이고 다른 하나는 반응자의 역할이다. 행위자는 특정 목표를 가지고 영상 텍스트 내에서 지배적인 역할을 하는 사람이고, 반응자는 목표를 가지고 있는 행위자를 바라보는 사람이다.

〈그림 4-7〉의 예를 들어 살펴보자. 이 사진은 빌 클린턴이 힐러리와 함께 뉴욕 뉴암스테르담 극장에서 공연된 〈라이온 킹〉을 관람한 후 두 손을 들어 관객에게 연설하는 장면이다. 클린턴은 행위주체가 되고 있다는 점에서 행위자의 역할을 수행하고, 힐러리와 네 명의 연극배우들은 행위자를 바라보는 반응자의 역할을 담당하고 있다. 클린턴은 성추문이라는 정치적 곤경에 처해 있었음에도 불구하고 여전히 행위의 주체로서 등장하고 있다. 여기서 독자의 시선은 대각선 방향(벡터)으로 설정되어 있다. 행위자의 역할 및 반응자의 역할과 더불어 지적할 수 있는 것은 등장인물들 사이 시선의 관계이다. 말하자면 힐러리는 클린턴에게 교류적(*transactive*) 시선을 주고 있는 반면, 클린턴은 힐러리에게 비교류적 시선을, 관객이나 독자에게는 교류적 시선을 보내고 있다. 아마도 이것이 함축하는 의미는 클린턴은 도덕성의 훼손에도 불구하고 정치적으로는 여전히 당당하다는 점이며, 힐러리 역시 외양적으로는 클린턴에게 변함없는 애정을 보이고 있다는 것이다.

우리 앞에 놓여있는 많은 이미지들은 의도했든 의도하지 않았든 간에 한 사회의 이데올로기나 신화관계를 담고 있다. 남자가 주체로서 표현되었다는 것은 남성중심적 이데올로기의 표현이다. 물론 이것은 하나의 예에 불과하기 때문에 정반대의 사례들도 많이 존재한다.

그러나 고프만(Goffman, 1976)은 광고 이미지에서 남녀관계의 분석을 통해 대체적으로 남자가 행위주체로, 여자가 반응대상으로 표현되고 있다고 지적한다. 이것은 교류적, 비교류적 시선의 문제와도 밀접하게 연결되어 있다. 남자는 비교류적 시선(여자를 바라보

고 있지 않으므로)을 유지하는 반면, 여자는 교류적 시선을 주고 있다. 이것은 남자가 여자에게 '선망의 대상'(왜냐하면 남자는 목표를 가지고 있고, 그것을 수행하고 있기 때문에)으로 보여지고 있다는 것을 의미한다. 이것은 시선의 문제와 더불어 남녀관계의 위치설정, 이미지의 크기, 초점 등의 문제와 함께 연결되어 표현된다.

여성의 이미지들을 보면, 특히 화장품 광고 등에서 여성들의 교류적 시선과 비교류적 시선이 함께 등장한다. 여기서 교류적 시선은 독자와의 직접적 교류를 의미하는데, 행위주체로서보다는 나르시시즘과 이상화된 나를 꾸며내기 위한 장치로서 기능하는 경우가 많으며, 비교류적 시선의 경우 여성은 연민의 대상으로 보여지거나 분명한 목표를 상실하고 있는 정신적 표류(*drift*)를 암시하는 경우가 적지 않다.

4. 응시

1) 영화의 응시

시선이 수용자의 정서적 관여, 바라봄의 방식 등에 중요한 영향을 미친다는 것을 살펴보았다. 시선 중에서 '응시'(*gaze*)의 문제는 예술사로부터 영화이론, 담론연구에 이르기까지 집중적으로 논의되어왔다. 응시는 앞에서 논의한 주체적 시선과 밀접하게 관련되어 있다. 예술사에서는 응시가 남성과 여성에 대한 성적, 사회적 역할과 더불어 예술작품의 소유와 분리되어 설명될 수 없다는 것을 지적해왔다. 그림의 소유자는 대체적으로 남성이며, 예술작품의 감상층도 여성보다 남성이 많았다. 따라서 그림에서 여성은 보여주기 위

〈그림 4-8〉
〈비너스와 큐피드〉(1540)
로렌초 로토(Lorenzo Lotto)
여성의 응시는 남성을 위한 유혹의
대상으로 표현된다. 따라서 이미지 안의
여성은 남성을 응시한다고 해도 권력을
행사하지 못한다.

한 이미지의 코드에 의해서 표현되어 왔다. 여성의 몸은 응시하는 남성 앞에 있는 대상으로 유혹의 포즈를 취한다. 남성은 여성의 몸을 소유하고 있는 것으로 응시하고, 여성은 남성의 응시 대상이 됨으로써 그림 안의 여성이 돌아보는 응시는 어떤 권력을 행사하지 못한다(〈그림 4-8〉 참고).

1970/80년대 정신분석 영화이론은 관객을 지배하는 이미지의 힘에 관심을 기울였다. 관객의 주체형성[26]에 중요한 역할을 하는 바라봄의 행위 중 하나가 '응시'다. 정신분석 영화비평은 어떻게 영화가 동일시(identification), 시선애착증(scopophilia), 탐시증(voyeurism)[27] 등의 기제를 통해 영화적 즐거움을 낳고 가부장적 시선을 구조화하는가를 분석했다. 응시는 동일시, 시선애착증, 탐시증의 욕망을 불러일으키는 기본적 요소이다. 멀비(Mulvey, 1975)는 할리우드 영화에서 남성이 시선의 주체가 되고 여성은 시선의 대상이 된다는

26. 정신분석 영화이론에서 주체는 데카르트의 주체와는 다르다. 영화의 주체는 이미지나 영화 언어를 통해서 무의식적으로 형성되는 '관념적 주체'(ideal subject)지만, 데카르트의 주체는 이성적이고 합리적인 인간으로서의 주체이다. '관념적 주체'와 '실제 주체' 사이의 명확한 구분이 필요한데, 관념적 주체가 영화나 언어로부터 주체를 형성하는 과정은 '텍스트의 구성'(address)이며, 반면 실제 주체가 텍스트를 이해하고 받아들이는 것은 '수용'(reception)이다. 또한 영화가 가정한 독자를 (관념적) 관객(spectator)이라 하는데, 이는 실제 관객과 분리된다. 관객의 관여성(spectatorship)이라고 할 때, 이것은 실제 관객이 영화를 통해서 의미를 구성하는 것이 아니라 (관념적) 관객이 무의식, 욕망, 환상 등을 통해서 의미를 받아들이는 것이다.

27. 일반적으로 scopophilia는 절시증으로, voyeurism은 관음증으로 번역되지만, 여기서는 신광현(2002)의 번역을 따랐다. 왜냐하면 절시증이나 관음증이라는 용어는 도착적 성행위와 연관되어 있어 정신분석 영화비평의 용어로 적합하지 않기 때문이다. scopophila는 어원적으로 '시야 안에 두기를 좋아함'이라는 중립적인 뜻을 가지고 있어서 성적 쾌락에 국한되는 절시증보다 포괄적으로 사용될 필요가 있다. scopophila는 보려는 욕망과 보이려는 욕망, 시선을 주는 욕망과 시선을 받는 욕망이라는 포괄적 의미를 지닌다. voyeurism도 보는 데서 성적 쾌락을 얻는 행위만이 아니라 보는 데서 쾌락을 얻는 행위 일반, 또한 성적 대상이나 상황만이 아니라 일반적 대상과 상황일지라도 그것을 꿰뚫어보려는 욕망과 행위를 포괄적으로 지칭하기 때문에 '관음증'보다는 '탐시증'이 적절하다.

점을 지적하면서, 이것을 시각적 즐거움의 논리와 연결해서 어떻게 영화의 서사적 구조가 결정되는지를 밝히고 있다(〈그림 4-9〉 참고).

멀비에 따르면, 영화가 주는 즐거움은 영화를 보는 즐거움에서 비롯되는데, 이것은 두 가지 모순적인 무의식적 즐거움, 즉 시선애착증 및 나르시시즘과 연결된다. 시선애착증은 타인을 시선의 대상으로 삼으면서 얻게 되는 즐거움이다. 가부장적 사회에서 남성은 보는 주체로, 여성은 보여지는 대상으로 표현되는데 이것은 할리우드 영화에서 그대로 치환되어 대상화된 여성을 봄으로써 시각적 즐거움을 얻는다. 여기서 중요한 것은 볼거리(spectacle)나 대상으로서 여성이 등장할 때 영화의 이야기 진행이 방해된다는 것이다. 이 충돌을 피하기 위해 할리우드 영화는 남성 관객의 시선과 영화 속 남성 등장인물의 시선을 일치시키는 장면 설정을 하게 된다. 인물들의 시선, 카메라의 시선, 관객의 시선이 일치되어 볼거리로 여성을 대상화함으로써 이야기의 진행에 크게 방해받지 않으면서 여성을 볼거리로 제시한다.

나르시시즘은 거울 속에서처럼 자신보다 더 완벽해 보이는 자

〈그림 4-9〉
영화의 탐시증, 〈이창〉(1954)
알프레드 히치콕(Alfred Hitchcock) 감독

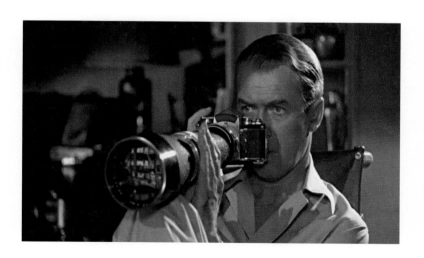

아의 이미지를 발견하는 과정에서 오는 시각적 즐거움이다. 이것은 대상과의 동일시(*identification*) 과정을 통해서 구성되는데, '이상적 자아'(*ideal ego*)를 회복하려는 욕망이다. 라캉(Lacan)은 아이가 자아와 타자에 대한 개념을 형성하는 과정을 설명하면서 오이디푸스 전(前)단계로 거울 단계를 제시한다. 라캉에 따르면 아이는 언어를 배우기 이전에 '거울에 비친 나'(*Imaged I*)와 '실제 나'(자아; *Ego*) 사이의 동일시와, 거울에 비친 나는 실제 내가 아니라는 것을 무의식적으로 함께 경험한다고 지적한다. *Ego=Imaged I*라는 것은 타자에 대한 자기동일시(*a narcissistic self-identification*)인데, 예를 들어 아이가 거울에 비친 나 혹은 어머니를 실제 나로 인식하는 것이다. 게다가 아이는 *Ego≠Imaged I*도 경험한다. 거울에 비친 나는 거울에 비친 것이지 실제 내가 아니라는 것을 알게 된다. 그럼에도 불구하고 아이는 무의식 속에서 이상적 자아(*ideal ego*)를 회복하려는 욕망을 지니게 된다. 라캉은 무의식을 말하는 것이지만, 거울단계는 실제 문화현상 내에서도 적용될 수 있다.

우리는 영화나 광고에서의 스타를 이상적 자아로 동일시하려는 경향이 있다. 우리는 실제 나와 영화나 광고의 스타(즉, 이상적 자아)가 다르다는 것을 알지만, 영화와 광고는 현실세계에서 내가 이상적 나와 같다는 욕망을 부추긴다. 예를 들어 화장품 광고에는 이상적 자아가 모델로 등장한다. 광고는 화장품을 사용하면 이상적 자아로서 모델처럼 아름다워질 수 있다고 약속한다. 물론 현실에서 우리는 화장품을 사용해도 그렇게 아름다워지지 못한다는 것을 알지만 상품을 구매하고 동일시하려 한다. 영화가 주는 즐거움의 하나는 이와 같은 동일시의 과정을 관객에게 제시하는 것이다.

메츠(Metz, 1975)가 지적하듯이 영화는 동일시를 위한 다양한 '영화적 장치'(*cinematic apparatus*)를 사용한다. 영화적 장치는 카메라, 조명, 필름 등을 포함한 효과들; 어두운 극장, 고정된 좌석에 의한 부동성, 앞쪽에 비추어진 스크린, 그리고 관객의 머리 뒤로부터 영사되는 광선 등과 같은 영사(*projection*)의 조건들; 시각적 연속성과 실제공간이라는 착각, 믿을 만한 사실성을 창조해내는 텍스트로서 영화의 기제들; 무의식이나 의식의 과정에서 욕망의 주체로 관객을 구성해내는 관객의 정신적 기제 등이 서로 복잡하게 맞물려서 영화적 허구가 만들어내는 욕망의 생산자로서 관객을 위치시킨다.

영화에서 응시는 어두운 극장에 앉아 있는 관객의 맥락이나 카메라와 등장인물의 시선, 시각적 즐거움 등을 고려하고 있다. 특히 정신분석 비평은 실제 현실에서 밝히기 어려운 무의식의 과정을 논의하고 있지만 그렇다고 해서 의식의 세계를 거부한 것은 아니다. 정신분석 비평은 언어, 무의식, 의식, 성(*gender*), 사회적으로 구성된 상징적 질서들을 서로 연결해주는 고리를 제공하고 있다. 말하자면 무의식 속에 내재하고 있는 사회관계를(영화) 언어과정 속에서 밝히고 있다.

멀비는 할리우드 영화에서 남성 욕망 충족적인 응시를 통한 시각적 즐거움을 기술하고 있지만 시선이나 응시의 문제가 언제나 남성 지배적인 것은 아니다. 대상으로서 여성이 아니라 대상으로서 남성이 표상되는 경우도 적지 않으며, 여성이 바라봄의 주체로서 욕망을 충족하는 시선도 급속히 증가하고, 레즈비언이나 게이의 시선도 광고나 영화에서 수없이 등장하고 있다.

이미지와 응시의 관습이 바뀌고 있기 때문에 남성중심적 응시의 개념도 재고될 필요가 있다. 왜냐하면 남성중심적 응시의 개념만으로는 여성의 시각적 즐거움과 남성이 응시의 대상으로 되는 경우를 밝혀내기 어렵기 때문이다. 따라서 응시는 관습적으로 고정되어 있기보다 유동적이다. 예를 들어, 〈델마와 루이스〉(*Thelma & Louise*;

〈그림 4-10〉
육망의 대상으로서 남성
남성중심적 응시는 변화하고 있다.
영화나 광고에서 여성중심적 응시,
게이나 레즈비언의 응시도 적지 않게
등장하고 있다.

Ridley Scott, 1991)에서 여성의 응시는 주체적으로 표현되면서 전통적인 남성중심적 응시의 공식을 거부하고 있다. 〈그림 4-10〉의 남성화장품 광고도 응시와 욕망의 대상으로서 남성이 제시되고 있다.

현대의 시각 문화나 이미지에서 응시의 방식은 매우 복잡한 배열을 지닌다. 어떤 이미지들은 탐시적(혹은 관음적)이고, 어떤 이미지들은 가학적, 공격적이며, 응시에서 시선의 관계가 남녀에 고정되기보다 동성애적 시선을 지배하기도 한다. 게다가 인종(흑인, 황인종 등)의 문제가 개입하기도 한다. 따라서 응시의 다양한 방식은 남녀의 엄격한 구분에서 벗어나 재론되어야 할 필요가 있다.

2) 제도적 응시

텍스트를 통한 응시와 더불어 텍스트 밖에서 작용하는 제도적 응시(*institutional gaze*)도 강력한 힘을 발휘한다. 사이드(Said, 1979/2000)는 동양에 대한 서양의 사고, 인식, 표현방식으로 오리엔탈리즘을 제시하기도 한다. 서양인이 동양의 정체성과 문화를 별나고 이상한 것(*exoticism*)이나 야만주의(*barbarism*)로 바라보는 시각은 제도적 응시의 한 예다. 오리엔탈리즘은 서구(중심)와 동양(주변)의 이항대립 속에서 동양에 대한 부정적 인식을 의미하는데 이는 정치뿐만 아니라 문화적 표상들(영화, 광고 등)에서도 쉽게 발견된다.

사이드와 마찬가지로 푸코(1979/1998)도 '규범적 응시'(*normalizing gaze*)와 '감시'(*inspecting gaze*)의 과정이 어떻게 바라봄의 방식을 결정하는가를 논의했다. 푸코에 의하면 제도적 응시에 개입되는 요소는 권력이다. 즉, 권력체계가 기존 사회체계에서 어떻게 대상(사물, 인간 등)을 인식할 것인가를 정의해준다고 보았다.

푸코는 규범적 응시의 사례로 광기(*madness*)를 들고 있다. 광기는 르네상스 기간 동안에 병이 아니라 어리석은 행동 정도로 규정되어 사회적으로 격리되지 않았다. 오히려 마을의 구성요소로서 통합되어 있었다. 그러나 18세기 이후 서구가 근대성을 경험하면서 광기는 치료받아야 할 병이나 사회를 병적으로 오염시키는 요소로 정의되었다. 광기가 범죄나 사악한 병으로 취급됨으로써 격리되어야 할 것으로 규정된 이유는 근대사회의 학교, 병원, 법의 정의 밖에 놓였기 때문이다. 따라서 이와 같은 근대적 제도들을 유지하는데 방해가 되는 요소들은 일탈이나 비정상성으로 규정하여 격리시켰던 것이다.

감시의 대표적인 예는 원형감옥(*panopticon*)이다. 원형감옥은 중앙에 감시체계를 설정하고 감시관이 서 있게 된다. 범죄자는 감시관의 시선 안에 묶여지는데, 비록 교도관이 없어도 늘 응시의 대상이 되고 있다는 느낌을 주도록 건축되어 있다. 건물의 구조가 권력을 제공하는 것이다. 건물 중앙에 교도관이 안 보이거나 없다 하더라도 범죄자가 감시받고 있다는 느낌에서 벗어나기는 힘들다. 오늘날 도시의 곳곳에 설치되어 있는 감시 카메라가 보이지 않는 권력의 힘으로 작용하며 우리들의 일상을 지배하는 것도 같은 맥락이다.

응시의 문제는 정신분석 비평의 무의식으로부터 제도에 이르기까지 다양한 방식으로 바라봄의 방식을 결정해준다. 어쩌면 우리가 바라보고 있는 것들은 무의식적으로나 의식적으로 텍스트나 제도가 바라보도록 규정한 것일 수도 있다. 결과적으로 우리가 바라보는 것 안에는 보이지 않는 권력이나 힘이 개입되어 있기 때문이다. 이것들이 우리가 사물을 바라보는 방식이나 현실인식을 은밀하게 규정한다.

이미지의 구성은 영상요소들을 프레임 안에 배치하여 만족스럽고 통일성을 갖게 하는 것이다. 이미지는 선, 색, 부피, 빛, 배열, 시선 등 다양한 요소들을 배치함으로써 완성된다. 그러나 '만족스럽고 통일성을 갖는다'는 것은 구성요소들을 단순히 아름답게 배열하는 것을 의미하지 않는다. 이미지의 구성은 그 이상의 의미를 담고 있다. 왜냐하면 배열의 조화는 아름답고 균형 있게 구성하는 것을 넘어서 의미의 생산과 수용과정에 밀접히 관련되어 있기 때문이다. 더욱이 이미지의 구성은 역사적으로 형성되어온 미적 경험과 관습들로부터 많은 영향을 받고 있다. 문자 언어가 배열되는 방식, 회화의 전통들, 종교적 가치, 문화적 관습 등이 이미지의 구성에 직·간접적으로 영향을 미쳤다.

이미지의 구성은 디자인이나 회화에만 적용되는 것이 아니라 여러 가지 언어가 혼합된 텍스트에도 적용된다. 잡지, 신문기사, 영화, 텔레비전, 광고, 문자 언어와 함께 결합된 영상 텍스트 등에서도 구성은 중요한 역할을 담당한다.

우리는 문자 언어나 영상 언어가 함께 포함된 텍스트들을 분석할 때 하나의 질문에 부딪친다. 전체의 의미는 이미지의 구성요소들이 만들어낸 부분적 의미의 합으로 취급해야 하는지 혹은 구성요소들이 상호작용하는 것으로 보아야 하는지 하는 점이다. 때때로 부분적 구성요소들의 의미가 전체 의미를 만들어내기도 하지만 시각적, 미적 경험과 이해는 산술적 합을 의미하지 않는다. 오히려 각각의 요소들이 유기적으로 연결되어 새로운 의미를 만들어내는 경우가 지배적이다. 이것은 각각의 요소가 지닌 의미가 사라지고 새로운 의미가 만들어진다는 것이 아니라 부분적 요소들의 의미는 개별적으로 존재하면서도 전체의 의미와 밀접하게 연결되어 확대된다는 것이다.

우리는 이미지의 구성을 살펴봄으로써 개별적 요소들이 어떻게 유기적으로 결합되어 새로운 의미를 생산하는지 이해할 수 있다. 여기서는 이미지의 구성관습을 세 가지 측면에서 논의할 것이다. 첫째, 이미지의 구성요소들이 위치되는 방식이 어떻게 의미생산과 관계되는가? 둘째, 이미지 배열의 관습들이 어떻게 의미를 생산하는가? 셋째, 이미지가 어떻게 프레임을 통해서 분리되고 연결되는가? 즉, 이미지의 배열, 현저성, 프레이밍(*framing*)이 하나의 이미지 내에서 기능하는 방식을 검토할 것이다.

1. 구성의 요소

이미지에 표현되어 있는 구성요소들—인물, 사물, 장소, 크기, 부피, 촬영방식 등—은 바라보는 사람들(독자, 시청자, 관객 등)과 일련의 복잡한 관계를 맺는다. 이미지의 요소들은 개별적으로 존재하기보다 전체 이미지의 망 속에서 상호작용을 하면서 새롭게 의미를 만들어낸다. 하나의 사례로 영화 〈꽃잎〉(장선우 감독, 1995)으로부터 이미지 구성의 의미를 살펴보도록 하자.

장선우 감독의 〈꽃잎〉은 광주민주화운동을 정면으로 다룬 영화다. 〈그림 5-1〉은 성폭행을 당한 소녀(이정현)와 두 명의 대학생[가려진 한 명은 (만화)책을 읽고 있고, 안경을 낀 다른 한 명은 소녀를 응시하고 있다]을 묘사하고 있다. 표상의 관점에서 이 장면은 '비교류적(non-transactive) 시선'과 '교류적 시선'을 함께 담고 있다. 소녀는 화면의 밖을 바라보는데, 관객은 그녀가 무엇을 보고 있는지 알 수 없다. 반면 두 대학생 중 한 명은 소녀에 대해 교류적 시선을 보낸다. 이것은 영화에서 이루어지는 행위의 주체들과 관련되어 있다. 두 명의 대학생이 소녀와 맺고 있는 관계가 이 숏에 포착되어 있다. 이 숏을 보는 관객이나 독자는 두 명의 대학생(롱 숏)보다는 소녀(미디엄 숏)를 더 가깝게 느낄 것이다. 두 대학생은 배경에 위치하는 반면, 소녀는 전경에 위치해서 보는 사람과 마주하고 있는 듯한 느낌을 주기 때문이다. 영화의 경우 등장인물이 뉴스의 앵커처럼 정면을 마주보는 숏은 거의 없기 때문에 소녀는 정면을 응시하지 않더라도 관객과 가까이 있다.

비교류적 시선과 교류적 시선만으로 이 숏에 의해서 구성된 의미의 관계를 모두 파악할 수 없다. 여기서 중요한 세 가지 구성요소가 논의되어야 한다. 첫째, 이미지의 배열로, 표상적이고 상호작용하는 요소들이 서로 관련되고 구성요소들이 의미 있는 전체로 통합되는 방식을 살펴볼 필요가 있다. 예를 들어 소녀는 왼쪽에 있고 두 대학생은 소녀의 오른쪽에 위치해 있다. 만약 위치가 바뀐다하더라도 표상적이고 상호작용하는 의미들은 영향을 받지 않을 것이

〈그림 5-1〉
〈꽃잎〉(1995), 장선우 감독
〈꽃잎〉은 폭력에 의해서 유린되는 순수를
치유할 수 없는 소녀의 기억을 통해서
말하고 있는 작품이다. 그림은 〈꽃잎〉
초반부에 소녀가 오빠 친구들과 산언덕에
올라가서 즐거운 시간을 보내면서
첫사랑의 감정을 표현한 장면이다.

다. 소녀는 여전히 비교류적 시선을 보여주고 두 대학생 중의 하나
는 교류적 시선을 보여줄 것이기 때문이다. 그리고 소녀는 여전히
전경에, 두 대학생은 배경에 위치해 있을 것이다. 그러나 소녀가 오
른쪽에 위치하고 두 대학생이 왼쪽에 위치한다면 전체의 의미는
달라질 수 있다. 왼쪽과 오른쪽의 위치에 따라 다른 의미가 생산되
기 때문이다.

　둘째, 소녀는 가장 현저하고 두드러지게 시선을 끌고 있다. 우리
는 이것을 이미지 구성의 현저성(salience)이라고 말할 수 있다. 소
녀는 전경에 위치해 화면에서 가장 크고 명확하게 그려져 있을 뿐
만 아니라 더 명확한 초점 아래에서 많은 조명을 받고 있다. 왼쪽에
서 빛이 나오기 때문에 그녀의 얼굴은 밝은 면과 약간 어두운 면으
로 양분되어 있다. 〈꽃잎〉의 전편에 걸쳐서 소녀는 다른 등장인물
과 대조적으로 흰색의 옷을 입고 있으며, 현저하게 드러나 있다. 비
록 다른 등장인물이 전경에 위치하고 소녀가 배경에 위치할 때에
도 그녀는 두드러진 요소가 된다. 흰색 옷과 창백한 얼굴에 비치는
조명이 그녀에게 주의를 집중시키기 때문이다. 다시 말해서 현저
성은 바라보는 사람과 근접해 있다 해도 다른 요소들이 더 강할 수

있으며, 거꾸로 멀리 떨어져 있다고 해서 낮은 것은 아니다.

셋째, 프레이밍(*framing*)은 이미지의 구성요소에서 의미를 생산하는 또 다른 기제다. 〈꽃잎〉의 프레임을 보면, 가운데 나무 아랫부분을 중심으로 왼쪽과 오른쪽으로 나누어져 있다. 나무는 하나의 수직선 역할을 담당하는데, 소녀가 바라보는 공간과 안경 낀 대학생이 바라보는 공간을 상징적으로 분리한다. 따라서 소녀의 세계와 두 대학생의 세계는 구분된다. 화면은 또 다른 경계선을 갖고 있는데, 소녀의 왼쪽 등 아래에 약간 보이는 수평선이 그것이다. 소녀의 얼굴이 수평선을 중심으로 위에 위치하고 있어 그녀는 이상적인 것을 향하고 있다. 비록 안경을 낀 대학생도 수평선 위에 얼굴이 위치하지만 잔디를 베고 누웠다는 점에서 땅을 향하고 있다. 화면은 부감(*high angle*)으로 찍었기 때문에 수평선이 명확하지 않지만, 위와 아래의 시각적 경계를 보여주는 것은 명백하다. 여기서 수평선과 수직선은 숏의 부분들을 결합하거나 또는 분리시키는 역할을 한다. 만일 프레임이 없다면 화면의 구성요소들은 계속 끊이지 않고 이어져서 상보하는 것으로 보일 것이다. 시각적 '지향성'이 없기 때문이다.

이미지 구성에서 세 가지 요소들은 상호관련된 체계를 통해서 의미를 생산한다. 이것을 다시 요약하면 다음과 같다(Kress & Leeuwun, 1996, p.183).

(1) 이미지의 배열: 이미지의 배열은 각각의 요소들이 서로 연결되거나 이미지를 바라보는 독자와 연결되어 있는 방식으로 왼쪽과 오른쪽, 위와 아래, 중앙과 주변에 부여된 특별한 의미들이다.

(2) 현저성: 현저성은 구성요소들을 바라보는 사람의 주의를 끌게 하

는 정도이다. 그것은 전경과 배경의 위치, 상대적인 크기, 색의 대비, 명료성의 차이 등에 의해 구체화된다.

(3) 프레이밍: 프레임은 분리선인 프레임을 통해서 이미지들의 요소들이 분해되거나 혹은 연결시키는 방식이다. 프레임의 존재와 부재에 의해서 구성요소들은 함께 소속되기도 하고 소속되지 않기도 한다.

이미지의 구성요소들은 영화나 텔레비전 화면에만 적용되는 것이 아니다. 신문이나 잡지의 편집, 인쇄광고 등에도 비슷하게 활용된다. 광고에서 말하는 '포지셔닝'(*positioning*)은 구성요소들을 어떻게 연결하는가를 의미한다. 광고의 등장인물과 상품을 어느 쪽에 위치시킬 것인지, 소비자의 시선을 끌기 위해서 전경과 배경을 어떻게 설정할 것인지, 등장인물과 상품의 상대적 크기와 색의 대비를 어떻게 할 것이며, 그리고 영상 이미지와 광고 카피의 프레임을 어떻게 분리하거나 연결할 것인지 등에 대한 질문은 포지셔닝과 관련되어 있다. 인쇄광고에서도 구성요소의 배열은 곧바로 상품과 소비자의 관계를 설정해주는 역할을 담당하기 때문에 중요하다. 따라서 이미지 구성의 세 가지 요소들은 영상 언어 전반에 걸쳐 유사한 방법으로 활용된다.

2. 이미지의 배열

1) 왼쪽과 오른쪽의 구성

이미지의 구성에서 왼쪽과 오른쪽의 배열은 문자 언어의 구조에 영향을 받았다. 한글이나 영어 등 대부분의 문자 언어들은 왼쪽에서부터 시작해서 오른쪽으로 진행된다. 물론 한글은 한자의 영향을 받아서 위에서 아래로 쓰기도 했고, 오른쪽에서 왼쪽으로 쓰기도 했지만, 문자 언어의 일반적인 순서는 왼쪽에서 시작되고 오른쪽에서 끝난다. 이것을 시간적으로 보면 왼쪽은 과거(이미 쓰여졌다는 의미에서)를, 오른쪽은 현재나 미래를 의미한다.

영상 텍스트에서 왼쪽 지면에 위치하는 것과 오른쪽 지면에 위치하는 것을 보면 문자 언어의 관습을 그대로 따랐음을 알 수 있다. 그림이나 편집에서 왼쪽에 어떤 요소를 배치하고 오른쪽에 다른 요소를 배열할 때, 왼쪽에 위치하는 요소들은 '이미 알려진 것'을 제시하고 오른쪽에 위치하는 요소들은 '새로운 것'들인 경우가 대부분이다. 이와 같은 구분이 모든 구성에서 나타나는 것은 아니지만 일반화된 관습으로 작용한다. 왼쪽에 있는 것들은 상식적으로 자명한 것으로 제시되고, 오른쪽에 있는 것들은 새롭게 보아야 하는, 그래서 논쟁의 여지가 있을 수 있는 것들이다.

오른쪽과 왼쪽의 배열은 광고에서 특히 두드러진다. 광고의 경우 대체적으로 상품은 오른쪽 하단에 위치하고, 은유적인 이미지는 왼쪽에 배열된다. 왜냐하면 상품은 언제나 새롭게 접해야 하는 것이기 때문이다. 또한 상품이 아래에 위치하는 것은 추상적인 것이 아니라 언제나 구매할 수 있는 구체적인 것이기 때문이다.

〈그림 5-2〉와 〈그림 5-3〉의 두 가지 위스키 광고는 전형적인 오

<그림 5-2> 왼쪽
임페리얼 키퍼 광고

<그림 5-3> 오른쪽
랜슬럿 위스키 광고

른쪽과 왼쪽의 관습을 따르고 있다. 임페리얼 키퍼 광고와 랜슬럿 광고는 위스키 광고이기 때문에 위스키의 정통성을 부각시키기 위해서 중세의 기호들을 사용했다. 임페리얼 키퍼는 중세 기사인 철가면을, 랜슬럿 광고는 중세의 방패와 칼(방패 아래에 놓여 있는 것이 명확하지는 않지만 칼처럼 보인다)을 기호화했다. 두 광고가 위스키의 정통성을 소구하고 있지만, 소비자에게 제시하는 메시지는 전혀 다른 것이다. 임페리얼 광고는 가짜 양주로부터 정통성 있는 위스키의 부드러움을 지켜준다는 메시지를 제시하는 반면, 랜슬럿 광고는 천년 전설의 향기와 맛을 강조하고 있다. 두 광고는 왼쪽에 중세 기사의 철가면과 방패를 오른쪽, 상품은 왼쪽 하단에 위치시켰다. 철가면과 방패는 이미 알려진 것인 반면, 오른쪽의 상품은 새로운 것 또는 새롭게 보아야 하는 것이다.

임페리얼 광고에서 기사의 철가면은 상품보다 위쪽에 위치해 있다. "임페리얼 광고가 오늘도 보호해 드리겠습니다"라는 카피에서 보듯이 과거의 철가면이지만 추상적 가치를 지니기 때문이다. 철가면 아래쪽에 상품이 있고 맨 아래쪽에 따르는 술과 카피로 "고객을 지킵니다. 정통의 부드러움을 지킵니다"라고 쓰여 있다. 아래로

<그림 5-4>
하나님은 아담과 이브에게 죽음을
보여준다(15세기 미니어처)
하나님은 이미 존재하시기 때문에 왼쪽에,
이브는 오른쪽에 그려졌다.

위치할수록 추상성보다 구체성을 지닌다. 위의 카피에는 무엇을
보호하겠다는 말이 없지만 아래의 카피는 고객과 정통의 부드러움
이라는 구체적 정보가 제시되며, 위스키를 따르는 아래 왼쪽 사진
은 소비자에게 보다 구체적으로 다가온다.

　왼쪽과 오른쪽의 배열이 주는 의미는 일상문화나 그림의 역사에
서도 관습적인 규칙이었다. 결혼식에서 신랑은 주례의 왼쪽에 서
고, 신부는 오른쪽에 선다. 기독교적 세계관에 의하면 아담이 먼저
태어났고 이브가 다음에 태어났으므로 신랑은 기존의 존재이고 신
부는 새로운 존재인 셈이다.

　15세기에 제작된 미니어처는 이와 같은 관계를 그대로 보여준다
(〈그림 5-4〉 참고). 하나님은 '이미 존재하는 분'이기 때문에 가장 왼
에 위치해 있다. 그리고 아담과 이브가 위치해 있는데, 이브는 가장
오른쪽에 서 있다. 하나님, 아담, 이브의 순서로 배열되어 있는 것
이다. 이와 같은 이미지의 배치는 중세의 그림에서 지배적인 것이

었고, 오늘날의 광고나 편집 등의 영상 이미지에도 그대로 적용되어 나타난다.

왼쪽과 오른쪽의 배치는 텔레비전과 영화에도 유사하게 발견된다. 일반적으로 텔레비전에서 인터뷰를 하는 사람은 인터뷰 대상자의 왼쪽에 위치한다. 인터뷰를 하는 사람은 시청자와 동일한 의견이나 생각을 가진 사람으로 표현되어 이미 친숙하고 시청자를 위하여 질문을 하는 사람으로 제시된다. 반면 인터뷰를 받는 사람은 '새로운' 정보를 제공하기 때문에 오른쪽에 위치한다. 카메라의 수평적 이동의 경우도 왼쪽에서 오른쪽으로 가는 것이 일반적이다. 영화의 경우 하나의 숏에서 왼쪽에 있는 풍경을 그려내다가 오른쪽으로 천천히 이동하면서 등장인물이 나오거나 등장인물들이 서로 대화하는 장면을 쉽게 볼 수 있다. 이것은 새로운 사건의 전개에 대한 묘사를 의미한다. 물론 영화에서 카메라가 왼쪽에서 오른쪽으로 다시 오른쪽에서 왼쪽으로 이동하는 경우도 적지 않다. 이때는 말할 필요 없이 왼쪽과 오른쪽의 이미지 배치보다는 맥락을 보여주는 경우다.

2) 위와 아래의 구성

우리가 글을 쓸 때나 파워포인트를 가지고 발표를 할 때, 위에 배열하는 것은 주로 추상적 가치이고, 아래에는 구체적인 가치를 제시한다. 제목의 경우 추상성이 강한 반면 아래에 배열되는 내용은 구체성이 두드러진다. 영상 구성요소들이 윗부분에 위치하고 다른 것들이 지면의 아랫부분에 놓인다면, 위에 위치하는 것은 '이상적인 것'을 제시하고 아래에 위치하는 것은 '실재적인 것'을 보여준다. 이상적인 것은 이미지나 정보가 무엇인가 미래를 약속하거나

〈그림 5-5〉
〈코넬리우스 끌래즈 안슬로와 아내의 초상〉(1641), 렘브란트(Rembrandt)
렘브란트 그림에서 빛은 왼쪽 중간에서 나온다. 빛은 하나님의 은유로 신성하면서 실재하는 것이기 때문이다.

추상적 가치를 제공하는 것이다. 반면 아랫부분에 위치하는 것은 세부적인 것, 현실적인 것, 실질적인 결과 등을 의미한다. 위와 아래의 가치와 관련해서 먼저 렘브란트의 그림을 보자(〈그림 5-5〉).

렘브란트의 그림에서 가장 중요한 요소는 잘 알려진 것처럼 빛이다. 렘브란트가 그린 초상화에서 광원(光源)은 대부분 왼쪽 위에 있다. 빛은 왼쪽 윗부분을 비추면서 오른쪽으로 갈수록 어둠이나 그림자가 깊게 깔린다. 빛이 의미하는 것은 '신성한 것', '하나님의 사랑', '희망' 등일 것이다. 빛은 하나님을 은유하고 신성한 것이기 때문에 왼쪽 위에서 나온다. 여기서 빛은 왼쪽 맨 위가 아니라 중간 바로 위에서 나온다. 빛이 중간 바로 위에서 나오기 때문에 그것은 신성한 동시에 실재적인 것으로 해석될 수 있다.

광고는 약속하는 미래의 가치를 헤드카피로 제시한 후 중간 부분에 영상 이미지를 싣고 아랫부분에 광고가 약속하는 가치를 구체적으로 실현하는 상품을 제시하는 것이 일반적이다. 따라서 문자 텍스트는 이미지의 아랫부분에 놓이게 된다. 그러나 렉서스 자동차 광고(〈그림 5-6〉)는 이러한 일반적인 구성에서 벗어나 있다.

지면의 윗부분은 헤드카피와 카피가 점유하고, 아랫부분에는 발레리나의 열정을 보여주는 토슈즈의 이미지를 담고 있다. 구체적인 상품 자체는 어디에도 없다.

렉서스 광고에서 현저성이 두드러지게 나타나는 것은 광고 카피가 아니라 발레리나의 토슈즈지만 중요한 가치는 위에 놓여 있는

〈그림 5-6〉
렉서스 자동차 광고
렉서스 광고는 일반적 광고형식에서 벗어나 있다. 상품은 어디에도 없고 발레리나의 토슈즈만을 표현한다. 토슈즈는 '아름다움의 뒤에 숨겨진 열정'을 의미한다.

문자 텍스트이다. 즉, 지면의 윗부분이 문자 텍스트로 채워지고 아랫부분이 그림으로 채워진다면, 문자 텍스트가 지배적 의미를 전달하고 그림은 보조적 역할을 하게 된다. 그러나 만일 그림이 윗부분을 점유하고 문자 텍스트가 아랫부분을 차지하고 있다면, 그림이 담고 있는 의미가 지배적 역할을 하고 아랫부분에 놓여 있는 문자 텍스트는 보조적 역할을 담당한다.

3) 중심과 주변의 구성

이미지의 구성에서 한 요소를 중간에 위치시키고 다른 요소들을 주변에 배치하는 것은 중심과 주변의 구성이다. 중심으로 제시된 것은 정보나 이미지의 핵으로 주변에 위치한 요소들을 지배한다. 주변은 중심에 대해서 의존적이거나 보조적인 셈이다. 대부분의 경우 주변에 위치한 대상의 지위는 서로 동일하거나 비슷하다. 주변에 위치된 요소들 사이에 어떤 위계질서를 찾기는 어렵다.

  중심과 주변의 구성은 왼쪽과 오른쪽의 구성에서 보여주듯 '이미 알려진 것'이나 '기존의 것'과 '새로운 것' 사이의 구분점이 없으며, 위와 아래의 구성에서 보듯 '이상적인 것'과 '현실적인 것'으로 분리되지도 않는다. 그렇다고 해서 중심과 주변의 구성이 왼쪽과 오른쪽, 위와 아래의 구성과 완전히 배타적인 것은 아니다. 중심과 주변의 구성 내에서도 중심의 왼쪽과 중심의 오른쪽에 배치되는 것 사이에 차이가 존재할 수 있고, 중심으로부터 왼쪽으로 얼마나 가까이 있으며 얼마나 멀리 떨어져 있는가에 따라서 의미가 달라질 수 있다. 또 중심의 위와 아래에 위치하는 것 사이에도 중심으로부터의 거리에 따라서 차이가 발생할 수 있다. 서구 문화에서 중심과 주변, 왼쪽과 오른쪽, 위와 아래가 지니는 의미로 정보의 핵심과 보조적 요소, 이미 알려진 것과 새로운 것, 이상적인 것과 현실적인 것의 구조가 결합된 것 중의 하나는 십자가다.

중심과 주변의 관계에서 주변적 요소가 얼마나 주변적인가 하는 것은 주변적인 것의 크기, 위치, 색채 등 현저성에 따라서 달라진다. 대다수 중심과 주변의 구성에서 현저성이 가장 높은 부분은 중심이다. 주변의 경우 상대적으로 중심에 비해 현저성이 높지 않지만 주변에 위치한 요소들 사이에 높은 현저성에 주목할 필요가 있다.

오늘날 이미지의 구성에서 중심과 주변의 배열은 비교적 많지 않다. 대체적으로 왼쪽과 오른쪽의 배열이나 위와 아래의 배열이 지배적이다. 잡지나 신문 등의 편집에 있어서도 중앙에 사진을 배열하는 것은 문자 텍스트를 읽는 데 방해가 된다. 문자 텍스트를 읽는 데 시각적으로 제한을 주기 때문이다. 그러나 종교적인 그림에서는 중심과 주변의 배열이 강조되기도 한다. 불화(佛畵)나 성화(聖畵)의 경우 부처나 예수가 그림의 가운데 위치하는 것은 일반적이다. 그것은 '신성함'에 대한 표현이기 때문이다. 문화적으로 보면 현대 사회에서 중앙의 가치는 절대적으로 존재하지 않는다는 것을 의미할 수 있다. 과거처럼 하나님이나 부처가 갖고 있는 중심성이 약해졌기 때문에 중앙의 가치는 더 이상 보존되지 않는다고 볼 수 있다.

3. 현저성

이미지의 배열은 전체 텍스트 속에서 각각의 구성요소들을 배치시키는 것이라고 지적했다. 전체 구성요소들 속에서 의미 있는 요소들은 특정 장소에 위치하면서 일관성과 질서 또는 관습을 유지한다. 이러한 이미지의 배열만으로 차별적인 정도를 파악하는 데는 부족함이 있다. 물론 중앙에 위치하는 구성요소는 주변에 위치한 것보다 차별성이 두드러진다. 그러나 왼쪽과 오른쪽의 배열이나 위와 아래의 배열에서는 차별성이 높게 나타나지 않는다.

앞의 〈그림 5-2〉의 임페리얼 광고를 보면, 중세의 철가면과 위스키 임페리얼 사이에는 차별성이 존재하는 것이 아니라 은유관계가 형성된다. 철가면이 중세 기사의 권위를 지키는 요소로 작용하는 것처럼 임페리얼이 고객과 위스키의 정통성을 지키는 것으로 표상되어 있기 때문이다. 따라서 철가면이 현저성이 높은 이미지라고 말할 수 없는 것처럼 위스키 임페리얼이 현저성이 높다고 말할 수도 없다. 물론 위스키 광고이기 때문에 임페리얼 술병이 밝게 보이고는 있지만 그것만으로 의미의 현저성이 높다고 말하기는 어렵다.

이것은 위와 아래의 배열에서도 마찬가지이다. 앞에서 논의했듯이 광고에서 위에 배치되는 것은 일반적으로 문자 텍스트로 상품에 대한 약속이나 미래 가치를 제공한다. 반면 아래에 위치하는 것은 구체적인 상품에 대한 정보를 제시한다. 그렇다면 상품에 제공하는 미래 가치와 구체적인 상품정보 중에서 어느 것이 보다 중요한 의미를 담고 있다고 말할 수 있을까? 사실상 광고에서 두 가지는 차별적이기보다 유사한 가치를 지닌다고 말할 수 있다. 만일 제작자가 구체적인 정보를 제공하는 것에 중요성을 둔다면 구체적인 정보에 현저성을 부여할 수는 있지만, 동일한 수준에서 추상적 가치와 구체적 가치를 비교하기란 쉽지 않다.

이미지의 구성에서 현저성은 이미지의 차별성을 부각시키는 요소이다. 이미지의 요소들을 어느 위치에 배열하는가와 관계없이 현저성은 요소들 사이에 중요성을 계층적으로 분리해 놓는다. 이것은 어떤 것을 다른 것보다 더 중요하거나 주의를 끌 만한 가치가 있는 것으로 선택함으로써 가능하다.

이미지의 현저성이 높은가 낮은가는 시각적 단서들에 근거해서 판단할 수 있다. 이미지의 구성을 바라보는 독자는 직관적으로 각각의 구성요소들이 갖고 있는 '비중'이나 '무게'를 파악할 수 있기 때문이다. 이미지의 현저성은 크기, 초점의 명확성, 색 대비, 원근법, 특별한 문화적 상징의 사용 등 다양한 요소들을 통해서 주의를 끌게 한다. 현저하게 표현된 구성요소들은 이미지 전체 내에서 계층적 체계를 만들어냄으로써 시각적 주목과 함께 의미의 중요성을 우선적으로 제시한다.

이미지의 현저성은 광고나 사진과 같은 스틸(*still*) 이미지에만 국한된 것이 아니라 영화나 텔레비전 뉴스, 드라마 등에서도 중요하게 적용된다. 영화에서 반복되는 상징들은 이미지의 현저성을 표현하는 방식이다. 또한 현저성은 시간과도 밀접하게 관계된다. 시간의 흐름을 느리게 하거나 빠르게 하거나 또는 편집속도를 조절함으로써 영화의 통합적 구조 내에서 현저성을 의도적으로 높이거나 약하게 만들 수 있다.

예를 들어 임권택 감독의 〈서편제〉를 생각해보자. 아마도 관객들은 〈서편제〉에서 송화 가족이 '진도 아리랑'을 부르며 고갯길을 넘어오는 장면을 기억할 것이다. 감독은 롱 테이크(*long take*)와 롱 숏(*long shot*)을 통해서 중요한 의미를 만들어낸다. 여기서 미장센을 통해 나타내고자 하는 의미는 소리꾼의 여정은 무한하다는 것이며(롱 테이크), 동시에 판소리는 자연과의 합일과정에서 진정한 예술적 성취를 이룰 수 있다는 것이다(롱 숏). 감독은 영화의 내재적 의미를 생산하기 위해 8분 이상 롱 테이크를 사용함으로써 영화 전체의 편집과 시간에서 현저성을 부여하고 있다.

광고나 영화에서 보이는 현저성은 작가가 특정한 의미를 부각시키고자 하는 의도에서 나타난다. 광고라면 상품을 소비자에게 매력적으로 보이게 하기 위해서 현저성을 활용한다. 영화나 텔레비전 드라마의 경우는 작가가 미장센의 활용과 함께 특정 구성요소를 돋보이게 함으로써 중요한 의미를 만들어낸다.

4. 프레이밍

프레임은 설정된 이미지와 외부환경, 그리고 이미지의 구성요소들을 분리하거나 연결하는 기능을 담당한다. 프레임이 존재하는지 혹은 존재하지 않는지에 따라서 이미지가 선택되거나 연결되기도 한다. 프레임은 세 가지 측면 — 외곽선으로서 프레임, 이미지 내의 프레임, 프레임 내의 프레임 — 에서 논의될 수 있다.

외곽선으로서 프레임은 뷰파인더(*view finder*)를 통해서 시각적 요소들을 제외하거나 포함시키는 역할을 담당함으로써 선택적 기능을 갖는다. 담고 있는 이미지를 다른 이미지와 격리시키는 '담장' 역할을 하는 것이다.

이것은 외곽선으로서의 프레임이 뷰파인더를 통해서 선택적 기능(외부환경과 화면 사이의 분리)을 담당하지만, 그렇다고 해서 보이지 않는 외부환경과 분리시키는 것은 아니라는 점을 보여준다. 프레임은 눈에 보이지 않는 외부환경의 힘으로부터 자유롭지 않기 때문이다.

외곽선으로서 프레임은 '닫힌'(*close*) 프레임과 '열린'(*open*) 프레임으로 구분된다. 닫힌 프레임은 프레임이 담고 있는 정보에만 관심을 주는 것이다. 초기 할리우드 전통 중의 하나는 숏을 구성하면서 프레임 안에 연기를 담고 커팅(*cutting*)을 한 다음 이어지는 숏에 또 다른 연기를 담아 숏을 완성하는 것이었다. 프레임으로 설정된 각각의 숏은 관객의 눈에 보이는 것만을 의미할 뿐 프레임 바깥의 내용을 철저하게 배제하였다. 따라서 숏의 의미는 프레임으로 설정된 내용만을 의미했다. 이것이 닫힌 프레임이 작동하는 방식이다.

그러나 열린 프레임은 프레임 안에 담고 있는 의미뿐만 아니라 프레임 밖에 놓이는 의미까지 표현하고자 했다. 열린 프레임은 연기자가 프레임의 안팎을 오갈 수 있도록 허용한다. 예를 들어 인물이 복도에 서서 지금 당장은 프레임 바깥에 머무르고 있으나 프레임 안으로 들어올 인물과 대화를 한다. 이를 통해서 연기자가 들어오거나 나갈 수 있는 관객의 눈에 보이지 않는 넓은 공간이 확보된다. 이것은 프레임의 바깥에 위치하고 있으나 이들의 움직임은 또 다른 독립적인 숏으로 연결되지 않고 현재의 프레임 안에 포함될 수 있다. 이것은 관객들에게 보다 넓은 공간을 제공하고 프레임 밖에서 벌어지는 일에 대한 상상의 공간을 제공한다.

프레임에서 가장 중요한 것은 '이미지 내의 프레임'이다. 하나의 이미지 내에서 수직선, 수평선, 원의 프레임들이 존재할 수 있다. 원의 프레임이 나타나는 경우는 그리 많지 않다. 대체적으로 수평적 또는 수직적 프레임이 나타나며, 때로는 수평과 수직의 프레임이 함께 등장하는 경우도 적지 않다. 일반적으로 수평선이나 원형적인 구성은 프레임의 영향력이 약한 반면, 수직선은 강한 프레임으로 작용한다. 물론 이것은 하나의 경향이기 때문에 반드시 그런 것은 아니다.

광고의 경우 수직 프레임보다 수평 프레임이 자주 사용된다. 이것은 상품이 지닌 이상적 가치와 현실적 가치(상품 그 자체)를 구분하는 데 사용되기 때문이다. 때때로 분명한 프레임이 없어도 이미지의 구성요소들은 프레임으로 분리될 수 있다. 이것은 이미지의

〈그림 5-7〉
월드컵 기간 동안 시청 앞에 모인
붉은 악마 프레임이 존재하지
않기 때문에 집단 정체성을 보여준다.

배열에서 논의했듯이 위와 아래의 가치, 왼쪽과 오른쪽의 가치, 중앙과 주변의 가치가 관습적으로 이미지 구성에서 사용되어 분명한 프레임 없이도 구성요소들을 나누는 역할을 담당하기 때문이다.

이미지 내에서 프레임이 강렬하게 나타나면 이미지의 구성요소들은 더 많이 분리된 단위로 제시된다. 프레임으로 구분된 이미지 내의 구성요소들은 서로 대립되어 특별한 의미를 지니게 된다. 프레임은 여러 가지 방법들로 구체화된다. 이미지의 구성요소들은 프레임을 이루는 선의 강도(굵기)나 색의 대비(흰색과 검은색), 형상의 불연속성, 빈 공간 등을 통해서 분리된다.

이미지 내에서 프레임이 존재하지 않는 경우 집단정체성을 강조하는 경향이 있다(〈그림 5-7〉 참고). 예를 들어 우리가 학창시절 소풍을 가서 찍은 학급 단체사진에는 이미지 내의 프레임이 존재하지 않는다. 또는 가족사진의 경우도 특별한 프레임이 없는 경우가 대부분이다. 단체사진이나 가족사진은 집단정체성을 강하게 표현하기 때문에 이미지의 구성요소들을 분리하는 것은 적합하지 않다. 가족사진의 경우도 마찬가지다. 프레임은 개별성과 차이를 의미하기 때문에 한 가족공동체를 찍는 사진에서 프레임을 설정하는 것은 애초의 의도를 위반하는 것이다. 물론 가끔 가족사진에서 원의 프레임이 설정되는 경우가 있는데 이것은 구성원들 사이의 분리를 의미하기보다 밀접한 가족관계를 의미하는 것으로 기능한다.

이미지 내의 프레임은 구성요소들을 분리하는 기능을 담당한다고 논의했다. 그러나 이미지 내의 분리된 영역들은 강한 연결성을 지닌다. 예를 들어 수직적 프레임을 통해서 이미지가 A집단과 B집단으로 양분되면 A와 B 사이는 분리되지만 A와 B의 집단은 특정한 집단정체성을 갖는다. 따라서 프레임은 이미지 내의 구성요소들을 분리시키지만 동시에 (분리된) 집단의 정체성을 강하게 묶어주기도 한다.

한편 '프레임 안에 프레임'이 존재하는 경우도 적지 않다. 이미지 구성에서 프레임을 통한 화면비율은 수직과 수평 분할을 주로 사용해왔다. 그러나 전통적인 프레임의 구성에 도전하는 간단한 방법 중의 하나는 프레임 안에 다시 프레임을 설정해서 이미지 구성을 재배열하는 것이다. 전경(foreground)을 마스킹(masking)으로 처리함으로써 불규칙적인 새로운 프레임을 만들 수 있다. 우리가 흔히 알고 있는 오버 더 숄더(over-the-shoulder) 2숏은, 전경 머리부분의 뒷면은 불필요한 잉여정보이면서 관객의 관심을 화자로 집중시킨다는 점에서 프레임 안에 프레임으로 설정하는 것과 다를 바 없다. 또한 머리에서 어깨로 이어지는 곡선은 프레임이 갖는 직선에 비해 시각적으로 매력적인 형태를 보여줄 수 있다.

프레임 안의 프레임은 주요 대상물을 두 번째 프레임으로 감싸므로 대상물을 강조하고 숏에 깊이감을 준다. 전경에 세미 실루엣으로 처리된 대상물을 설정하거나 작은 사각형으로 프레임을 분할하는 거울이나 창문을 사용한 것이 흔한 예이다(Ward, 2002, p.87).

<그림 5-8> 왼쪽
거울을 이용한 프레임 안의 프레임,
<화양연화>(2000), 왕가위 감독

<그림 5-9> 오른쪽
<졸업>(1967)
마이크 니콜스(Mike Nichols) 감독
프레임 안의 프레임은 자신은 드러내지
않으면서 관찰자의 시각에서 대상을
바라볼 때 사용되기도 한다.

거울을 프레임 안의 프레임으로 사용하는 경우는 대체로 자아의 분열이나 이중적 정체성을 표현할 때이다(<그림 5-8> 참고). 프레임 안의 자아와 거울에 비친 프레임 속의 자아라는 두 개의 자아가 갈등할 때 일반적으로 사용된다. 창문을 통한 프레임 안의 프레임 설정은 자신은 드러내지 않으면서 관찰자의 시각에서 대상을 바라볼 때 주로 사용된다. 영화 <졸업>(마이크 니콜스 감독, 1967)의 마지막 시퀀스에서 주인공인 더스틴 호프만이 여자친구의 결혼식을 바라보는 장면은 창문의 프레임을 사용한 프레임 안의 프레임을 보여 준다(그림 <5-9> 참고).

끝으로 <꽃잎>의 한 장면으로 돌아가 보자. 앞의 <그림 5-1>은 위성방송 안내책자에서 장선우 감독의 <꽃잎>을 소개하는 지면에 실려 있었다. <꽃잎>의 수많은 숏들 중에서 왜 이 장면이 선택되었는지 정확히 알 수는 없다. 그러나 필자가 영화를 보고 느낀 점은 <그림 5-1>이 <꽃잎>에서 가장 슬픈 장면 중의 하나라는 것이다.
　<꽃잎>은 폭력에 의해 강간당한 민중의 순수를 소녀의 치유될 수 없는 기억을 통해서 말하고 있는 작품이다. 따라서 소녀는 민중의 순수를 의미한다. 순수가 폭력에 의해 강간당했을 때 겪어야 하는 정신질환은 우리 사회가 지닌 가장 슬프고 아픈 기억이다.

〈그림 5-1〉은 〈꽃잎〉의 초반부에 나오는 장면이다. 영화는 미친 소녀가 장(문성근)을 무작정 따라가는 것으로 시작된다. 막노동꾼인 장은 소녀를 겁탈하고 자신의 양철집에서 하루 재워준다. 다음 날 장은 잠자는 소녀를 깨워 냇가 근처에 버리지만, 소녀는 장을 다시 따라간다. 장의 집에서 밥을 먹으면서 소녀의 치유될 수 없는 기억들이 이어지는데, 〈그림 5-1〉도 그중 하나이다.

소녀의 치유될 수 없는 기억은 두 가지이다. 1980년 5월 광주에서 군인에 쫓겨 도망다니는 시민들 사이에서 총에 맞아 죽은 어머니에 대한 기억과 무한한 그리움의 대상인 죽은 오빠에 대한 기억이 그것이다. 〈그림 5-1〉은 그리움의 대상인 오빠에 대한 기억 중에서 오빠 친구들(설경구, 박철민)이 여름방학 때 집에 놀러와서 만화책을 보고 풀꽃반지를 오빠 친구들에게 보여주며 "나 이쁘지"하면서 오빠 친구들에 대한 첫사랑의 부끄러움으로 고개를 왼쪽으로 돌리는 장면이다.

소녀가 오빠 친구들과 산언덕에 올라가 만화책을 보면서 즐겁게 지내고 첫사랑의 감정을 느꼈던 기억들은 순수함 그 자체이다. 그러나 시선의 교류에서 보듯이 오빠 친구들은 소녀에게 교류적 시선을 보냄으로써 영화 전반에 걸쳐 이들이 광주민주화운동 이후 소녀를 찾아 나서게 될 것임을 암시한다. 그러나 소녀는 전경에서 비교류적 시선을 보냄으로써 서로 만나지 못하게 될 것임을 보여준다.

소녀가 이미지의 배열에서 왼쪽에 놓인 것은 과거의 기억을 보여주기 때문이며, 전경에 배치한 것은 그것의 현저성을 높이기 위함이다. 게다가 외곽선으로서의 프레임 내에서 소녀의 '머리 위 공백'이 거의 없기 때문에 그녀가 어떤 이상적 가치를 추구하고 있음도 보여준다. 이것은 이미지 내의 수직과 수평 프레임의 분리로도 나타난다. 나무로 설정된 수직 프레임은 소녀와 대학생 오빠들 사이를 분리시키며, 수평적 프레임은 이상적 가치와 현실적 가치를 나눈다.

이미지의 구성을 통해서 우리는 하나의 이미지가 우연히 설정되었다기보다 미학, 문화적 요소, 내재적 의미생산을 위해서 면밀히 설정되었다는 것을 알 수 있다.

인쇄광고의 경우 이미지의 구성을 통해서 의미를 읽어내는 데 별다른 어려움이 없지만, 영화나 텔레비전 드라마 등과 같은 이동화면은 전체 숏을 일일이 분석하기 어렵다. 따라서 우리는 이야기 구조 내에서 중요한 시퀀스와 장면들을 찾아내고 장면 내에서 특정 숏을 깊이 있게 읽어낼 필요가 있다. 다음 장은 개별 이미지나 화면에 초점을 맞추기보다 서사구조가 어떻게 구성되고 유기적으로 서로 연결되어 있는지를 살펴볼 것이다.

제 6 장

영상 서사의 구조

서사(*narrative*)는 커뮤니케이션의 핵심요소 중 하나다. 대화, 영화, 텔레비전, 소설, 광고 등에 이르기까지 우리의 일상생활은 다양한 수준의 서사(혹은 이야기)로 짜여져 있다. 따라서 서사를 이해하는 것은 전통적 문학연구에 국한된 것이 아니라 일상에서 경험되는 문화를 이해하는 작업이기도 하다. 플라톤으로부터 현대의 서사이론가들에 이르기까지 이야기가 어떻게 서술되는가에 대한 관심은 서사이론 분야를 확대시켜 왔다. 서사이론은 이야기 구조와 표현 방법에 대한 탐구로 텍스트의 구조에 초점을 맞추어 왔다. 서사이론은 텍스트를 보다 분석적으로 탐구할 수 있는 길을 열어준다.

이번 장은 연속적인 사건이 시간과 공간 속에서 배열되는 서사적 텍스트의 구조에 초점을 맞출 것이다. 영상 언어로 이루어졌다 해도 인쇄광고, 사진, 회화 등은 시간의 흐름이 중요하지 않으므로 비서사적 텍스트이다.[28] 서사적 텍스트는 어느 매체를 통해서 전달되든지 간에 공통적 속성 — 인물, 배경, 사건, 서술행위(*narration*)

28. 서사적 텍스트와 비서사적 텍스트의 구분은 텍스트가 어떻게 독자나 수용자의 반응을 시간적으로 통제하는가 하는 점에 있다. 서사적 텍스트인 영화나 텔레비전 드라마 등은 시간의 흐름(과정)을 통해서 수용자의 반응을 조절한다. 그러나 회화나 인쇄광고는 시간이 수용자의 반응에 영향을 미치지 않는다. 우리가 하나의 회화작품을 볼 때 시간이 걸리지만, 이 시간은 독자가 해독하는 데 걸리는 시간이지 텍스트 자체의 시간은 아니기 때문이다. 따라서 비서사적 텍스트는 내적 시간의 연쇄를 갖지 않는다.

등—을 지닌다. 그렇다고 해서 문자 언어로 쓰인 허구적 서사인 소설과 영상 언어로 쓰인 영화나 텔레비전 드라마에 똑같은 서사이론이 적용된다는 것은 아니다. 시간과 공간을 활용하는 방식이나 묘사를 하는 과정 등에서 소설과 영화는 분명한 차이를 지닌다. 이것은 언어적 차이뿐만 아니라 매체의 차이에서 발생한다. 둘 사이의 차이는 전반에 걸쳐 논의할 것이다.

이 장에서는 네 가지 영역을 중심으로 허구적 영상 서사물의 구조를 살펴볼 것이다. 첫째, 보편적인 서사의 구성요소로 이야기, 담론,[29] 시간, 공간의 의미를 검토하고, 둘째, 이야기의 구성요소로서 사건, 플롯, 배경, 인물 등이 어떻게 연결되어 서사를 만들어내는가를 논의할 것이다. 셋째, 영상 서사가 서술하는 방식과 관련해서 화자로서 작가, 내포작가(*implied author*), 등장인물의 서술행위를 살펴볼 것이다. 마지막으로 앞에서 제시한 서사이론을 가지고 영화 〈아무르〉의 서사구조를 분석할 것이다.

1. 서사의 구성요소

서사가 무엇인지를 살피기 위해서 하나의 간략한 장면을 가정해보자.

숏 1 김포공항 경비대가 한 여행객의 가방을 뒤진다.
숏 2 경비대는 가방에서 유골 일부를 발견한다.
숏 3 여행객은 유골이 LA에서 사망한 아버지의 것이며, 그의 유언에 따라 고향에 묻기 위해 가져온 것이라고 말한다.
숏 4 많은 여행객들이 공항 출입구로 빠져나간다.
숏 5 경비대 순찰차가 와서 여행객을 데리고 간다.

29. 담론(*discourse*)의 개념은 제3장 응시에서 살펴보았던 푸코의 담론과 전혀 다르다. 여기서는 텍스트의 수준에서 서술되는 방식에 국한되어 있으므로 담화(談話)로 부르는 것이 적합할 것이다. 그러나 일반적으로 discourse를 담론으로 번역해서 굳이 담화로 옮기지 않았다.

위의 장면을 서사라고 볼 수 있는가? 서사는 시간과 공간 속에서 구성되는 연속적인 사건을 배열하고 특정 방식으로 표현하는 것이다. 위의 장면은 세 개의 사건─김포공항 경비대가 한 여행객의 가방을 뒤지고(숏 1), 유골을 발견하며(숏 2), 순찰차가 여행객을 데리고 간 것(숏 5)─으로 이어져 있다. 서사가 발전하려면 적어도 두 개의 사건 이상이 연속적으로 연결되어야 한다. 하나의 사건 자체는 서사가 될 수 없다. 둘 이상의 사건은 우연적이기보다 인과성을 지녀야 한다. 둘 이상의 인과성을 지닌 사건의 연속을 이야기라고 부른다.

숏 3에서 여행객이 경비대에게 아버지의 유골이며 고향에 묻기 위해서 가져왔다고 말하는 것은 사건이 아니라 화자로서 등장인물의 '서술'이며, 숏 4에서 많은 여행객이 공항출입구로 빠져나가는 것은 작가(카메라)의 서술이다. 화자가 말하는 것과 묘사는 사건이 아니라 표현행위인데, 이것들은 담론의 영역에 속한다.

서사는 기본적으로 이야기(내용)와 담론(형식)으로 구성된다. 그러나 이야기와 담론은 분리되는 것이 아니라 밀접하게 연결되어 있다. 담론은 사건을 표현하는 방식이므로 세 개의 사건들이 카메라를 통해서 서술되는 것(와이드 숏, 미디엄 숏, 클로즈업 등)도 담론이 된다. 사건의 연쇄는 이야기일 뿐만 아니라 담론이 되지만, 숏 3과 숏 5는 이야기가 아니라 담론이 된다.

서사이론은 1920년대 러시아 형식주의의 영향을 받았다. 러시아 형식주의는 텍스트를 파불라(*fabula*)와 수제(*sjuzet*)로 구분했다.[30] 파불라는 기본적인 이야기의 재료로서 서사 속에 관련된 사건들의 총체를 의미하는 '행위에 대한 요약'이다. 우리가 소설이나 영화를 보고 나서 말하는 줄거리는 행위의 요약이므로 파불라인 셈이다. 반면 수제는 이야기를 표현하고 서술하는 방식들(시점, 화법, 서술방

30. fabula는 이야기로, sjuzet는 플롯이나 담론으로 영역(英譯)된다. 플롯을 이야기를 표현하는 방식으로 정의하기 때문이다. 그러나 이 글에서는 플롯을 사건에 대한 디자인, 즉 이야기의 하위범주로 설정했으므로 sjuzet는 담론을 의미한다.

법 등)이다. 러시아 형식주의의 영향 아래 서사 이론가들은 서사를 이야기와 담론으로 구분한다(Genette, 1980; Chatman, 1990).[31]

쥬네트(Genette, 1980)는 서사를 이야기, 담론, 서술행위(*narration*)로 분류한다. ① 이야기는 서사에서 사건과 갈등을 의미하는데 사건을 시간적으로 배열하고 등장인물의 행위를 요약한 것이다. ② 담론은 사건을 언어로 표현하는 것으로 독자에게 전달되는 것이다. ③ 서술행위는 등장인물이나 작가의 목소리로 서술의 장치와 선택(화법, 시점, 드러난 서술자, 숨어 있는 서술자 등)을 포함한다.

쥬네트의 분류에서 담론과 서술행위의 구분은 무의미하다. 서술행위를 통해서 담론이 형성되는 것이기 때문에 둘 사이의 구분이 특별한 의미를 제공하지 못한다. 반면 채트먼(Chatman)은 서사를 이야기와 담론으로 나눈다. 이야기는 사건, 행위, 존재물들(인물과 배경)을 포함하고, 담론은 화자로서 등장인물이나 작가가 이야기를 표현하는 서술행위로 화법, 묘사, 시점을 포괄한다. 따라서 이야기가 서사에서 묘사되는 '무엇'이라면, 담론은 '어떻게'이다(Chatman, 1990, pp.20~21).

이야기와 담론은 시간과 공간 속에서 표현된다. 바흐친(Bakhtin, 2000)은 서사의 시간과 공간이 분리되어 있지 않다는 점에서 '시간공간'(*chronotope*) 개념을 제시한다. 소설에서 시간과 공간의 지표들은 서로 융합되어 하나의 구체적인 전체로서 기능한다는 것이다. 시간과 공간의 지표들이 통합되고 시간과 공간의 축이 교차하는 것이 예술적 시간공간 개념의 핵심인 셈이다. 서사구조 내에서 시간과 공간이 불가분의 관계를 맺고 있지만, 텍스트 구조의 측면에서 시간과 공간을 구분함으로써 서사의 구조를 보다 잘 해명할 수 있다. 시간과 공간의 축에서 이야기와 담론의 관계를 교차시키면 다음과 같이 도식화할 수 있다.

31. 서사, 이야기, 플롯, 서술행위(*narration*) 등의 용어들은 혼란스럽게 사용되는 경향이 있다. 여기서는 러시아 형식주의, 쥬네트(Genette), 채트먼(Chatman) 등의 입장을 받아들여 서사를 이야기와 담론으로 구분하고, 이야기 속에 플롯을 포함시켰다. 담론은 표현방식과 서술행위를 포함한다.

	이야기	담론
시간	이야기-시간	담론-시간
공간	이야기-공간	담론-공간

서사시간은 '이야기-시간'(*story-time*)과 '담론-시간'(*discourse-time*)으로 분리된다. 이야기-시간은 사건들이 지속되는 시간이고, 담론-시간은 읽거나 보는 데 걸리는 시간이다. 전자는 실제 시간을, 후자는 영화(혹은 드라마) 시간을 지칭한다. 예를 들어 느린 화면은 담론-시간이 이야기-시간보다 긴 경우이다. 쥬네트(Genette, 1980, pp.33~112)는 명료하게 이야기-시간과 담론-시간을 설명한다.

(1) 순서

① 정상적인 연쇄: 사건을 시간적 순서대로 배열하는 것(1 2 3 4).

② 시간변형의 연쇄

a. 회상: 이전 사건을 돌아보는 것(2 1 3 4). 회상에는 외적 회상, 내적 회상, 혼합 회상이 있다.

b. 예시: 이야기가 사건의 뒤를 잇는 사건으로 건너뛰어 예상되는 사건을 제시하는 것.

· 외적 회상: 서사과정 밖에 존재하는 사건에 대한 회상

회상　　　　　　서사과정

· 내적 회상: 서사과정 내에 존재하는 사건에 대한 회상

서사과정　　　　회상　　　　서사과정

· 혼합 회상: 서사가 진행되기 바로 전에 발생한 사건에 대한 회상

회상　　　　　　서사과정

(2) 지속

① 요약: 담론-시간이 이야기-시간보다 짧다.

② 생략: 담론-시간이 제로인 상태.

③ 장면제시: 담론-시간과 이야기-시간이 같다.

④ 연장: 담론-시간이 이야기-시간보다 길다(느린 화면이나 반복 편집).

(3) 빈도

① 단일한 이야기 순간에 대한 묘사.

② 반복적인 사건에 대한 단일묘사.[32]

③ 반복적인 사건을 몇 번에 걸쳐 묘사하는 것.

서사시간은 물질적인 세계와 세계에 대한 인식과 관련되어 있기 때문에 텍스트가 표현하는 허구적 세계인 서사공간과 불가분의 관계를 맺고 있다. 서사공간도 '이야기-공간'(*story-space*)과 '담론-공간'(*discourse-space*)으로 구분된다. 이야기-공간은 사건, 등장인물, 배경 속에서 발전되고 표현되는 공간이다. 우리가 소설이나 영화를 읽으면서 줄거리를 재구성하는 것은 이야기-공간으로부터 나오는 요소들을 통해서이다. 반면 담론-공간은 서술자(*narrator*)의 공간으로 서술자가 사건을 말하는 공간을 의미한다(Lothe, 2000, p.50). 담론-공간에서 서술자는 화자로서 작가, 내포작가(*implied author*),[33] 등장인물 등인데 등장인물의 시점과 밀접하게 관련되어 있다.

채트먼(1990)은 이야기-공간을 '드러나게 표현되는 이야기-공간'과 '함축되고 암시된 이야기-공간'으로 분리한다. 전자는 화면에 실제로 드러나 보이는 세계의 부분인 반면, 후자는 극중 인물들에게는 볼 수 있는 모든 것이지만 독자나 수용자에게는 화면을 벗

32. 반복적 사건들에 대한 단일묘사의 예로서 영화에서 은행강도가 여러 은행을 털었을 때 시간의 요약을 사용해서 단일한 장면 내에서 A은행, B은행, C은행을 반복적으로 그려내는 경우가 있다. 할리우드 몽타주가 대표적인 예인데 반복적 사건들에 대한 단일묘사는 대체적으로 시간이 압축되는 경우가 지배적이다.

33. 내포작가의 문제는 3절 '담론과 서술행위'에서 논의할 것이다.

어난 모든 것, 불러도 들리지 않는 것에 있는 모든 것, 그리고 행동에 의해서 암시되는 모든 것이다(Chatman, 1990, p.115). 즉, 프레임 밖에 놓이는 모든 것을 의미한다. 영상 서사물에서 이야기-공간은 인물의 크기(화면에 비쳐진 크기), 카메라를 통해서 묘사되는 존재물들(인물과 배경), 화면의 밀도나 짜임새, 위치(카메라의 각도), 조명이나 빛 등에 의해서 구체화된다.

담론-공간은 서술자의 진술을 의미한다. "조금 시간이 흐른 뒤에 그는 자신이 무대 위에 서 있음을 발견했다"라는 소설 문구가 있다면 이것은 그(주인공)의 서술이 아니라 작가의 것이다. 영화의 경우도 서술자의 진술은 등장인물의 진술과 작가의 진술로 분리되어 있는데, 등장인물이 어떤 진술을 하는 배경 또는 작가(카메라)가 사건을 묘사하는 배경을 담론-공간이라 부를 수 있다.

이상에서 우리는 서사의 구성요소로서 이야기, 담론, 시간, 공간의 문제를 살펴보았다.[34] 이와 같은 분류는 경험적 구분이라기보다 추상적 구분이다. 서사의 요소들은 구조를 이해하는 데 도움을 주기는 하지만 영상 서사물을 볼 때 우리는 시간과 공간, 그리고 이야기와 담론을 분리하지 않고 하나의 통합된 전체로 인식한다. 왜냐하면 하나의 영화나 텔레비전 드라마 장면은 이야기와 담론, 시간과 공간을 동시에 포함하기 때문이다. 따라서 서사의 구성요소들은 동전의 앞면과 뒷면처럼 언제나 함께 연결되어 있다.

여기서 지적할 것은 서사의 구성요소들은 매체에 따라 동일하게 표현되지 않는다는 점이다. 소설이나 전기와 같은 문자 언어의 서사는 영상 서사보다 시간을 쉽게 요약해서 표현할 수 있다. 문자 언어의 서사는 상대적으로 시간을 조절하기 쉽기 때문에 시간으로부터 자유롭지만, 공간을 표현하는 데 있어서는 한계를 지닌다. 문자 언어는 이야기 공간의 일부만을 선택해서 표현할 수밖에 없다. 반

34. 서사분석의 핵심은 이야기-시간, 담론-시간, 이야기-공간, 담론-공간 중에서 이야기-시간과 담론-공간이다. 서사구조를 분석할 때 등장인물의 행위는 시간적 차원에서 전개되기 때문에 이야기-시간을 중심으로 분석하는 것이 현실적이다. 또한 담론-공간은 다양한 서술방식들(서술자로서 등장인물, 서술자로서 작가, 카메라 움직임, 편집 등)이 작동하는 영역이므로 어느 영역보다 중요하다.

면 영상 서사는 눈으로 보여진다는 사실로 인해 특별한 공간적 관계를 쉽게 묘사할 수 있지만, 공간을 요약하기란 쉽지 않다. 이 경우 영상 서사는 음성 언어의 도움을 받아서 해결하기도 한다. 영상 서사에서 공간을 묘사해내는 능력은 영상 언어가 갖는 '보여주기' (*showing*)의 능력으로, 이야기를 연결해주거나 영상의 미학적 요소가 발휘되는 영역이다.

2. 이야기와 플롯

이야기의 구성요소는 사건, 배경, 인물이다. 사건, 배경, 인물을 논의하기에 앞서 이야기를 과정(*process*)과 정태(*stasis*)로 구분하는 것이 필요하다. 채트먼(1990)은 서사구조 내에서 누가 이야기를 진술하고 무엇이 발생하는지 또는 이야기 속에 존재하는 것들(인물이나 배경)이 어떤 것인지에 따라 '과정진술'과 '정태진술'로 나눈다.

과정진술은 표현범주로서 행위(*Do*)와 발생(*Happen*)을 의미한다. 문장에서 "그는 칼로 자신을 찔렀다"는 진술은 하나의 행위로서 서사적 과정을 말하는 것이다. 이것은 영상 언어에서도 마찬가지다. 하나의 사건이 발생하려면 순간적인 행동이나 지속적인 행동을 통한 과정이 있어야 한다. 반면 정태진술은 '~이다'(*Is*)의 양식이다. 전적으로 정태진술로만 이루어진 텍스트, 즉 오직 일련의 사물들만 진술하는 텍스트는 어떤 서사를 함축할 뿐이다. "그는 쭈그리고 앉아 있다"나 "나무가 서 있다" 등은 정태진술이다. 영상 서사에서도 쭈그리고 앉아 있는 인물의 모습이나 높이 서 있는 나무들 같은 장면이 제시될 수 있다. 이것은 사건이나 행위라기보다 상태를 표현하는 것이다. 상태에 대한 묘사는 맥락과 분위기를 표현함으로써 과정을 보완해주는 역할을 담당한다. 과정과 정태에서 어느 것이 보다 중요하다고 말하기는 어렵지만 시간의 흐름이 중요하다는 점에서 과정에 대한 파악이 우선적으로 이루어져야 한다. 과정은 직접적으로, 정태는 암시적이거나 함축적으로 플롯, 배경, 인물에 영향을 미친다.

이야기는 사건들의 연쇄를 통해서 이어지는 행위의 발전을 의미한다. 행위의 발전은 시간적 차원에서 전개된다. 시간은 이야기의 핵심인데, 사건은 서사-시간과 밀접히 연결되어 있다. 동시에 사건은 행위의 핵심부분을 차지한다. 하나의 상황에서 다른 상황으로

〈그림 6-1〉
이야기의 구조

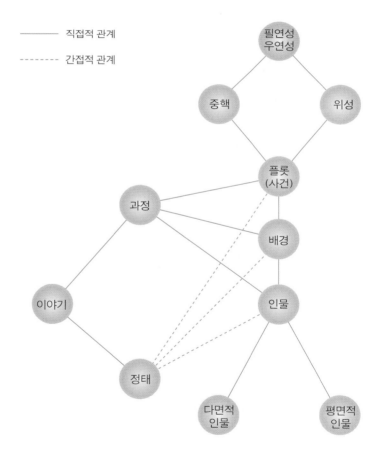

의 전환은 하나나 그 이상의 등장인물에 의해서 경험되거나 야기되는 것이다. 사건을 통해서 인물의 행동이나 심리상태 등이 변화되고 이야기는 발전하게 된다.

플롯은 사건들에 대한 배열이다. 이야기 내에서 발생하는 다양한 사건들 중에서 특정한 것을 강조하며, 독자나 관객으로 하여금 특정 내용을 해석하도록 유도하기도 한다. 또한 플롯은 사건을 배열하는 과정에서 세밀하게 다루거나 생략하기도 한다. 따라서 플롯은 이야기의 구성과정에서 핵심적 역할을 담당한다.

플롯이 지니는 핵심적 역할 중의 하나는 개연성을 줄여나가는 것이다. 이야기가 시작되면 다양한 사건들, 인물들, 배경이 등장한다. 수용자는 이야기의 도입부분에서 모든 관계의 가능성과 개연성을 생각한다. A인물과 B인물, C사건과 D사건들이 어떻게 얽히고 연결되는지 명확하게 제시되지 않기 때문이다. 텔레비전 멜로드라마나 홈드라마의 경우 도입부터 개연성의 폭이 좁은 반면 영화나 단막극은 개연성의 폭이 넓은 편이다. 플롯이 진행되면서 도입부분에서 펼쳐지는 개연성은 조금씩 줄어들며, 등장인물의 선택은 점차적으로 제한되고, 종결에 가서는 불가피하게 하나를 선택하게 된다.

플롯은 사건을 중심으로 갈등관계를 설정하는데 갈등은 사건을 통해서 발생한다. 채트먼(1990)은 사건을 핵심적 사건인 '중핵'(*kernel*)과 부차적 사건인 '위성'(*satellite*)으로 나눈다.[35] 중핵은 서사구조 내에서 중심점이나 이음부분으로 둘(혹은 그 이상) 가운데 하나의 가능한 방향으로 진행하도록 하는 분기점들이다. 부차적 사건인 위성은 중핵의 존재를 전제로 하는데, 플롯의 논리를 파괴하지 않기 때문에 생략이 가능하다. 그러나 생략은 미학적으로 서사를 빈곤하게 만든다. 위성의 기능은 중핵에서 부족한 부분을 채워

35. 중핵은 메인 플롯(*main plot*)에서 발생하는 사건을, 위성은 하위 플롯(*sub-plot*)에서 일어나는 사건을 의미한다.

넣고, 정교하게 하며, 미학적으로 풍요롭게 만든다. 중핵이 이야기의 뼈대라면 위성은 살이라고 할 수 있다. 위성은 예시(*foreshadowing*)를 통해서 관객들에게 정보나 흥미를 제공해준다.

배경은 서사가 발생하는 공간이다. 우리는 쉽게 등장인물과 배경을 구별할 수 있다. 배경은 일상적인 의미에서 등장인물을 위치시킨다. 배경의 기능은 서사의 분위기를 증폭시키는 것이다. 배경은 등장인물의 행위와 감정이 적절하게 출현하는 장소이며 대상들의 집합상태이다. 플롯의 중요성에 따라서 배경과 부차적 등장인물을 구별해낼 수 있다.

등장인물들이 플롯 상에서 의미 있는 행위(즉, 중핵이나 의미 있는 위성에서)를 할 때 부차적 인물이라고 하더라도 배경이라고 말할 수는 없다. 물론 많은 서사에서 부차적 배경이나 이미지의 요소들이 서사구조 전체에서 중요한 역할을 담당할 때도 적지 않다. 이 경우 배경의 요소들은 명시적으로 의미를 제시하기보다 상징적으로 제시하며, 동시에 반복적으로 나타나는 경향이 지배적이다. 부차적 배경의 요소일지라도 특별히 배경이 갖는 상징성에 주목할 필요가 있다.

등장인물은 서사에서 관습적으로 묘사되므로 지배적인 유형이 존재한다(선인, 악인, 협력자, 반대자 등). 이것은 실제(*real*) 사람들의 모습과는 다른 것이다. 허구적 서사의 등장인물이 전형(*type*)을 통해서 실제 관계를 매개한다고 해도 등장인물의 성격은 일정한 틀과 관습에 기대어 있다. 왜냐하면 허구적 서사에서 등장인물은 플롯의 전개과정을 일관성 있게 유지하고 극적 효과와 집중도를 높이는 기능을 하기 때문이다.

등장인물은 행위를 통해서 사건에 연루되고 갈등관계를 맺음으로써 발전한다. 등장인물이 고정되어 있다면 서사는 재미없는 이야기가 되거나 독자나 수용자의 관심을 끌기 어려울 것이다. 따라서 등장인물이 어떻게 발전하는가는 이야기 과정에서 매우 중요하다. 등장인물의 발전과 관련해서 포스터(Forster, 1971, p.75)는 '다면적'(round) 등장인물과 '평면적'(flat) 등장인물을 구분한다. 다면적 인물은 여러 가지 인물의 특성을 지니며, 이야기가 전개되는 과정에서 행동의 변화가 일어나고 내적 갈등을 겪는 등장인물이다. 반면 평면적 인물은 한 가지나 아주 적은 특성만을 부여받는다. 평면적 인물은 한 가지 특성만을 부여받기 때문에 행동이 단순한 경향이 있다.[36] 평면적 인물의 효과는 그가 뚜렷한 방향을 가지며, 따라서 분명하게 기억된다는 것이다. 반면에 다면적 인물은 단순하게 정의되지 않음에도 불구하고 친밀감을 제공할 수 있다. 왜냐하면 실제 현실 속에서는 절대악이나 절대선이 존재하지 않고, 인간 내면에는 두 가지의 요소가 깔려있어 내적으로 갈등하기 때문이다. 따라서 다면적 인물은 상대적으로 열려있기 때문에 독자나 수용자에게 더 깊은 통찰을 가능하게 해준다. 비록 포스터의 인물구분은 지나치게 이분법적 구분에 의존하고 있지만 여전히 인물분석에서 중요한 출발점을 제공한다.

등장인물은 이야기 과정에서 다면적이든 평면적이든 어떤 방식으로 형상화된다. 우리는 이것을 '인물성격화'(characterization)라고 부른다. 유웬(Ewen, 1980)은 인물성격화의 두 가지 방식을 제시한다. 하나는 인물에 대한 직접 정의(direct definition)이고 다른 하나는 인물에 대한 간접 표현(indirect presentation)이다. 직접 정의는 등장인물을 직접적이고 요약된 방식으로 묘사하는 것이다. 소설의 경우 형용사(멋진, 아름다운)나 추상명사(선이나 악 따위)를 통해서 직접적으로 정의되지만, 영상 서사물의 경우 표상 자체가 인물에 대한 직접 정의가 된다. 또한 인물의 이름이 인물성격화에 기여하는 경

36. 선악 대비가 분명한 영화(〈배트맨〉이나 〈007 시리즈〉의 제임스 본드 같은 등장인물)나 텔레비전 드라마에서는 대체로 평면적 등장인물이 많이 등장한다. 반면 사회적 문제를 다룬 서사물에서는 다면적 등장인물이 자주 등장한다. 그리고 주변인물들의 경우 평면적 인물의 특성을 지니는 경향이 많다. 그렇다고 해서 주인공이 언제나 다면적 인물인 것은 아니다.

우도 적지 않다. 간접 표현은 직접 정의보다 훨씬 중요하다. 그것은 행위, 인물의 언어, 태도, (인물이 위치하거나 설정된) 장소 등을 통해 표현된다. 인물의 행위는 단순한 하나의 행위나 반복된 행위들을 통해서 형상화되며, 언어는 인물이 말하는 언어나 서술자의 언어를 통해서 제시된다. 그리고 인물이 어느 장소에 주로 위치해 있는가 하는 점도 인물성격화에 영향을 미친다(Rimmon-Kenan, 2002, pp.59~67).

　등장인물이나 인물성격화와 관련해서 제기할 수 있는 중요한 질문 중의 하나는 '등장인물'과 '서술자'(narrator)의 구분이다. 서사의 전개과정에서 등장인물과 서술자는 일치되는 경우가 많지만 반드시 그런 것은 아니다. 등장인물과 서술자의 개념은 서사의 전개 내에서 상이한 수준에 위치해 있다. 등장인물은 이야기의 수준에, 서술자는 담론의 수준과 관련되어 있다. 영화에서 등장인물은 이야기와 관계되지만, 서술자는 등장인물뿐만 아니라 등장인물의 성격이나 행동을 묘사하는 역할을 담당한다. 등장인물의 성격은 서술자로서 등장인물이 스스로 행동하고 말하는 것에서 나타나지만, 동시에 작가(카메라)로서의 서술자가 등장인물을 표현해내는 방식과도 관련되어 있다.

3. 담론과 서술행위

실제작가 → 내포작가 → 서술자 → 피화자 → 내포독자 → 실제독자
서술행위

<그림 6-2>
서술행위로서 담론과 커뮤니케이션 모델

이야기가 표현된 내용이라면 담론은 표현하는 형식이다. 이야기는 형식이 아니라 내용인데 서술자를 필요로 한다. 서술자는 수용자가 보거나 듣도록 하기 위해서 말하는 '어떤 사람'이다. 서술자는 배경을 묘사하고, 등장인물을 설명하며, 등장인물이 생각하거나 말하지 않는 것도 표현한다. 서사과정을 일반적 커뮤니케이션 모델로 표현하면 〈그림 6-2〉와 같다.

서사이론에서 논란이 되고 있는 것은 서술자로서 내포작가의 문제다. 내포작가에 대한 옹호자들은 실제저자와 작품 속의 서술자를 명확히 구분할 것을 제시한다(Booth, 1961; Chatman, 2000). 서사의 작가는 서사의 화자(내포작가)와 동일시될 수 없다는 것이다. 가장 기본적인 수준에서 서술자는 서사의 실제작가다. 그러나 특정 서사에서 서술자(화자)는 서사의 내적 특성과의 관계를 통해서 파악된다. 예를 들어 임권택 감독은 〈만다라〉, 〈길소뜸〉, 〈서편제〉, 〈취화선〉 등의 영화를 만들었는데, 각각의 작품에서 서술자는 다르다. 모든 작품은 임권택 감독이 만들었지만 각각의 작품에서 감독이 이야기하고자 하는 바는 다르다. 즉, 각각의 작품에서 이야기되는 방식은 내포작가의 역할에 의해서 규정된다는 것이다.

내포작가는 허구 서사의 내부에서 읽기의 방향을 안내하는 행위자이고, 모든 허구물은 그러한 행위자를 갖고 있다. 따라서 내포 작가는 — 모든 읽기에서 — 작품 창작의 근원이고 작품이 노리는 기획

(*intent*)의 중심이다. … 기획은 내포적이고 함축적인 메시지, 그리고 발화되지 않는 메시지까지 포괄하는 작품의 전체적이고 총체적인 의미를 가리킨다(Chatman, 2000, p.116).

내포작가는 특정 서사 내에서 이야기가 실제작가에 의해서 구체화되는 방식을 의미한다. 따라서 내포작가는 "수용자가 텍스트 안에서 명백히 드러나 있는 선택들에 기초해서 구축하는 작가적 개성"(Kozloff, 1992, p.87)이라고 볼 수 있다.

내포작가의 개념은 텍스트 내 작가의 의도를 파악하기 위한 논의에서 나왔다. 그러나 과연 내포작가의 개념이 서사를 이해하는데 얼마나 유용한지 의문을 제기할 수 있다. 내포작가의 옹호자들이 주장하듯 실제작가와 서사 내의 서술자는 분명히 다르다. 그러나 이 구분은 실용적이기보다 지극히 존재론적이다. 내포작가라는 모호한 개념을 사용하기보다 서사 내에 구현된 작가적 표현이나 개성으로 이해하면 간단하다. 게다가 실제작가와 내포작가 사이에는 밀접한 관련이 있으므로 실제작가가 서사 내에서 표현하는 방식으로 내포작가를 이해하면 충분하다. 따라서 필자는 내포작가의 개념에 대해 회의적이다.

이야기나 상황, 작품에 제시된 사건들을 어떻게 보는지, 또 작품으로 표현하고 제시한 것 중 무엇을 취하는지는 이른바 내포작가가 아니라 역사적으로 실재하는 사람이 결정한다. 문학작품이 어떤 주장을 전달하고 표현한다면, 실제작가는 그 진실의 진실성과 거기에 상응하는 믿음을 주는 것이다. 즉, 작품이 표현하거나 전달하는 진술은 표현되고 전달되며, 따라서 그것은 내포작가가 아니라 실재하는 역사적 작가에 의해서 이루어진다(Juhl, 1981, p.13).

주흘(Juhl)이 적절하게 지적하듯 서사를 결정하는 것은 역사적으로 실제 존재하는 작가다. 따라서 우리는 작가가 특정 텍스트에서 표현해내는 방식에 주목하는 것으로 충분하다. 우리가 담론의 서술행위를 논의할 때 복잡하기보다 단순하게 접근하는 것이 필요하다.

담론의 서술행위를 이해하고자 할 때 다이제시스(*diegesis*) 서술자와 논다이제시스(*non-diegesis*) 서술자를 구분하는 것이 내포작가의 개념보다 더 중요하고 의미 있다.

다이제시스는 서사의 세계를 의미하고 논다이제시스는 첨가된 화면이다. 둘 사이를 구별하는 가장 간단한 방법은 서사의 등장인물이 시청각 텍스트 내에서 볼 수 있고 지각할 수 있는 것은 다이제시스이고, 관객이나 수용자가 인식하는 것은 논다이제시스다. 예를 들어 영화나 드라마 내에서 표현된 이미지나 기술(*description*), 등장인물의 대화, 텍스트의 세계에서 들리는 음성(예: 등장인물이 운전을 하며 가다가 라디오를 틀었을 때 들리는 노래 등) 등은 다이제시스다. 반면 논다이제시스는 몽타주, 이중화면(*superimposed image*) 이미지, 보이스오버, 주제음악 등이다(Lacey, 2000, pp.19~20). 둘 사이의 구분이 중요한 이유는 영화나 텔레비전에서 서술자가 누구인가를 분명하게 보여주기 때문이다.

논다이제시스는 등장인물이 알지 못하는 것이기 때문에 서술자로서 등장인물의 서술이 아니라 작가의 서술행위이다. 왜냐하면 등장인물은 어떤 주제음악이 나오는지 알지 못하고, 화면이 이중화면으로 처리되었는지도 알지 못하기 때문이다. 따라서 이것은 순수하게 작가의 서술행위에 속하는 것이다. 논다이제시스가 중요한 이유는 작가의 미학적 표현과 작가적 개성이 표출되는 영역이기 때문이다. 이것은 작가의 자율적이고 예술적인 표현이므로 작품을 풍요롭게 만드는 데 기여한다. 즉, 의미의 영역이라기보다 미학이나 표현의 영역이다.

다이제시스는 두 가지 측면을 지닌다. 하나는 서술자로서 등장인물이 말하는 것이고, 다른 하나는 서술자로서 작가가 말하는 방식이다. 등장인물이 서로 대화할 때 이것은 등장인물의 서술행위이다. 등장인물들이 대화하는 방식에 따라 인물의 성격과 특성을 파악할 수 있다.

등장인물이 말하는 방식은 다시 세 가지 측면에서 나눌 수 있다. 첫째, 등장인물이 다른 등장인물과 영화나 텔레비전 드라마 내에서 실제로 대화하는 것이다. 등장인물은 대화를 통해서 자신이나 다른 등장인물을 서술한다. 둘째, 등장인물은 독백을 통해서 서술하기도 한다. 독백은 장면 내에 혼자 있거나 또는 다른 등장인물이 있다 해도 그들이 자신의 이야기를 듣고 있지 않지만 등장인물이 실제로 말하는 것이다. 셋째, 등장인물은 내적 독백을 하기도 한다. 내적 독백은 등장인물은 실제로 말하지 않지만 관객과 수용자는 듣는 것이다. 내적 독백은 등장인물 자신의 정신적 목소리를 의미한다.[37]

다이제시스의 또 다른 서술행위는 서술자로서 작가가 말하는 것으로 '묘사'가 있다. 묘사는 서사의 한 부분이지만 서사 그 자체는 아니다. 묘사가 서사가 되려면 플롯에 통합되어야 하고, 이야기 안에서 이루어져야 한다. 묘사는 작가의 서술행위로 매우 중요한 역할을 담당한다. 묘사는 담론-시간의 차원에서 진행되는 것이므로 이야기-시간을 갖지 못한다는 점에서 이야기가 아니다. 이야기-시간 내에서 행위가 움직여야 플롯의 기능을 수행할 수 있기 때문이다. 따라서 묘사는 담론의 영역에서 작가가 서술하고자 하는 것, 특히 카메라-서술자를 의미한다. 카메라는 대상을 짧거나 길게 촬영할 수 있고, 느리거나 빠르게 대상을 이동해서 과거의 것으로 만들

37. 영화나 드라마에서 독백이 사용되는 경우는 드물다. 대신 등장인물의 정신적 목소리를 표현하는 내적 독백을 주로 사용한다.

수도 있다. 카메라는 대상을 전체나 부분에서 롱 숏이나 클로즈업으로 재현할 수도 있다. 그러나 서사의 관점에서 본다면 이것은 카메라가 서술자로서 보여주는 것이지 이야기하는 것은 아니다. 영화는 특정한 등장인물, 분장, 세트, 조명 아래 연출, 프레이밍, 카메라 앵글 등의 선택을 통해서 대상을 묘사한다.

채트먼(2000, p.63)은 묘사를 '명시적 묘사'와 '암시적 묘사'로 분류한다. 명시적 묘사는 대상의 특질에 초점을 맞추거나 선명하게 드러내는 것이고, 암시적 묘사는 특별하게 보이는 것에 주목하는 것이다. 소설과 달리 영화는 시각적으로 보여진다는 점에서 묘사가 보다 명시적인 경향이 있다. 그러나 영화는 명시적인 시각적 재현을 넘어 암시적 묘사에 특권을 부여한다. 영화의 암시적 묘사는 이야기의 전개과정에서 중요한 상징적 역할이나 의미를 제공하는 경우가 적지 않기 때문이다. 영화의 장면 내에서 천둥이나 번개가 치는 것은 이야기나 사건이 아니라 명시적 묘사의 방법이다. 그러나 장면 내에서 영화의 문맥상 중요한 상징(장미나 엉겅퀴꽃 따위)이 이야기의 전개과정과 연결되어 중요한 의미를 담고 있다면 이것은 서술자로서 작가가 암시적으로 묘사한 것이다.

영화나 텔레비전 내에서 명시적 묘사나 암시적 묘사는 장르의 문제와 밀접하게 관련되어 있다. 일일연속극이나 주말 홈드라마에서 암시적 묘사는 상대적으로 적은 편이며 주로 명시적 묘사로 진행된다. 반면 역사물이나 공상과학영화에서는 암시적 묘사를 적절히 사용함으로써 이야기 구조를 보다 풍성하게 만든다. 암시적 묘사는 분위기를 높이는 데도 자주 사용된다. 명시적 묘사가 상황적 설명을 한다면, 암시적 묘사는 생략적 함축, 장면전환을 위한 분위기 설정, 상징적 의미제공 등의 기능을 담당한다. 이것은 서술자로서 작가가 특별히 서사구조 내에서 의미를 부여한 것이기 때문에

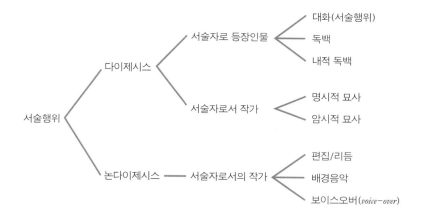

〈그림 6-3〉
영상 서사의 서술행위

담론의 서술방식에서 중요하다. 이상에서 논의한 담론에서의 서술행위를 간략하게 도식화하면 〈그림 6-3〉과 같다.

영상 서사에서 위와 같은 서술행위는 이미지를 통해서 형성된다는 점에서 시네마토그래피(*cinematography*)와 편집의 요소들이 개입한다. 시네마토그래피의 요소로 조명, 색, 카메라, 미장센 등이 개입하고, 편집의 요소로 리듬과 형식들이 매개함으로써 영상 서술행위가 이루어진다.

영상 서사는 이야기와 담론의 불가분의 관계를 통해서 완성된다. 이상에서 서사구조에서 이야기와 담론을 구분하고, 각각의 구성요소들이 어떻게 기능하며, 서로 연결되는가를 형식적으로 살펴보았다. 서사구조에 대한 논의는 단순히 형식에만 머무르는 것이 아니라 작가의 세계관이나 서사가 말하고자 하는 세계 및 주제의식과 밀접하게 관련되어 있다.

영상 서사구조가 형식에만 국한된 것이 아니라면 어떻게 각각의 요소들이 서로 기능해서 총체적 의미를 생산해내는가? 다음 절은 이 질문에 대한 하나의 사례로써 영화 〈아무르〉의 서사구조를 분석해보자.

4. 〈아무르〉의 서사구조

1) 이야기의 구조분석

〈아무르〉(2012)는 미카엘 하네케(Michael Haneke)[38] 감독의 작품이다. 영화 줄거리는 간단하다. 은퇴한 음악교수인 안느와 남편 조르주는 노부부이다. 어느 날 갑자기 안느는 순간 기억을 잃어버린다. 치매가 온 것이다. 안느는 경동맥 수술을 받았지만 결과가 좋지 않고 집에서 요양한다. 안느의 병은 점점 더 나빠진다. 고통을 호소하고 헛소리를 하며 음식을 먹는 것조차 거부한다. 안느는 조르주에게 자신을 요양병원에 보내지 말 것을 부탁한다. 조르주는 안느와의 약속을 지키며 간호한다. 안느가 물 마시는 것조차 거부하자 조르주는 자신의 십대 시절 여름 캠프에서 혼자 남게 된 이야기를 하다가 베개로 그녀를 숨지게 한다. 조르주는 접착 테이프를 사서 다른 사람들이 들어오지 못하도록 방문에 붙이고 유서를 남기며 세상을 떠난다.

　〈아무르〉의 공간적 배경은 노부부가 살고 있는 집이다. 노부부가 피아니스트 알렉상드르의 연주회를 보고 집으로 돌아오는 첫 장면을 제외하면 모든 장면은 서재, 복도, 부엌, 침실 등 집 안이다. 영화는 관객을 몰입시키는 복잡한 사건도 없다. 전통적인 비극의 플롯 구조인 도입-상승-절정-하강-파국을 따르지도 않는다. 영화는 처음부터 끝까지 차분하게 진행되며, 배경음악도 사용되지 않는다. 음악으로는 제자 알렉상드르가 연주하는 슈베르트 즉흥곡 1악장, 안느가 연주하는 슈베르트 즉흥곡 3악장, 베토벤 바가텔(Bagatelle) 6단조, 바흐의 코랄(합창) 전주곡이 나올 뿐이다. 〈아무르〉의 이야기는 선형적 시간에 따라 진행된다. 집 안에서 주로 촬영되었기 때

38. 미카엘 하네케(1942~현재) 감독은 독일 뮌헨에서 태어난 오스트리아 국적의 감독이다. 텔레비전 시나리오를 쓰다가 45살에 첫 영화 〈일곱 번째 대륙〉(1989)으로 영화계에 진출했다. 〈피아니스트〉(2001), 〈히든〉(2005), 〈하얀 리본〉(2009) 등으로 명성을 얻었다. 하네케 감독은 지적이면서 자극적이고 도발적인 영화를 만드는데 할리우드 영화제작 스타일과는 다른 영상미학을 보여준다.

문에 공간의 변화가 거의 없다. 〈아무르〉의 서사분석을 위해서 이야기 구조를 중핵과 위성으로 구분하면 〈표 6-2〉와 같다.

〈아무르〉에서 중핵은 안느와 조르주의 식사와 대화 장면, 조르주의 간병을 중심으로 전개되는 이야기이다. 안느와 조르주의 식사 장면은 영화에서 가장 중요한 플롯이다. 안느와 조르주가 아침식사를 하는 도중에 안느는 순간 기억을 잃어버린다. 안느의 치매가 찾아온 것이다(S3). 조르주는 안느와 식사를 하면서 어린 시절 영화에 대한 이야기를 들려주고(S7), 안느는 사진첩을 보면서 "인생은 아름답고, 인생은 참 긴 것 같다"고 조르주에게 말한다(S17). 조르주는 안느에게 물과 미음을 먹이고(S22), 물 먹는 것을 거부하는 안느에게 손찌검을 하기도 한다. 조르주는 안느가 물조차 먹지 않으면 죽는다고 말한다(S27). 영화의 가장 극적인 장면은 조르주가 자신의 어린 시절을 이야기하면서 안느를 베개로 죽이는 장면이다(S29). 함께 식사하면서 나누는 대화는 노부부의 일상을 공유하는 가장 중요한 부분이지만, 안느의 병이 깊어지면서 함께하는 시간들은 줄어든다.

조르주는 안느에게 십대 시절 캠핑 간 이야기를 들려준다. 자신은 운동을 싫어했지만 캠프에서는 매일 운동을 시켰고, 좋아하지 않는 쌀푸딩을 먹지 않는다고 혼자 식당에 남겨졌으며, 그날 디프테리아에 걸려서 격리되어 창문 너머로 문병 온 어머니를 보았던 기억을 말해준다.

"엄마랑 약속한 게 있었는데 매주 소식을 전하기로 했지. 만약 캠프가 마음에 들면 꽃을 그리고 아니면 별을 그리기로 했어. 온통 별로 가득 차 있었지"라고 말하면서 조르주는 안느의 목을 베개로 누른다. 물조차 먹는 것을 거부하는 안느를 보면서 혼자 남겨진 어린 시절의 이야기를 통해서 자신은 혼자 남지 않겠다는 것이다. 조르

장면	이야기	중핵	위성1	위성2	위성3	위성4
Title	소방관들이 안느의 죽음 확인					
1	안느와 조르주가 알렉상드르 연주회 관람					○
2	누군가 집에 몰래 들어오려고 했던 흔적			○		
3	아침식사 도중 안느가 순간 기억을 잃어버림	○				
4	딸 에바의 방문		○			
5	수술을 마친 안느의 퇴원			○		
6	조르주의 간병	○				
7	안느와 조르주의 식사: 어린 시절 영화 이야기	○				
8	안느와 조르주 대화: 신문운세, 장례식 등	○				
9	장례식에 다녀온 조르주	○				
10	제자 피아니스트 알렉상드르 방문					○
11	안느 거실에서 휠체어 타기 연습	○				
12	조르주의 음악연주					○
13	남편 혼자 식사, 안느가 침대에서 떨어짐	○				
14	벨소리 듣고 밖으로 나간 조르주의 목을 누군가 조름(예시)				○	
15	안느 거실에서 걷기 연습	○		○		
16	알렉상드르의 CD듣기와 편지 읽음					○
17	안느와 조르주의 식사: 사진첩 이야기	○				
18	안느와 주르주 대화: 신문 읽기	○				
19	딸 에바 방문, 집값 폭락, 주식 폭락 이야기와 안느를 병원에 입원시킬 것을 요구		○			
20	조르주의 간병	○				
21	피아노 치는 안느를 바라보는 조르주(회상)				○	○
22	안느에게 물과 미음을 먹이는 조르주	○				
23	간병인이 안느를 목욕시킴					

〈표 6-2〉

〈아무르〉의 이야기 구조: 중핵과 위성

24	헛소리를 하는 안느	○			
25	비둘기가 집으로 들어옴			○	
26	불친절한 간병인을 쫓아냄				
27	물 먹는 것을 거부하는 안느	○			
28	딸 에바가 찾아옴, 안느 걱정		○		
29	조르주가 안느에게 어린 시절 이야기를 하고 난 후 죽임	○			
30	조르주 꽃을 사오고 유서작성	○			
31	비둘기가 집으로 들어옴			○	
32	안느가 설거지를 한 후 함께 밖으로 외출(환상)				○
Final	딸 에바가 빈 집으로 들어옴		○		

주는 밖에서 꽃들을 사와서 꽃잎을 떼어내고 유서를 작성한다. 사랑은 끝까지 함께 가는 동행이라는 것을 조르주는 보여주고 있다.

〈아무르〉는 중핵을 뒷받침하는 네 개의 위성을 가지고 있다. 첫째는 딸 에바는 네 번 집을 방문한다(S4, S19, S28, Final). 에바는 안느의 병환을 걱정하지만 무엇 하나 도움이 되지 못한다. 오히려 제대로 말하지도 듣지도 못하는 안느 옆에서 집값이 폭락하고, 주식과 금리 이야기를 들려준다. 자식은 가족이어도 남편과 달리 타인일 뿐이다.

두 번째 위성은 상징으로 구성되어 있다. 누군가 집에 몰래 들어오려고 했다는 것(S2)은 불길한 방문(안느의 치매)이 있을 것을 암시하고, 두 번에 걸쳐서 비둘기가 집 안으로 들어온다. 첫 번째는 늦은 밤 열린 창문을 통해서 들어온 비둘기를 조르주가 쫓아낸다(S25). 조르주가 안느를 죽이고 유서를 쓰는 과정에서 다시 비둘기 한 마리가 집 안으로 들어온다. 조르주는 거실에서 비둘기를 잡아서 창밖으로 놓아준다. 첫 번째 비둘기가 안느를 데려가려고 하는 저승사자의 상징이라면, 두 번째 비둘기는 안느의 영혼이다. 거

실에는 비둘기 그림도 있다(S5). 비둘기는 안느와 조르주의 사랑을 의미한다(〈그림 6-4〉, 〈그림 6-5〉, 〈그림 6-6〉 참고).

　세 번째 위성은 예시의 시간으로 이루어져 있다. 〈아무르〉는 선형적 시간구조를 갖지만 세 장면에서는 비선형적 시간(꿈, 회상, 환상)으로 구성되어 있다. 벨소리를 듣고 조르주는 밖으로 나간다. 문밖 복도에는 아무도 없으며 발밑으로 물이 차 있는데 갑자기 누군가 조르주의 목을 조르자 꿈에서 깨어난다(S14). 조르주의 죽음을 예시한다. 이전 장면에서 조르주는 혼자 식사를 하고 안느는 침대에서 떨어짐으로써 두 사람이 함께 있지 못함을 보여주었다. 조르주는 피아노를 치는 안느를 회상하고(S21), 마지막 장면에서 (안느는 이미 죽었지만) 유서를 쓰고 거실에 누워있는데 부엌에서 설거지 수돗물 소리가 들리고 안느는 그릇을 닦은 후 조르주에게 외투를 입혀주고 함께 집 밖으로 나간다(S32). 조르주의 죽음이 상징적이면서 환상적으로 아름답게 표현된다(〈그림 6-7〉 참고).

　네 번째 위성은 음악과 관련된 이야기이다.[39] 조르주와 안느가

〈그림 6-4〉 왼쪽
조르주가 퇴원하는 안느를 데리고 집으로 들어오는 장면
벽에 걸려있는 비둘기 그림

〈그림 6-5〉 가운데
늦은 밤 열린 창문으로 비둘기가 집 안으로 들어온다.

〈그림 6-6〉 오른쪽
안느가 죽은 후 다시 비둘기가 집 안으로 들어오자 조르주는 비둘기를 잡아 놓아준다.

〈그림 6-7〉
마지막 장면으로 설거지를 마친 후 안느와 조르주는 문밖으로 나간다.

39. 〈아무르〉(*amour*)는 불어로 '사랑'이다. 그러나 그리스 신화 사랑의 신 '아무르'와 음악의 관계를 통해서 해석할 수도 있다. 그리스 신화 〈오르페우스(Orpheus)와 에우리디체(Eudydice)〉에 따르면, 사랑하는 아내를 잃은 음악의 신인 오르페우스는 아내를 저승에서 데려올 수 있도록 신에게 기원한다. 이때 사랑의 신 아무르는 음악으로 지옥의 혼령들을 감동시킬 수 있다면 그녀를 데려올 수 있다고 알려준다. 오르페우스는 음악으로 에우리디체를 구해오는데, 에우리디체는 남편이 자기의 얼굴을 한 번도 보려 하지 않는 것에 대해서(아내를 지상으로 데려올 때까지 에우리디체의 얼굴을 보아서는 안 된다는 약속 때문에) 남편의 사랑이 식었다고 생각하고 되돌아가고, 오르페우스도 죽음을 맞이한다. 독일 작곡가 글룩(Gluck)은 이 그리스 신화를 바탕으로 〈오르페오와 에우리디체〉(Orfeo ed Euridice) 오페라를 만들었는데 신화의 이야기를 비극에서 희극으로 바꾸었다. 오르페오는 아내가 죽음의 세계로 돌아가자 스스로 목숨을 끊어 그녀를 뒤따르려는데 사랑의 신 아무르가 그의 지극한 사랑에 감동하여 두 사람 모두 지상으로 인도하는 내용이다.

40. 안느가 제자 알렉상드르에게 베토벤 바가텔 G단조 연주를 요청하는 것은 베토벤과 슈베르트, 안느와 알렉상드르의 관계(스승과 제자)를 의미한다.

제자 피아니스트 알렉상드르 연주회에서 듣는 음악은 슈베르트 즉흥곡 1악장이다(S1). 알렉상드르가 문병을 오자 안느는 베토벤의 바가텔 G단조 연주를 부탁한다(S10).[40] 안느가 침실에 누워있을 때 조르주는 혼자 바흐의 코랄 전주곡〈소리쳐 부르나이다. 주 예수 그리스도여〉를 연주하다가 멈춘다(S12). 마지막으로 안느가 피아노를 치는 회상장면에서 그녀가 연주하는 곡은 슈베르트 즉흥곡 3악장이다(S21). 네 연주곡 모두 서정적이며 슬픈 멜로디를 갖고 있다. 조르주가 연주하는 바흐의 코랄 전주곡〈소리쳐 부르나이다. 주 예수 그리스도여〉는 아내의 병이 낫기를 예수 그리스도에게 기도하는 조르주의 마음을 담고 있다. 아내를 살리기 위해서 연주하는 오르페오를 연상하게 하지만, 조르주는 끝까지 연주하지 못한다. 회상 장면에서 안느가 연주하는 슈베르트 즉흥곡 3악장은 오른손은 멜로디, 왼손은 반주로 이루어진 음악으로 노부부의 동행을 상징한다고 볼 수 있다.

〈아무르〉의 이야기 구조는 노부부의 일상을 바탕으로 치매 걸린 아내와 함께 하는 남편의 사랑을 중핵으로 '친숙한 이방인'으로서의 자식, 비둘기의 상징, 비선형적 시간(꿈, 회상, 환상), 그리고 음악으로 이어지는 상징을 위성으로 배치하고 있다. 이와 같은 이야기 구조는 점층적 묘사로 연결되어 있다. 안느와 함께 식사하는 조르주, 아내가 손을 떨어서 음식을 제대로 먹을 수 없게 되자 스테이크를 먹여주고, 아내에게 미음과 죽을 먹이고, 마지막으로 물을 먹여주는 과정이 자연스럽게 이야기의 중핵을 지배하고 있다. 중핵은 식사, 대화, 음악을 통해서 일상과 영혼의 동행을 그려낸다.

2) 담론 구조분석: 서술행위

이야기의 구조가 플롯을 중심으로 줄거리와 사건들의 관계에 대한 배열이라면, 담론은 서술행위로 표현되는 형식을 의미한다. 담론 분석은 어떻게 편집되어 있는가, 어떻게 촬영되어 있는가와 관련해서 서술자로서 작가의 영상미학과 표현방식을 주목하는 것이다.

〈아무르〉의 타이틀 장면 이후에 등장하는 첫 장면은 감독이 어떻게 영화를 표현하고자 하는지 명확히 보여준다(〈그림 6-8〉 참고). 주인공인 조르주와 안느는 제자인 알렉상드르의 연주회에서 음악을 듣기 위해 앉아 있다. 이 숏은 카메라의 위치가 고정되어 있으며 2분 동안 아무런 움직임 없다. 롱 테이크(*long take*), 롱 숏(*long shot*)으로 촬영되었다. 관객은 연주회를 들으러 온 사람들 중에서 누가 주인공인지 알 수 없다. 조르주와 안느는 앞에서 네 번째 줄 왼쪽에 앉아 있다. 관객은 장면전환도 이루어지지 않고 사진처럼 고정되어 있는 숏을 보면서 당혹스러움을 느낄 수 있다.

미카엘 하네케 감독은 첫 장면을 통해서 '낯설게 하기 효과'(*defamilization effect*)를 만들어낸다. 할리우드 영화에서 보는 것과 같은 장면구성이 아니기 때문이다. 감독은 관객으로 하여금 영화에

〈그림 6-8〉
롱 테이크, 롱 숏으로 구성된 첫 장면

41. 바로 이 점 때문에 〈아무르〉를 본 관객의 반응은 양분된다. 한 부류의 관객은 영화가 너무 지루하다고 평가하고, 다른 한 집단은 객관적으로 몰입함으로써 사랑에 대한 의미를 생각하게 만들었다고 평가한다.

감정적으로 동화하는 것을 막으며 일정한 거리를 유지하면서 이성적으로 영화를 볼 것을 요구하는 것이다. 클로즈 업이나 빠른 편집을 통해서 관객을 영화 안으로 끌어들이는 전형적인 할리우드 영화편집과 촬영방식을 거부하는 것이다. 영화는 시작부터 끝까지 느린 편집과 객관적 거리의 숏으로 구성되어 있다. 예를 들어 조르주가 자신의 십대 시절 캠핑경험을 안느에게 이야기하면서 아내를 죽음으로 이끄는 가장 극적인 장면 29에서조차도 6분이 넘는 롱 테이크, 롱 숏으로 구성되어 있다. 감독은 객관적으로 노부부의 일상을 바라보면서 관객으로 하여금 성찰의 시간을 제공한다.[41] 빠른 편집을 하지 않음으로써 영화의 숏들은 여백을 갖고, 관객은 그 여백의 의미를 채운다.

롱 테이크와 롱 숏으로 구성된 장면들은 고전주의 형식미를 보여준다. 〈아무르〉는 렘브란트 조명을 주로 사용한다. 아름다운 화면구도와 고정된 비율, 조화 그리고 원근법을 살려낸 숏 구성은 마치 고전주의 회화를 보는 듯한 느낌을 제공한다.

고전주의 회화의 형식미는 노부부의 동행과 죽음을 넘어선 사랑을 표현하는 데 적합한 표현방식이다. 조르주와 안느가 평생을 살아오면서 쌓아온 사랑의 아름다움을 속도감 있는 편집과 역동적인

〈그림 6-9〉
〈아무르〉의 숏들은 고전주의
형식미를 추구한다.

화면구성으로 보여주는 것은 어울리지 않기 때문이다.

〈아무르〉에서 장면과 장면으로 전환될 때 4~5번에 걸쳐서 화면이 블랙 아웃(*black out*)으로 처리된다. 이 시간은 대략 6초 정도 이어진다. 영화편집이 잘못되었는지 의문이 들 정도이다. 그러나 이것은 감독의 의도된 편집이다. 장면 3에서 안느는 자신이 순간 기억을 잃어버렸다는 것을 알게 된다. 장면 4로 넘어가는 숏은 6초의 블랙 아웃이다. 화면이 한동안 검게 나오는 것은 안느의 지워진 기억을 의미한다. 이와 같은 장면전환은 반복적으로 나타난다. 또한 스틸 사진 대여섯 개의 숏이 이어지면서 장면이 전환되기도 한다.

안느가 물 먹는 것을 거부하는 장면 27에서 장면 28로 넘어가는 과정에는 낯설게도 여섯 개의 풍경화들이 5~6초씩 편집되어 있다. 어느 화가의 그림들인지 필자로서는 알 수 없지만 여섯 편의 풍경화들은 낭만주의 형식을 취하고 있다. 풍경화들은 자연현상으로서 죽음이 갖는 숭고함과 경외로움을 의미한다. 동시에 이 풍경화들은 운명, 소멸, 쇠퇴 등을 표현하기도 한다.

풍경화 6편을 통한 장면전환은 암조광으로 촬영된 응접실 복도, 침실, 부엌, 서재, 식탁 등으로 이어지는 공간묘사와 대조를 이룬다. 편집을 통한 대조는 〈아무르〉가 보여주는 미학적 특징이기도

〈그림 6-10〉
풍경화를 통한 장면전환

하다. 피아노를 치는 안느에 대한 회상과 아내의 죽음 이후 함께 밖으로 나가는 환상, 거실복도에서 휠체어 연습을 하는 안느와 거실복도에서 왔다 갔다 하는 비둘기, 창문을 닫는 장면들과 창문을 열어 놓은 장면들 등. 병치를 통한 대조는 〈아무르〉의 의미공간을 확장하는 역할을 담당한다.

가장 특징적인 대조는 '밖에서 들어오는 행위'와 '밖으로 나가는 행위'이다. 밖에서 집으로 들어오는 행위는 강조되어 있다.[42] 감독은 등장인물이 밖에서 안으로 들어오는 장면은 수없이 보여준다. 노부부에게 집으로 들어온다는 것은 자신만의 공간 속에 위치하는 것이지만 밖에서 들어오는 딸, 비둘기, 도둑, 소방관 등은 노부부의 일상을 깨뜨리는 존재이다. 반면 밖으로 나가는 행위는 죽음을 의미한다.

〈아무르〉는 생략과 절제된 표현방식을 취한다. 네 편의 클래식 음악이 배경으로 깔리는 것을 제외하면 배경음악은 없다. 의미 있는 음성기호는 수돗물 소리이다. 수돗물 소리는 노부부의 연속적인 일상을 의미하는 기호이다. 장면 3에서 갑작스런 기억상실에서 의식을 찾은 안느가 수돗물을 잠그고, 마지막 장면 32에서 조르주는 안느가 틀어 놓은 수돗물 소리를 듣고 부엌으로 나간다. 수돗물 소리는 현실과 환상을 이어주는 매개체이다. 영화의 음성기호는 그만큼 절제되어 있다.

장면의 생략도 두드러지는 표현방식이다. 감독은 조르주와 안느가 함께 있는 경우에는 생략보다는 시간지속을 확대하지만, 그렇지 않은 경우 대부분 장면들을 생략한다. 예를 들어 안느가 수술을 받는 장면이나 조르주가 친구 장례식에 가는 장면, 조르주가 스스로 목숨을 끊는 장면들은 모두 생략되어 있다.

〈아무르〉의 담론은 낯설게 하기 효과, 고전주의 형식미, 대조를

42. 조르주와 안느는 연주회에 갔다가 집으로 함께 들어가고, 누군가 집 문을 열려고 한 흔적이 있으며, 딸 에바는 세 번이나 집으로 들어온다. 비둘기는 두 번 창문을 통해서 들어오고, 소방관이 문을 부수면서 들어온다. 인물들이 집 안으로 들어오는 장면은 수없이 반복되어 표현된다. 반면, 집 밖으로 나가는 행위는 두 번인데 하나는 조르주가 꿈속에서 누군가 벨을 누르자 밖으로 나가서 목이 졸리는 장면과 마지막 장면인 조르주와 안느가 함께 밖으로 외출하는 것이다.

통한 의미구성, 점층적 묘사, 생략과 절제된 음악과 영상, 죽음에 대한 암시적 묘사, 암조광을 통한 소멸과 쓸쓸함, 객관적 거리를 유지한 숏 크기 등으로 구성되어 있다. 이것은 미카엘 하네케 감독이 〈아무르〉에서 펼치는 영상미학이면서 감독 자신만의 개성을 발현하는 표현방식이다.

서사분석은 텍스트를 분석하고 읽어내는 데 몇 가지 중요한 함의를 제공한다. 첫째, 그동안 우리의 영상분석 영역은 내용분석방법이나 기호학의 분석방법이 선호되었다. 이들 분석방법은 허구적 서사를 분석하는 데 적지 않은 한계를 지녀왔으며, 텍스트가 담고 있는 의미(혹은 이데올로기)에만 초점이 맞추어져 왔다. 그러나 우리가 담론으로서 서술행위를 분석하지 못한다면 특정 이데올로기가 어떤 방식으로 표현되는가를 알지 못한다. 영상분석에서 가부장적 이데올로기를 밝히는 것이 중요한 것이 아니라 그것이 어떤 방식으로 표현되는가를 밝히는 것이 중요하다.

둘째, 서사의 구성요소로서 이야기 분석은 사건들(중핵과 위성)의 관계, 등장인물, 배경, 플롯 등이 어떻게 하나의 이야기를 구성하는 뼈대로서 기능하는가를 파악할 수 있게 한다. 우리가 허구적 서사물을 읽어나갈 때 일차적으로 필요한 것은 각각의 요소들이 어떤 관계를 설정하는가 하는 점이다. 서사이론이 제시하는 분석요소들은 텍스트의 주제의식을 이해하는 데 중요한 열쇠를 제공한다.

셋째, 서사구조를 분석함으로써 우리는 작가의 서술방식을 보다 잘 이해할 수 있다. 내포작가나 실제작가의 문제는 여전히 논란거리지만 분명한 것은 등장인물을 통해서 서술되는 방식과 카메라나 작가의 영역에서 서술되는 방식이 존재한다는 것이다. 작가의 서술행위는 의미의 문제이기보다 미학이나 형식과 관련되어 있다.

서사분석은 작가가 얼마나 표현적으로 작품을 풍요롭게 만드는지 알게 해주고, 작가의 미적 표현과 의미생산의 상호관계를 해명할 수 있게 해준다.

제 7 장

포스트모던 이미지

1980년대 이래로 '포스트모던' 현상은 영상문화의 영역으로 확대되고 있다. '포스트모던'하다는 용어는 모호하게 사용되고 있지만, 새로운 감성, 미학, 그리고 문화적 담론의 출현과 모더니즘 예술에서 보여주었던 권위의 상실을 함축한다. 포스트모더니즘이 문학, 순수예술, 건축, 철학 등의 예술적, 지적 영역들로부터 시작되었을지라도, 오늘날 그것은 포괄적으로 후기자본주의 체제하에서 문화적 조건과 양식을 의미한다.

포스트모던 문화는 다양한 문화적 형식들과 공간 속에서 출현하고 있다. 이것은 예술과 문화의 영역 내에서 모더니즘의 전통이 조금씩 붕괴되고 있다는 징후로 받아들일 수 있는 동시에, 자본주의 자체의 내재적 리듬 혹은 소비의 주술적 매혹이 전반적인 문화와 예술의 영역 안으로 침윤해 있다는 것이다. 그렇다고 해서 포스트모던 문화가 다양한 범위의 문화형식들을 지배하고 있다거나 혹은 서구나 미국, 제3세계 등 공간에 관계없이 모든 지역에서 발생하고 있다는 것은 아니다. 포스트모던 문화는 "새로운 의미, 가치, 실천, 그리고 경험들이 끊임없이 부상하는 문화형식"(Williams, 1980, p.41)에 지나지 않는다. 그럼에도 불구하고 새로운 의미와 경험 등은 소비문화의 형식, 운동, 그리고 조건으로서 확대되고 있다. 포스트모던 문화는 후기자본주의의 문화적 논리 속에서 매스 미디어, 대중미학, 새로운 기술, 영상문화 등과 관련해서 보다 잘 해명될 수 있다.

포스트모던 문화는 영상 이미지 영역에서 특히 두드러지게 나타난다. 텔레비전 광고, 영화, 뮤직비디오 등에서 포스트모던 이미지를 발견하는 것은 어렵지 않다. 포스트모던 이미지들은 기존의 이미지와 차별될 뿐만 아니라 상이한 수용과정을 보인다. 예를 들어 1980년대 초 이후 뮤직비디오가 상업적으로 성공하기 시작하면서 대중음악은 '보여진다'는 점에서 과거보다 더 다양한 문화적 의미를 갖게 되었다. 대중음악이 보여짐으로써 음악을 듣는 것이 사라졌다거나 과거에는 '음악을 본다는 것'이 존재하지 않았다는 것이 아니라 오히려 분위기나 영상 이미지가 대중음악의 소비에서 중요 부문이 되고 있으며, 새로운 음악적 감성을 구성하는 데 기여하고 있다는 것이다. 포스트모던 이미지의 형식이 어느 정도 내용을 규정하고, 이것은 다시 수용의 맥락에 영향을 미친다.

포스트모던 이미지는 단순히 이미지의 변화와 새로운 형식만이 아니라 이미지의 수용과 미학에 중요한 변화를 초래하고 있다. 이번 장은 우선 포스트모던 이미지가 내용으로서 어떤 세계관을 표현하는지를 살펴보고, 포스트모던 이미지의 형식을 검토할 것이다. 또 포스트모던 이미지와 아방가르드의 관계 속에서 어떻게 아방가르드 미학이 편입되었는가를 논의할 것이며, 마지막으로 포스트모던 이미지의 사례로써 '011 TTL' 텔레비전 광고를 살펴볼 것이다.

1. 영상 이미지의 포스트모더니티

서구의 문화, 미디어, 예술 등의 영역 사이에서 새로운 미학적 담론들이 부상한 것은 1980년대 초였다. 울렌(Wollen, 1986)은 새로운 미학적 움직임을 세 가지 범주 아래에 위치시키고 있다. 첫째, ① 순수예술과 아방가르드 전통, ② 매스 미디어, ③ 하위문화, ④ 새로운 기술 사이에 문화적 결합이 있었다. 둘째, 장르 구분이 해체되었으며 새롭게 혼합된 미디어 문화형식들이 급속히 성장했다. 셋째, 포스트모던 예술의 전형적인 형식으로서 절충주의와 역사주의—단순히 과거를 현재의 텍스트 안으로 끌어들였다는 점에서—가 나타나기 시작했다. 이와 같은 경향들은 1960년대 말 이후 팝 아트, 미학적 아방가르드 등에서 찾아볼 수 있는 것이지만, 그것들이 하나의 양식과 조건으로서 다양한 문화형식들 사이에서 출현한 것은 1980년대 초 이후부터이다.

포스트모던 이미지는 다양한 장르들을 혼합하고 새로운 전자매체를 이용하거나 혹은 과거의 이미지를 짜깁기하는 등 기존의 이미지와는 다른 방식을 보여주고 있다. 이것들은 다양한 영상문화 안으로 편입되면서 기존과 다른 정서의 구조나 세계관을 보여준다. 포스트모던 이미지는 그것의 독특한 세계관이라고 할 수 있는 포스트모더니티를 만들어낸다. 영상 이미지의 포스트모더니티는 기호 혹은 의미작용, 분위기, 차이의 소멸 등의 측면에서 마술적 표현주의, 신명나는 허무주의, 무차이(*in-difference*) 등으로 요약할 수 있다.

1) 마술적 표현주의

포스트모던 이미지가 만들어내는 특징 중의 하나는 기호 혹은 의미작용의 문제와 깊이 관련되어 있다. 제임슨이 포스트모던 문화에 대해서 "새로운 종류의 김빠짐 혹은 깊이 없음이나 새로운 종류의 피상성"(Jameson, 1991, p.9)이라고 말한 것이나, 그로스버그(Grossberg, 1992)가 포스트모던 감성으로서 '순수한 비순수성' (*authentic inauthenticity*) 또는 '아이러닉한 허무주의'라고 지칭한 것, 그리고 보드리야르(Baudrillard, 1980; 1988)의 시뮬레이션(*simulation*)과 시뮬라크럼(*simulacrum*) 등의 개념들은 기호와 의미작용의 문제로부터 출발하고 있다.

단순히 말하자면 기표와 기의, 기호와 지시대상 사이의 관계가 해체되면서 현실과 표상된 현실 사이의 관계가 무너지고 있다는 것이다. 그럼으로써 순수한 듯하지만 순수하지 않은 세계 혹은 진실 같지만 허구인 세계, 진짜 같은 가짜의 세계가 우리 앞에 하나의 현실로서 인식된다는 것이다. 따라서 포스트모던 이미지가 구성해내는 미학적 감성 혹은 세계관을 '마술적 표현주의'(*magical expressionism*)라고 부를 수 있다. 이것은 포스트모던 이미지가 만들어내는 이미지의 새로움과 의미구성과 관련된 것이다. 즉, 포스트모던 이미지는 현실과 이미지 사이의 구분을 소멸시키고 그것을 상상적 관계로서 꾸며낸다는 점에서 마술적이며, 동시에 기의에 대한 기표의 지배 혹은 기표에 대한 기의의 지배가 무너졌다는 점에서 표현주의적이다.

마술적 표현주의는 적어도 두 가지의 포스트모던 형식 — 매혹시키기(*fascination*)와 혼성모방(*pastiche*)[43] — 을 통해서 확대 재생산된다. 보드리야르(1980;1988)에 의하면 매혹시키기는 의미의 파괴

43. 혼성모방과 패러디는 풍자의 동기가 있는가 없는가에 따라서 구분된다. 혼성모방은 풍자의 동기가 없이 원텍스트를 조합하고 발췌하는 반면, 패러디는 권위있는 원텍스트를 비판적으로 재해석함으로써 풍자의 동기를 갖는다.

를 초래하는 기제 중의 하나이다. 미디어는 매혹시키기 과정을 통해서 "의미의 양 극점을 해체시키고, 미디어와 현실 사이의 구분을 포함해서 개념들 사이의 구별과 대립들을 소멸시킨다"(Baudrillard, 1980, p.142). 매혹시키기는 의미를 생산하는 것이 아니라 오히려 의미를 소외시키거나 해체시키는 과정이라고 할 수 있다. 그것은 메시지보다는 미디어, 이념보다는 우상, 진실보다는 시뮬라크럼에 호소함으로써 성립되기 때문이다. 포스트모던 이미지는 매혹시키기 과정을 통해서 의미를 지배하고 있는데, 그것은 이미지가 상징을 대신하고, 불연속적인 연상이 문법적 구조를 대체하며, 동시에 이미지의 흐름이 시퀀스나 장면과 의미의 연속성을 지배함으로써 소비자는 단지 자의적인 방식으로 텍스트를 경험하기 때문이다.

영상 이미지의 포스트모더니티로 마술적 표현주의를 만들어내는 또 다른 양식 중의 하나는 혼성모방 혹은 이미지의 짜깁기다. 포스트모던 이미지는 기존 텍스트나 이미지 은행으로부터 파편화된 이미지를 끌어들이고 있다. 다른 텍스트로부터 이미지를 훔쳐온다는 것은 패러디나 사회비평으로 사용되기도 하며, 다른 한편으로 혼성모방으로서 기능하기도 한다.

> 혼성모방은 극단적인 패러디의 동기를 가지고 있지 않은 모방의 중립화된 실천이다. 풍자의 충격이 단절되고 웃음은 사라지며, 우리가 순간적으로 빌려온 비정상적인 언어와 함께 어떤 건강한 언어적 규범이 여전히 존재한다는 어떤 확신도 (혼성모방 안에서는) 소멸해 버린다. 따라서 혼성모방은 공허한 패러디, 볼 수 없는 눈을 가진 동상과 같은 것이다(Jameson, 1991, p.17).

혼성모방은 패러디의 동기와 풍자, 언어문법의 구조가 상실된 채

다른 텍스트의 단순한 모방으로부터 나오는 '탈문맥화된 언어적 콜라주'라고 말할 수 있다. 포스트모던 이미지의 세계가 매혹시키기의 과정을 통한 공허한 패러디로 지배되고 있기 때문에 준거 없는 이미지의 나열, 실재 없는 주체, 현실 없는 역사, 일관성 없는 서술구조가 뚜렷이 나타난다.

포스트모던 이미지에서 나타나는 파편화되거나 불연속적인 의미작용을 의미의 테러리즘이라고 볼 수 있다. 기표와 기의의 관계, 그리고 기호와 지시대상과의 관계가 무너짐으로써 역사 안에서 현실은 사라지게 되며 사회 주체가 실존적 인식을 하기란 불가능해진다. 이것은 의미의 문제가 아니라 분위기가 지배적인 양상으로 나타나게 되는 기반을 마련해주며, 분위기와 관련해서 다른 한편으로 허무주의를 신명나게 한다.

2) 신명나는 허무주의

그로스버그(1989; 1992)는 포스트모던 감성을 '신명나는 허무주의'(empowering nihilism)로 표현한다. 이것은 포스트모던 이미지가 만들어내는 분위기와 관련되어 있다. 이미지의 매혹시키기를 통해서 재형성되는 분위기는 포스트모던 이미지에서 본질적 상품형식으로 전환된다. 가령 우리가 포스트모던 이미지를 보면서 환상적이라거나 도취적이라고 느낄 때 그것은 분위기와 관련된다.

포스트모던 이미지를 만들어내는 대표적 문화형식인 뮤직비디오의 경우를 살펴보자. 뮤직비디오에서 "분위기는 내용이 없으며, 감염되기 쉬운 그 무엇이다. 그것은 송신자-수신자라는 단선적인 과정을 따르지 않는다. 더욱이 정상적인 상호관계의 전략에 의해서 지배되지도 않는다"(Grossberg, 1989, p.262). 뮤직비디오의 분위기와 관련해서 MTV 편성국장인 팝 피트맨(Pittman)의 설명을 주목해볼 필요가 있다.

> 록비디오는 서술구조, 구성, 논리적 과정 같은 관습을 따르지 않는다. 그것은 분위기, 감정, 에너지 그리고 흥분에 대한 그 무엇이다. 분위기는 늘 변화하고 있으며, 추상적인 것이고, 흐름에 대한 것이기도 하다. 따라서 시청자는 분위기에 빨려 들어감으로써 MTV를 소비한다 (Tezlaff, 1986, p.85).

사실상 뮤직비디오나 MTV가 만들어내는 것은 분위기를 증폭시키는 일이며 소비자를 그 같은 분위기 안으로 끌어들이는 것이다. 이것은 소비자를 빨아들이려는 전략이다. MTV는 분위기 제조기이며 뮤직비디오는 내용 없는 분위기를 판매하는 소비상품이다. 분위기 전달은 의미와 가치의 커뮤니케이션과 분리된다. 그것은 지나친 자기몰두를 초래하기 때문에 소비자는 뮤직비디오를 보면서 합리적인 커뮤니케이션을 기대할 수 없다.

포스트모던 이미지는 뮤직비디오에서 보듯 분위기를 증폭시키기 위해서 두 가지 전략을 사용한다. 하나는 환상과 현실의 모호한 경계를 설정하는 것이고, 다른 하나는 시간과 공간을 해체시키는 것이다. 포스트모던 이미지의 환상은 꿈에 의존한다. 구조적 불연속성(예를 들면 갑작스런 장면전환), 해체시키기(꿈과 관련해서 제대로 연결되지 않는 행위의 흐름), 기억에 대한 의존, 어디에서나 존재하는 관객의 위치(소비자는 한편으로 관객으로 다른 한편으로 텍스트 안의 등장인물로 등장한다는 점에서) 등은 꿈의 구조와 유사하다. 포스트모던 이미지와 꿈 사이의 유사성이 이미지를 매혹시킴으로써 분위기는 더욱 고양된다.

시간과 공간의 해체는 분위기를 높이는 또 다른 방법이다. 포스트모던 이미지에서 일관된 시간이나 공간의 개념을 찾아보기 힘든데 그 이유는 회상, 과거, 현재, 미래 등의 시간들이 혼재되어 있기 때문이다. 시간성과 공간성의 해체는 소비자가 인식하는 현재의 시간과 공간으로부터 갑작스럽게 이루어지기 때문에 단지 모호한 시간과 공간만이 존재한다고 할 수 있다.

환상적인 것을 현실적으로, 현실적인 것을 환상적으로 제시하거나 시간과 공간의 개념을 해체시킴으로써 분위기가 만들어내는 것은 차이를 소멸시키는 것이다. 이것은 정서적 몰입을 유도하지만 허무주의적이다. 왜냐하면 에너지가 주체와 현실 사이의 모순으로부터 나오는 것이 아니라 단순한 정서적 몰입으로부터 발생하기 때문이다.

사회 주체가 의미의 경험이나 공유된 커뮤니케이션이 아니라 분위기로만 이끌리게 될 때 그가 살아가는 현실이나 역사 속에서 주체를 구성하는 일은 불가능해진다는 점에서 분위기로의 도피는 일종의 의미 없는 행복감 혹은 신명나는 허무주의를 생산한다. 이것은 주체를 탈중심화시키며, 혼란스럽게 만들고, 하나의 특별한 이미지와 이미지의 연속성 속에 수용자를 가두며, 주체를 만족하지 못하는 상태로 이끌어간다. 따라서 주체가 사회구성과정 내에서 역사적 정체성을 구성하거나 문화적 실천을 수행해 나가리라고 기대할 수 없다. 이것은 주체가 자본주의의 소비문화 안으로 편입되어 가면서 무의미한 행복감만을 만들어내는 교환가치로서의 기호 논리에 빠진다는 것을 의미한다.

3) 무차이

차이는 모더니즘 예술의 중요한 미적 요소다. 모더니즘 시각에서 어떤 작품이 우수하다고 평가되는 이유 중의 하나는 다른 작품들과 차이가 나기 때문이다. 차이는 모더니즘 예술이 권위를 행사하는 요인으로 기저에는 창조성 개념이 깔려 있다. 포스트모던 이미지는 예술이나 대중문화에서 차이를 부정한다. 이것은 모더니즘 예술이나 문화가 지니는 권위를 거부하는 것이며, 동시에 기성구조 내에서 작동하는 다양한 사회·정치적 권위들에 대한 도전이다.

무차이는 어떤 경계나 정체성을 무너뜨리는 것이다. 반복이나 유사성 혹은 역설적으로 극단적인 차이는 무차이를 초래하는 기제로 사용된다. 무차이는 앞에서 기술한 것처럼 기호와 의미의 해체, 분위기가 지배하는 문화형식 등과 밀접하게 관련되어 있다. 혼성모방은 무차이를 만들어내는 포스트모던 미학 중의 하나다. 혼성모방은 패러디와 분명히 구분된다. 패러디도 기존의 예술적 권위를 무너뜨리는 기제로 활용되지만 분명한 의도를 지닌다. 그것은 기존의 권위 있는 예술작품을 풍자하거나 비꼰다는 정치미학을 갖기 때문이다. 그러나 혼성모방은 풍자하거나 비꼬는 의도를 지닌다기보다 예술적 권위 그 자체를 해체하는 것에 관심을 기울일 뿐이다. 혼성모방은 풍자의 의도를 지니기보다 파괴에만 몰두하는 경향이 있다.

포스트모던 이미지가 차이를 무너뜨리는 것은 예술적 권위뿐만 아니라 시간과 공간의 경계, 생산자와 수용자의 경계, 장르 구분의 경계 등 다양하다. 그러나 특히 주목해야 할 것은 포스트모던 이미지는 기존 관념이나 이데올로기도 거부한다는 것이다. 특히 포스트모던 이미지는 기존의 성차(*gender difference*)를 부인한다.

포스트모던 이미지는 게이와 레즈비언의 정체성을 많이 활용하고 여성적 표상을 보여주는 듯하지만, 여성성 자체로서가 아니라 여성성에 대한 거부로서 제시하거나 혹은 남성성을 여성적인 남성성으로 묘사하는 장면을 포함하고 있다. 예를 들어 포스트모던 뮤직비디오는 기존의 남성 지향적 관점을 거부한다. 포스트모던 뮤직비디오는 할리우드 영화의 전통적인 바라봄/대상의 관계를 파괴한다. 마돈나나 신디 로퍼는 바라보여지는 대상으로서 존재하는 것이 아니라 오히려 관객을 바라봄으로써 대상으로서의 위치를 거부한다(Kaplan, 1987; Stockbridge, 1990). 따라서 수동적 대상으로서 여성성의 지배적인 관습은 무너진다.

마돈나는 처녀-천사, 매춘부-악마라는 대립적 코드와 포로노그래피의 언어를 사용하는데 이것은 성적 대상으로서 표현되는 것이 아니라 여성의 성적 대상화라는 가부장적 시각을 조롱하는 방식으로 활용된다. 포스트모던 이미지에서 남성과 여성의 이미지는 양성적이며 성은 더 이상 고정되지 않는다.

포스트모던 이미지는 기존의 성, 정치적 관계, 이데올로기, 시간과 공간 개념, 장르구분 등을 해체하면서 나름대로의 미학을 만들어낸다. 이것은 차이나 구별짓기를 거부하는 움직임으로 기존 질서에 대한 저항을 의미할 수 있지만, 다른 한편으로 역사적 지향점을 상실하고 해체를 위한 해체나 문화산업의 논리에 편입된 결과일 수도 있다.

2. 포스트모던 이미지의 형식

포스트모던 이미지의 대중미학(*popular aesthetics*)은 자본주의 논리 속에서 매스 미디어, 기술, 문화적 아방가르드 전통과 밀접한 관계를 맺고 있다. 기술과 예술 기법들이 상품미학의 형식으로 도입되면서 순수예술을 끌어들였고, 아방가르드, 순수예술 전통 등은 급속한 속도로 소비문화의 영역 안으로 편입되었다. 포스트모던 이미지는 아방가르드와 키치, 고급문화와 대중문화, 장르 순수성의 원칙, 모더니즘 예술에서 보여주었던 예술적 독창성 개념 등을 해체시킴으로써 포스트모던 형식을 만들어냈다.

포스트모던 이미지는 어떤 형식을 통해서 기호 혹은 의미들을 매혹시키는가? 포스트모던 이미지의 형식은 카메라와 편집의 공격적 사용, 확대 렌즈, 줌 숏 미니멀리즘, 빠른 몽타주, 독일 표현주의 영화의 영향을 받는 필름 느와르에서 나온 조명기법, 극단적 클로즈업 등을 활용한다. 빠른 이미지의 흐름은 거의 모든 포스트모던 이미지에서 공통적으로 나타난다. 이미지의 흐름이 너무 빨라서 소비자가 이미지의 연속 사이에서 일관성 있는 의미를 추적할 수 없는 것은 말할 것도 없고, 거의 어떤 의미에 대한 연상조차 불가능하다. 소비자는 빠른 흐름 속에 마취됨으로써 어쩌면 논리적 의미해석을 포기하거나 의미를 찾으려고 노력하지도 않는다. 결국 순간적으로 소비자는 "의미사슬의 파괴 혹은 의미를 구성하는 일련의 기표들이 엉켜서 발생하는 정신분열증"(Jameson, 1991, p.26)을 경험하는지도 모른다.

핫산(Hassan, 1985)은 모더니즘과 포스트모더니즘의 형식을 분류한다(〈표 7-1〉). 핫산의 이분법적 구분은 포스트모던 형식의 복합성을 제대로 설명해주지는 못하지만 포스트모던 형식이 어떤 특성을 갖고 있는지를 명확하게 보여준다.

모더니즘은 유기적 혹은 닫힌 형식구조를 갖고 있다. 작품은 작가의 특정한 계획과 의도로부터 창조되기 때문에 형식들은 의미와 유기적 관계를 맺고, 작품 자체는 의미망들 속에서 위계질서를 형성하게 된다. 중요한 의미와 보조적 의미들 사이의 계층적 관계가 구조화된다. 거리(*distance*)는 작품과 독자 사이에 작용하는 요소다. 모더니즘 예술작품을 감상하기 위해서 독자는 일정한 거리를 유지해야 한다.

모더니즘 텍스트가 계층구조를 형성하기 때문에 의미의 현존재(*presence*) ― 의미가 텍스트 내에서 작가에 의해 어느 정도 고정되어 있다는 뜻에서 ― 는 텍스트의 심층구조 내에 깔려있게 된다. 따라

모더니즘	포스트모더니즘
낭만주의/상징주의	다다이즘
형식(유기적, 닫힌)	반형식(파편적, 열린)
의도	우연
디자인	놀이
위계질서	무정부
예술대상/완성된 작품	과정/행위/해프닝
거리	참여
창조/전체성/종합	해체/파괴
(의미의) 현존재	부재
중심성	분출
장르/경계	조합
선택	상호텍스트
깊이/심층구조	실뿌리/표층구조
해석	반해석
기의	기표
서사	반서사
징후	욕망
전형	분절
편집증	정신분열증
(의미의) 결정성	비결정성
초월성	내재성

〈표 7-1〉
모더니즘과 포스트모더니즘
형식의 차이

서 모더니즘 텍스트에서는 심층구조에 있는 의미, 즉 기의가 무엇인가를 찾는 일이 중요하다.

　모더니즘 텍스트는 작가에 의해서 디자인되고 위계질서를 지니며 심층구조를 갖기 때문에 독자나 수용자는 텍스트를 일정한 방향으로 해독할 수 있다. 의미가 어느 정도 작가의 의도에 의해 결정되어 있기 때문이다. 물론 그렇다고 해서 모든 독자가 똑같이 텍스트를 해석하는 것은 아니다. 텍스트의 해독은 독자의 다양한 속성에 따라서 다르게 해석될 수밖에 없다. 그러나 독자가 갖는 해독의 폭은 무한하기보다 어떤 범위로 규정되어 있다. 모더니즘 텍스트에서 초월성(*transcendence*)은 현실에서 완전히 벗어난다는 뜻이 아니라 기의나 심층구조와 마찬가지로 텍스트의 의미를 규정하는 (보이지 않는) 구조가 있다는 것이다.

　포스트모던 텍스트는 일정한 형식을 파괴한다. 형식은 닫혀 있기보다 무한히 열려 있는데, 왜냐하면 텍스트가 작가의 의도나 디자인에 의해서 만들어지는 것이 아니라 놀이나 우연적 효과를 통해서 형성되기 때문이다. 포스트모던 텍스트는 완성된 작품이나 예술대상으로 존재하는 것이 아니라 과정이나 해프닝(*happening*)으로 존재한다. 작가에 의한 창조성 개념이나 고정된 의미의 현존재는 포스트모던 텍스트에서 거부된다. 반형식, 놀이, 우연, 무정부적 이미지의 활용이 지배하는 포스트모던 텍스트에서 유기적인 관계나 위계질서를 찾기란 어렵다.

　포스트모던 텍스트는 장르나 경계를 파괴하는 방식으로 상호텍스트(*intertext*)의 방법을 사용한다. 혼성모방은 상호텍스트의 대표적 사례이다. 물론 패러디도 상호텍스트의 한 방법이지만, 앞에서 지적했듯이 혼성모방은 정치적, 미학적 동기를 갖지 않는다. 패러디는 기존 텍스트로부터 권위, 반인종주의, 반정부, 페미니즘 등 사회비평의 의미를 담고 있지만, 혼성모방은 이미지 자체만 빌려옴으로써 문화적 짜깁기 이상은 아니기 때문이다.

포스트모던 텍스트는 다양한 텍스트로부터 기의가 아니라 무의미한 기표(*signifier*) 더미들을 조합하기 때문에 심층구조에 무엇이 깔려있는지 파악하기 어렵다. 오히려 표층구조를 지배하는 조합된 이미지 자체가 중요하다. 해체를 위한 욕망이 지배하고 서사구조는 일관성 있는 관계를 갖지 않으므로 반서사(*anti-narrative*)를 지향하며 분절적이다.

따라서 포스트모던 텍스트를 정상적으로 해독하는 것은 쉽지 않다. 정상적인 해독을 방해하는 이미지 더미로 가득 차 있으므로 해독하는 것 자체가 무의미할 뿐이다. 오히려 다양한 기표들이 담고 있는 분위기나 이미지 그 자체만을 독자나 수용자는 소비할 뿐이다. 포스트모던 이미지의 의미가 비결정적이라는 것은 의미구조가 무한히 열려 있어 해독의 폭이 그만큼 다양하다는 것을 의미한다. 분위기에 따라서 해독은 상이하게 이루어질 수 있다. 이런 점에서 본다면 포스트모던 이미지는 정신분열증에 가깝고 내면에 깔려 있는 무한한 욕망을 표출한다고 볼 수 있다.

3. 아방가르드의 편입

포스트모던 이미지가 생산해내는 대중미학의 또 다른 요소는 아방가르드로부터 나왔다. 문화산업은 아방가르드 기법을 사용함으로써 소비자의 관심을 보다 빨리 끌어들인다. 포스트모던 이미지의 주요 소비자가 새로운 감성과 경험을 찾는 청소년이라는 사실은 이와 같은 경향을 부추긴다.

더욱이 비디오 그 자체는 미학적으로 아방가르드 기법을 잘 받아들이는 매체 중의 하나다. 비디오 예술가 엠쉴러(Emshwiller)는 비디오의 미학적 성격을 다음과 같이 지적한다.

> 비디오가 가지고 있는 미학 중 하나는 그것이 아마도 현실을 잡아내는데 가장 효과적이고 직접적인 기록 매체라는 점일 것이다. 그러나 그것은 동시에 환상을 묘사하는 능력과 사실적 이미지를 비사실적 방식으로 혼합할 수 있는 힘을 지니고 있다(Pelfrey, 1986, p.335).

비디오 자체는 다양한 예술기법을 미적으로 수놓을 수 있는 유연성과 자율성을 가지고 있어서 —사실적인 것을 사실적으로 동시에 사실적인 것을 환상적으로 꾸며내는 시각적 움직임이 다른 매체보다 뛰어나다는 점에서 —아방가르드 기법을 받아들이는 데 유용하다. 포스트모던 이미지가 아방가르드로부터 받아들이는 미적 장치는 첫째, 반형식, 전통적 서술구조 및 원인과 결과의 파괴, 시간과 공간의 해체 등의 기법이다.

둘째, 포스트모던 이미지는 아방가르드의 미적 특성 중의 하나인 상호텍스트성(*intertextuality*)을 받아들인다. 포스트모던 이미지는 아방가르드 예술에서 자주 나타나는 인용 혹은 이미지의 베끼기를 사용함으로써 현재의 텍스트와 다른 텍스트 간의 동일성을 보여주는 동시에 단절시키면서 상이한 두 텍스트와 담화 사이에서 새로운 의미공간을 펼쳐놓는다. 포스트모던 이미지의 상호텍스트성은 패러디로서 사용된다기보다 지시대상에 대한 언급 없이 기존 텍스트로부터 이미지를 훔쳐낸다는 점에서 혼성모방에 가깝다.

셋째, 포스트모던 이미지는 자기반성적(*self-reflexive*) 기법을 사용한다. 우리는 포스트모던 이미지에서 하나의 프레임 내에 작동하는 또 다른 프레임이 등장하는 경우를 자주 볼 수 있으며, 또한 비디오가 만들어지고 있는 제작실 내의 세트가 등장하는 경우를 많이 볼 수 있다. 프레임 내의 프레임 형식은 포스트모던 이미지가 자기반성적 장치를 사용한다는 것을 보여주는 일반적인 사례다. 자기반성적 장치는 이야기의 파괴를 의미하면서 다른 한편으로 자아와 이미지의 변화된 관계를 반영하는 새로운 종류의 이야기가 시작된다는 것을 의미한다.

마지막으로 포스트모던 이미지는 아방가르드 영화에서 사용하는 다양한 영상기법들을 도입한다. 관습적인 사진 이미지의 변형, 거울 숏, 극단적 클로즈업, 음화 이미지, 비정상적인 카메라 앵글의 각도, 점묘효과를 나타내는 필터의 사용, 꿈과 관련된 연상법을 따르는 편집기법 등은 포스트모던 이미지에서 흔히 볼 수 있는 영상기법들이다.

포스트모던 이미지가 아방가르드 기법을 사용하고 있다고 해서 그것의 역사적 의도 혹은 이데올로기까지 끌어들이고 있다고 말할수 있는가? 비록 포스트모던 이미지가 아방가르드의 기법, 특히 충격의 미학을 보여주고 있다고 할지라도 그것들의 대부분은 오늘날 진부한 것에 지나지 않거나 혹은 소비로 편입된 충격에 지나지 않는다.

> (아방가르드 운동에서) 더 심각한 어려움은 충격의 미학에 있다. 우리가 충격효과를 영원히 지속시킨다는 것은 불가능하기 때문이다. 충격효과보다 더 빠르게 그 효과성을 잃어버리는 것도 없다(Bürger, 1984, pp.80~81).

뷔르거(Bürger)가 주장하는 것처럼 아방가르드가 현대 예술에서 보여주었던 다양한 미적 장치들은 사실 이제는 진부한 것에 지나지 않게 되었다. 비록 포스트모던 이미지에서 보여지는 미적 장치들은 새로운 듯하지만 결국은 낡아빠진 것에 지나지 않으며, 더욱이 이 같은 장치들이 대중문화의 영역과 상업주의 안으로 편입됨으로써 그것의 역사적 의도 혹은 이데올로기는 사라져버렸다.

결과적으로 순수예술에서 보여주었던 '미학적 아방가르드'는 현대 예술의 영역에서 영향력을 상실해 가면서 소비문화의 영역으로 확대되는 '문화적 아방가르드'로 변형되고 있다고 할 수 있다. 포스트모던 이미지는 아방가르드를 대중미학으로 도입하면서 단지 형식과 스타일만을 받아들이는 경향이 있다.

4. 포스트모던 텔레비전 광고: 011 TTL

국내에서 포스트모던 광고는 1990년대 초반부터 조금씩 등장하기 시작했다. 포스트모던 광고는 생산과정에서 상품미학, 뉴미디어, 다국적 광고산업, 대중문화와 순수예술의 결합으로 이루어졌다. 그 이유는 수용과정에서 소비계층이 젊은 세대로 확대되었기 때문이다. 젊은 세대들은 비디오, 뮤직비디오, 위성방송, 외국 패션잡지 등을 수용함으로써 기성세대와 상이한 정서의 구조를 갖게 되었다.

위에서 제시한 포스트모던 이미지 형식을 통해서 나타나는 포스트모던 광고는 다음과 같은 특성을 지닌다. ① 반형식/반서사, ② 무의미한 기표나 이미지의 지배, ③ 공간과 시간의 해체, ④ 상호텍스트, ⑤ 페미니즘과 동성애 시선, ⑥ 빠른 편집속도 등. 물론 이런 특성을 지니고 있다 해서 모두 포스트모던 광고라고 말할 수는 없다. 단순한 형식의 파괴는 포스트모더니즘 이전에 모더니즘, 아방가르드, 팝 아트 등에서도 적지 않게 나타났다. 따라서 형식 자체뿐만 아니라 광고에서 제시되는 세계관(내용)도 함께 고려해야 한다.

포스트모던 광고는 전통적 광고와 달리 상품의 소비자에 관련해서 합리적으로 해명할 수 없는 모호한 관계를 설정한다. 상품과 소비자의 관계는 사라지고 이미지와 소비자의 관계가 설정된다. 소비자가 체험하는 이미지는 광고의 원재료가 되는 상품 자체가 아니다. 즉, 현실과 현실의 표상은 구분되지 않고 모두가 시뮬레이션인 세계 안에서 상품은 소비자를 위해 봉사하거나 특정한 정체성을 부여해주는 것이 아니라 다양한 이미지의 집합으로서 소비자의 차별성을 만들어준다.

파편화된 이미지의 병렬, 시간과 공간의 파괴, 서사의 파괴 등을 통해서 소비자가 만나는 세계는 도취와 환각, 꿈과 채워질 수 없는 욕망이 분출하는 곳으로 나타난다. 거기에는 컴퓨토피아와 테크노피아로 표현되는 미래의 세계가 나타나는 동시에 핵폭발로 붕괴된 절망의 세계가 드러나기도 한다. 토플러(Toffler)류의 기술발전에 근거한 무지갯빛 정보사회와 기술과잉에 근거한 '최후의 날' 이후의 세계가 공존한다. 포스트모던 광고는 서구 선진자본주의 사회의 경제적 조건, 즉 생산력의 발전으로 인한 고임금, 점진적으로 진행되어온 노동과 자본의 담합구조, 핵전쟁의 위협, 여성해방운동 등의 경제적·사회적 배경 안에서 냉소적이고 허무주의적인 유토피아 없는 미래주의의 세계를 표현한다. 냉소와 단조로움, 자기부정과 절망의 세계 등은 포스트모던 형식을 통해서 역사에 대한 전망의 부재를 담고 있다(강명구, 1993, p.211).

우리의 포스트모던 광고는 서구 포스트모던 광고에서 보여지는 도취, 환각, 욕망, 꿈, 유토피아 없는 미래주의를 강렬하게 표현하지 않는다. 이것은 서구의 선진 자본주의 발전과정에서 나타나는 현상이 우리의 현실에서 그대로 나타나지 않기 때문이다. 따라서 우리의 포스트모던 광고는 서구의 포스트모던 광고의 세계관과 차이를 보여왔다. 그러나 1990년대 후반부터 경제적 발전과정이나 사회적 조건과 관계없이 이미지의 차용을 통해서 욕망, 꿈, 유토피아 없는 미래주의 등을 다룬 광고들이 등장하기 시작했다. 가장 대표적인 사례가 1997년부터 시작된 '011 TTL' 광고이다.

SK텔레콤은 이동통신시장의 점유율을 높이기 위해서 젊은 세대를 겨냥한 011 TTL 광고를 시작했다. 광고제작자는 18세~23세의 감성에 맞는 이미지를 찾고자 했다. 주요 대상을 고등학교를 졸업한 대학 신입생으로 삼고 이들의 생각과 라이프 스타일을 관찰한 결과 그들은 매우 복잡하고 고민이 많으며 불완전하고 낯선 것을 동경한다는 것을 알게 되었다. 광고제작자는 '숨은 이미지'를 기본 개념으로 해서 해답이 없고, 상식을 깨며, 신비한 모델과 낯선 분위기의 TTL 광고를 제작했다. 호기심, 의미해석의 모호성, 모델의 신비함 등 광고 전체를 둘러싼 모든 요소들은 낯선 젊은 세대의 감성에 맞추었다. 무슨 광고인지 알 수 없게 하고, 메시지도 던지지 않고, 정답을 내지 않고 보는 사람이 나름대로 해석하도록 여지를 두며, 신세대 감각에 맞는 세련된 스타일과 유행에 민감한 내용을 중심으로 광고전략이 세워졌다(이수범, 2000, p.120).

011 TTL 광고가 포스트모던 광고라고 하더라도 광고는 본질적으로 상품을 판매하기 위한 수단이기 때문에 제작자와 광고주의 입장에서 보면 나름대로 논리적이고 합리적인 전략을 세운다. 그렇지 않다면 광고 자체가 존재할 수 없다. 광고는 경제와 밀접히 관계되어 있기 때문이다. 그러나 소비자가 광고제작자의 의도를 읽어내기란 쉽지 않다. 더욱이 011 TTL 광고처럼 낯섦의 미학을 제시하는 경우 상품과 소비자 사이의 관계가 모호해져 소비자가 체험하는

것은 신비한 분위기의 이미지뿐이다. 011 TTL 광고 이전에는 이처럼 이질적인 분위기와 파편화된 이미지를 중심으로 소비자에게 소구하는 광고가 거의 없었으므로 소비자는 낯섦만을 경험한다.

필자는 1997년 011 TTL 광고를 처음 보았을 때 당황했다. 도대

〈표 7-2〉
〈011 두 번째 광고〉(1998)
박명천 감독

숏	영상 기호	음성/청각 기호
1	방 안, 벽에서 자라는 나무, 앉아 있는 소녀, 깨진 어항(WS)	물 떨어지는 소리(청각)
2	소녀가 귀를 막는다(MS)	물 떨어지는 소리(청각)
3	귀는 막는 소녀(CU)	너와 얘기하고 싶어(음성)
4	일어서는 소녀(WS)	
5	소녀 얼굴, 벽에 걸린 물고기 (초점 이동: 연초점 정초점)	
6	오른쪽을 바라보는 소녀(MS)	
7	소녀가 깨진 어항 쪽으로 걸어감(WS)	
8	소녀가 어항을 잡음(MS)	
9	벽에 걸린 박제된 물고기(CU)	
10	소녀 머리 위로 헤엄치는 (심해에 사는 듯한) 물고기(low angle)	
11	소녀가 물고기를 바라봄(MS)	
12	소녀 머리 위로 헤엄치는 물고기(high angle)	
13	소녀가 물고기를 잡으려 함(CU)	
14	카멜레온(CU)	굉음(청각)
15	소녀가 정면을 응시(MS)	
16	소녀가 어항으로 걸어감(WS)	물 흐르는 소리(청각)
17	소녀가 어항을 만짐(MS)	
18	소녀의 머리 위 박제된 물고기(CU)	울음소리(청각)
19	소녀가 어항 속 핸드폰을 바라봄(MS)	핸드폰 벨소리(청각)
20	깨진 어항에 비치는 소녀의 얼굴(MS)	처음 만나는 자유(음성)
21	깨진 어항 속으로 보이는 소녀의 얼굴(CU)	스무 살의 011(음성)
22	핸드폰과 송사리(CU)	
23	깨진 어항 속으로 보이는 소녀의 앞 얼굴(CU)	TTL(음성)

〈그림 7-1〉
011 TTL 광고 이미지

체 무엇을 이야기하는 광고인지 알 수 없었다. TTL 런칭 광고의 경우 핸드폰에 대한 어떤 정보도 제공하지 않았다. 소녀가 물 속을 바라보고 있고, 손안에서 기포와 올챙이가 나오며, 오르골(orgel: 자동으로 음악을 연주하는 작은 장난감 악기)을 돌리고, 마지막 장면에서는 소녀가 굴을 먹는 것으로 끝나면서 TTL이라는 문자기호만 있을 뿐이었다. 올챙이, 기포, 오르골, 굴, 물 속의 들꽃 등의 파편적 이미지가 지배하는 광고에서 제작자의 의도를 찾기는 너무 어려웠다.

곧이어 나온 011 TTL 2차 광고 '물고기' 편도 혼란스럽기는 마찬가지였다. 제작자들이 의도했듯이 011 TTL 광고는 어떤 의미를 전달하고자 하지 않았기 때문에 의미는 열려 있고 해독은 방해받는다. 물론 포스트모던 이미지가 반서사(anti-narrative), 반해독(against interpretation), 무의미한 기표 더미로 구성되어 있다고 해도 면밀히 읽어보면 의미를 찾지 못하는 것은 아니다. 다만 우리는 텔레비전 광고나 드라마를 볼 때 집중하지 않는다. 텔레비전 자체가 영화와 달리 집중을 요구하지 않을 뿐만 아니라 가정의 시청맥락을 고려할 때 편안하고 산만하게 텔레비전을 시청하는 것은 자연스러운 일이다.

대부분의 텔레비전 광고는 시청자에게 편안하게 다가가기 때문에 해독의 노동이나 집중을 요구하지 않는다. 그냥 보면 무엇을 의미하는지, 어떤 상품을 판매하려고 하는지 쉽게 알 수 있다. 그러나 011 TTL 광고는 해독의 노동을 필요로 하고 시청자를 불편하게 만든다. 그렇다면 하나의 사례로서 011 TTL 광고(2차 '물고기' 편)가 어떤 의미를 담고 있는지 살펴보자.

011 TTL 광고 2차 '물고기'편의 길이는 1분으로 총 23개의 숏들로 구성되어 있다. 하나의 숏이 약 3초의 길이를 갖고 있으므로 빠른 편집의 광고라고 보기는 어렵다. 첫째 숏은 와이드 숏(wide shot)

으로 전체의 맥락과 환경을 설명한다. 소녀가 의자에 앉아 있고 소녀의 머리 위에는 박제된 물고기가 걸려 있다. 왼쪽에는 벽에서 자라는 앙상한 나무가 서 있고 오른쪽 깨진 어항 속에는 파란색 조명이 깜박이면서 핸드폰이 놓여 있다. 소녀가 있는 곳은 밀폐된 방 안이며 물이 바닥에 차 있다. 이것은 소녀가 처해 있는 환경이 억압과 단절의 공간이라는 것을 보여준다.

다음 숏에서 소녀는 귀를 막는다(2숏 미디엄 숏, 3숏 클로즈업). 귀를 막는다는 것은 다른 사람과 커뮤니케이션하지 않겠다는 의미가 아니라 자신을 억압하는 기존의 소리에서 벗어나 무엇인가 새로운 것을 듣기 위함이다. 이때 "너와 얘기하고 싶어"라는 음성기호가 들린다. 소녀는 일어나서 깨진 어항 쪽으로 걸어가 어항을 잡는다(4~8숏). 깨진 어항이 오른쪽에 있다는 것은 앞서 제4장 이미지의 배열에서 보았듯이 새로운 것의 가치가 깨진 어항 속의 핸드폰에 있음을 의미한다. 새로운 가치는 억압과 구속으로부터의 자유와 해방일 것이다. 핸드폰은 자유와 해방으로 나아가게 해주는 매체인 셈이다.

벽에 걸린 박제된 물고기가 클로즈업되고 소녀의 머리 위로 아마존이나 심해에 사는 듯한 물고기가 지나간다. 소녀는 물고기를 잡으려고 하지만 잡지 못한다. 순간 굉음과 함께 나뭇가지에 있는 카멜레온이 클로즈업된다(14숏). 소녀는 정면(카메라)을 응시하다가 다시 어항쪽으로 걸어간다. 소녀가 카메라를 응시하는 것은 소녀를 바라볼 소비자 혹은 억압된 상태에 놓여 있는 젊은 세대의 시청자로 하여금 자신을 따르라는 것을 의미한다. 즉, 소녀가 주체적 시선을 소비자에게 보냄으로써 그녀는 행위의 주체가 되기 때문이다.

소녀는 다시 깨진 어항이 있는 곳으로 걸어가고(16숏), 깨진 어항 속 핸드폰을 바라본다. 청각기호로서 울음소리와 핸드폰 벨소리가 나고, 깨진 어항에 비치는 소녀의 얼굴(20숏)이 보이면서 "처음 만나는 자유, 스무 살의 011" 음성기호가 들린다. 여기서 소녀의 얼굴은 실제 얼굴과 깨진 어항을 통해서 비추어진 얼굴로 분열된다. 그것은 억압의 상태와 자유의 상태라는 소녀의 두 가지 자아가 표현된 것이다. 마지막 숏은 깨진 어항 속에서 보이는 소녀의 얼굴과 "TTL"의 음성기호로 구성되어 있다.

011 TTL 광고가 의미하는 바를 좀더 명확히 알기 위해 이항대립(*binary opposition*) 구조를 살펴보자. 이 광고는 억압(구속)과 자유(해방)라는 대립적 구조로 짜여 있다. 이것을 이미지의 구성요소들을 통해서 도식화하면 다음과 같다.

반복적으로 세 번 등장하는 박제된 물고기는 소녀의 은유이고, 벽에서 자라는 앙상한 나무도 억압된 소녀 자신을 의미한다. 반면 소녀의 머리 위로 헤엄치는 물고기나 변신을 의미하는 카멜레온, 깨진 어항은 해방이나 자유를 상징한다. 동시에 소녀가 귀를 막지 않은 상태와 귀를 막는 행위가 대립되어 있는데, 이것도 억압으로부터 자유로 나아가기 위한 예비동작으로 이해할 수 있고, 응시는 주체적으로 행위하고 있음을 보여준다.

소녀가 억압의 상태에서 자유의 상태로 나아가게 연결해 주는 매체는 011 TTL이다. 011 TTL은 소녀에게 미래와 유토피아로 향

〈그림 7-2〉
011 TTL 광고의 대립적 구조

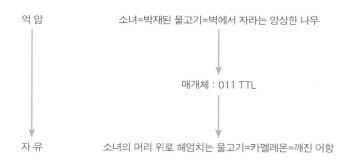

하는 통로를 제공하는 것이다. 그러나 여기서 그려지는 미래의 세계는 자유 자체라기보다 암울하고 절망적인 모습으로 그려져 있다. 비록 헤엄치는 물고기, 카멜레온, 깨진 어항이 억압의 탈출을 의미한다고 해도 전체적인 분위기는 미래 없는 미래주의의 모습이다. 일종의 허무적 색채가 자유를 표현하고자 하는 011 TTL 광고를 지배하고 있는 것이다.

011 광고를 보면서 낯설게 느끼는 이유는 무엇보다도 시간과 공간 개념이 모호하기 때문이다. 소녀가 있는 공간은 지하실인지 물이 차 있는 방 안인지 분명치 않다. 시간의 개념도 없다. 과거의 시간인지 미래의 어떤 시간인지 현재인지 또는 꿈이나 무의식의 세계를 그려낸 것인지 단서를 찾기 어렵다. 벽 속에서 나무가 자라고 물고기가 허공을 헤엄쳐 다니는 것을 보면 현실이 아닌 것만은 분명하다. 시간과 공간의 모호한 관계는 분위기를 더욱 추상적으로 만든다. 해독을 위한 시간과 공간의 준거가 없기 때문이다.

011 광고의 분위기는 전체적으로 어둡고 암울하다. 영화 〈매드 맥스〉(Mad Max)처럼 핵폭발 이후 어두운 미래세계가 그려져 있는 듯하다. 준거 없는 이미지의 나열, 불연속적인 연상, 꿈과 같은 혼돈, 속에서 솟아오를 것만 같은 욕망, 필름 느와르에서 보이는 조명 등은 전통적 해독의 관행을 무너뜨린다.

이상에서 우리는 포스트모던 이미지가 내포하고 있는 세계관과 형식을 살펴보았으며, 하나의 사례로써 011 TTL 광고를 분석해보았다. 그렇다면 우리는 포스트모던 이미지를 어떻게 받아들여야 하는가? 이 질문에는 두 가지 대립적인 견해가 있을 수 있다. 하나는 포스트모던 이미지가 기존의 권위와 지배를 무너뜨리는 새로운 저항의 미학을 보여준다는 입장이다. 다른 시각은 포스트모던 이미지가 문화산업과 자본주의 논리의 지배를 받으면서 끊임없이 교환가치로서 기호를 만들어낼 뿐이라는 주장이다. 포스트모던 이미지는 두 가지 시각을 모두 담고 있는 것처럼 보인다. 그러나 포스트모던 이미지가 기존 이데올로기나 차이를 거부하고 권위를 해체하면서 기존의 것에 저항하는 것은 분명하지만 이것은 기호를 통한 저항에 불과한 것이며, 후기자본주의의 논리로부터 벗어난 것은 아니다. 저항은 제한적이고 경제의 논리가 갈수록 강도를 높이고 있다. 따라서 포스트모던 이미지에서 저항의 가능성을 찾는 작업이 그리 희망적으로 보이지 않는다.

디지털 이미지

디지털 기술은 미디어 환경 자체를 넘어서서 경제, 정치, 문화를 혁명적으로 변화시키고 있다. 인쇄술의 등장이 서구에서 계몽의 시대를 열고, 망원경의 등장이 세계를 바라보는 방식을 바꾼 것 이상으로 디지털 기술은 우리의 일상을 재구성하고 있다. 디지털 기술은 '미디어화'(*mediatization*)[44]의 중심에 있다. 영상문화의 관점에서 보면 디지털 기술은 이미지의 생산방식, 영상 텍스트, 수용방식도 바꾸고 있다. 디지털 기술을 빼놓고 지금의 영상 이미지를 설명하기 어려울 정도다.

 디지털 프로세싱과 컴퓨터 프로그래밍은 새로운 영상문화를 만들어내고 있다. 디지털 영상 장르들[컴퓨터나 모바일 게임, 시뮬레이션 라이드(*simulation ride*),[45] 디지털 아트, 디지털 디스플레이 등]이 만들어지면서 오락문화, 예술, 소비문화를 바꾸고 있다. 영화, 텔레비전, 사진, 회화에 이르기까지 디지털 기법들은 이미지의 보완재 혹은 그 이상으로 활용되고 있다. 디지털 기법이 만들어내는

[44] 미디어 기술을 중심으로 사회적 과정이 수렴되는 현상을 '미디어화'라고 부른다.

[45] 놀이공원 등에서 즐기는 탈 것들, 특히 자신은 고정된 의자에 앉아 있지만 시뮬레이션을 통해서 긴장감과 스펙터클을 느끼게 하는 오락기구들.

223

이미지의 변형과 통합능력은 영상을 더욱더 매혹적으로 만들며 스펙터클을 확장하고 몰입도를 높인다.

영상 이미지의 역사는 서로 대립적인 두 경향 속에서 발전해 왔다. 하나는 사실을 좀더 객관적으로 표현해 내고자 하는 경향과, 다른 하나는 상상력을 활용해서 주관적 감성이나 환상의 세계를 담고자 하는 경향이다. 전자는 리얼리즘이고 후자는 환영주의라고 부를 수 있다. 디지털 기술은 이 두 경향을 통합하면서 새로운 시각적 즐거움을 구성한다. 디지털 기술은 리얼리즘보다 더 사실적인 하이퍼리얼(*hyperreal*)과 아날로그 시대에는 표현할 수 없었던 판타지의 세계를 결합시킨 '사실적 환영주의' 혹은 '환영적 리얼리즘'이라는 새로운 미학을 창조한다.

마지막 장에서는 우선 디지털 기술이 어떻게 미디어 환경을 변화시키고 있는가를 살펴볼 것이다. 둘째, 디지털 기법이 만들어내는 영상효과로 하이퍼리얼리즘으로서 스펙터클의 의미와 사례들을 검토하고, 셋째, 가상과 현실의 조합으로서 증강현실(*augumented reality*)이 어떻게 일상에서 활용되고 미학적 함의는 무엇인지 논의할 것이다.

1. 디지털: 기술과 기법

주장하건대 디지털 혁명은 이전 미디어 혁명보다 훨씬 거대하다. 우리는 지금 디지털 초기 단계에 접어 들어가고 있을 뿐이다. 인쇄 미디어의 도입은 단지 문화 커뮤니케이션의 한 '단계'(*stage*) ─ 미디어 유통 ─ 에만 영향을 미쳤다. 사진은 문화 커뮤니케이션의 한 '유형'(*type*) ─ 스틸 이미지 ─ 에 영향을 미쳤을 뿐이다. 반면, 디지털 미디어 혁명은 커뮤니케이션의 모든 단계들(지식습득, 저장, 조작, 유통)에 영향을 미친다. 그것은 또한 모든 종류의 유형(텍스트, 스틸 이미지, 동영상, 사운드, 공간 구성)에도 영향을 미친다(Manovich, 2001, p.19).

마노비치(2001)는 디지털 혁명이 커뮤니케이션의 '단계'와 텍스트의 '유형' 모두 영향을 미친다고 말한다. 디지털 기술이 만들어내는 지식습득, 저장방식, 조작, 유통이 사회적 맥락과 관련되어 있는 것이라면, 텍스트 유형은 이미지의 생산과 통합이라는 기법과 연결되어 있다.

디지털 기술은 세 가지 수준―기술적 처리과정[네트워크, 인터렉티브(interactive), 하이퍼텍스트/하이퍼매개,[46] 자동화, 데이터베이스], 문화형식[맥락의 결핍, 변용가능성, 리좀(rhizome)], 몰입적 경험[원격현장감(telepresence), 가상성(virtuality), 시뮬레이션]―에서 논의될 수 있다(Miller, 2011).

디지털 미디어는 인터넷, 모바일, 방송 등과 네트워크로 연결되어 있다. 미디어의 생산과 소비는 탈중심화되어 있어서 유저는 다양한 선택을 할 수 있다. 디지털 미디어가 네트워크되어 있다는 것은 인터렉티브와 하이퍼텍스트(혹은 하이퍼매개)로 연결되어 있다는 것이다. 인터렉티브는 수용자가 디지털 미디어를 소비하는 데 있어서 어떤 종류의 일이나 놀이를 할 수 있다는 것이다. 자동화는 데이터를 빠르고 쉽게 변용하는 기술적 능력이다.

디지털 정보나 데이터를 구성하는 방식이나 배열 그 자체는 정보나 데이터의 아키텍처(architecture)[47]를 만들어낸다. 정보나 데이터의 크기, 모양, 위치, 공간설정 등은 어떤 것이 중요하게 인식되는지, 누구에게 중요하게 접근되어야 하는지 등에 영향을 미친다. 데이터베이스의 배열과 연결방식에 따라서 접근이 이루어진다고 해

46. 하이퍼매개는 미디어의 연계성을 의미한다. 스마트폰, 스마트 텔레비전, 웹, 앱, 클라우드 컴퓨팅(cloud computing) 등은 서로 밀접하게 연계되어 새로운 미디어 신경망을 구성하고 있다.

47. 하드웨어나 소프트웨어를 구성하는 컴퓨터 시스템의 설계방식.

서 영화나 소설의 내러티브처럼 저자가 만들어낸 지배적 질서를 유저가 따라가는 것은 아니다. 유저는 수많은 선택의 가능성을 갖고 있기 때문에 스스로 원하는 대로 찾아가거나 자신만의 질서를 구성하며 의미를 만들어간다. 검색의 길은 소설이나 영화와 달리 끝이 없다.

데이터베이스의 방식은 맥락의 결핍(*lack of context*)을 이끄는 경향이 있다. 유저는 별개의 단위들(웹 페이지, 플레이리스트 등)을 다른 별개의 단위들과 연속적으로 접속함으로써 의미를 구성한다. 예를 들어 우리는 유튜브에서 어느 가수의 노래를 들은 후 다른 가수의 노래를 듣다가 드라마나 코미디의 한 장면을 보기도 한다. 우리는 끊임없이 서로 상이한 별개의 단위들 사이를 오고 간다. 이것이 디지털 문화가 맥락의 결핍에 기초해 있다는 것을 보여주며, 우리는 시간과 공간으로부터 자유롭게 이동한다.

디지털 데이터는 변용가능성에 기초해 있다. 자동차는 대중의 요구에 따라서 생산되지만, 대중은 자신 스스로 자동차의 다양한 요소들을 재배열하거나 변용하는 데 한계가 있다. 그러나 디지털 데이터는 이미 생산된 자동차와 달리 끊임없이 업데이트되고 무한하게 다른 데이터들과 연결되어 있다. 유저는 자신의 방식으로 데이터를 재배열하고 재창조한다. 데이터들은 수많은 실뿌리처럼 난맥으로 연결되어 있다. 데이터가 위계질서를 따르지 않는다는 점에서 디지털 문화형식은 리좀(실뿌리)들이 서로 얽혀 있는 상태이며, 유저는 스스로 데이터들을 변용한다.

디지털 문화는 유저에게 몰입적 경험을 만들어낸다. 공간으로부터 멀리 떨어져 있는 것을 지금 내 공간에 있는 것처럼 경험하기 때문에 원격현장감을 느끼고, 실재가 아닌 시뮬레이션을 실재처럼 느끼기도 한다. 우리가 인터넷 게임을 할 때 느끼는 경험은 몰입감

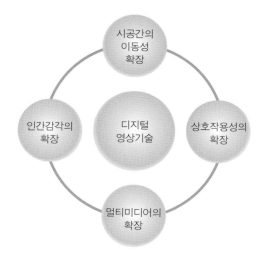

과 시뮬레이션이다.

　디지털 기술이 갖는 처리과정, 문화형식, 경험의 방식들은 〈그림 8-1〉로 도식화할 수 있다. 디지털 기술은 시공간의 이동성을 확장한다. 사이버 공간은 공간의 이동성에 기초하고 있으며 시간은 비선형적 시간관계로 구성된다. 그렇다고 해서 순차적(선형적) 시간이 사라지는 것은 아니며, 유저는 순차적 시간 내에서 과거와 현재가 오가는 복합시간과 동시성을 경험한다.

　네트워크화, 인터렉티브, 자동화, 하이퍼텍스트와 같은 기술적 처리과정은 상호작용성을 확장한다. 상호작용성은 유저가 매개된 기술 환경을 변형시키는 능력(스마트폰으로 방송을 시청하는 것 등), 메시지를 교환하는 맥락(일대다, 다대다, 다대일 등), 유저가 능동적으로 쌍방적 경험에 참여하고 있는 역할이나 느낌의 정도를 의미한다. 미디어와 미디어, 인간과 미디어, 인간과 인간 사이 상호작용성은 급속한 속도로 확장되고 있다.

　미디어가 끊임없이 인간의 경험을 확장하는 방식으로 발전해 왔다는 것을 고려한다면, 디지털 기술은 멀티미디어로서 시각, 촉각,

청각, 미각 등 다양한 감각기관을 확장하는 방식으로 전개되어 왔다. 시각, 촉각, 청각 등 다중적 감각의 확장은 주목할 만한 디지털 영상의 특징이다.

디지털 영상에서 특징적인 현상들 중에서 주목해야 하는 요소는 재매개(*remediation*)[48]이다. 디지털 기술의 재매개는 우리가 실제로 현장에 있는 것과 같은 느낌을 만들어내는 비매개(*immediacy*)와 그래픽, 텍스트, 비디오, 오디오, 데이터 등 다양한 결합방식을 통한 하이퍼매개를 통해서 구성된다(Bolter & Grusin, 1999/2006). 비매개는 매개하지 않는다는 것이 아니라 3D, 증강현실, 시뮬레이션, HD, X.1 수준의 고음향 등을 통해서 실제 현실 같은 느낌을 부여하는 것이다. 현실 같은 느낌의 부여, 인간의 감각을 확장하는 방식으로 비매개는 전개되고 있다.

디지털 텔레비전이 어떻게 이용의 맥락을 변화시키는지 살펴보자. 우리는 디지털 텔레비전의 도입으로 시공간의 이동성을 경험한다. 우리는 스마트폰을 통해서 어디에서나 텔레비전을 시청할 수 있기 때문에서 공간으로부터 자유로우며, 기존 텔레비전의 프로그램 편성에서 벗어나서 자신이 보고 싶은 프로그램을 자유롭게 선택할 수 있다. 이것은 편성시간의 구속으로부터 벗어나는 것이다. 우리는 텔레비전 화면, 컴퓨터 모니터, 스마트폰 화면을 통해서 텔레비전을 시청하는 N-Screen을 경험한다. 이것은 미디어와 미디어 사이의 상호연계성(*interconnectivity*)을 통해서 현실화된다. 고화질(HD), 3D, 고음향은 인간의 감각을 확장하는 데 기여한다. 디지털 텔레비전은 수용의 맥락도 변화시킨다. '가족-텔레비전'에서 '개인-텔레비전'으로 수용은 바뀌며, 개인은 텔레비전이 고정적으로 만든 편성에서 벗어나서 스스로 편성해서 원하는 프로그램을 본다. 이것은 디지털 기술이 만들어낸 변화들이다.

48. 미디어 문화의 역사는 재매개의 과정이었다. 사진은 회화를. 영화는 연극과 사진을, 텔레비전은 영화와 라디오를 재매개하면서 발전했다. 일반적으로 미디어는 다른 현상을 매개하는 것이다. 텔레비전 뉴스가 정치나 사회현장을 매개해서 전달하는 것처럼, 사진, 영화, 라디오, 텔레비전의 초기 역사는 기존 미디어가 갖고 있는 특성들을 어떻게 매개했는가를 잘 보여준다. 매개의 매개인 셈이다. 그러나 올드 미디어들은 특정 유형을 재매개한 것이지 디지털 문화에서처럼 통합적인 양식들을 재매개한 것은 아니었다.

텔레비전에서 디지털 기법이 주로 활용되는 장르는 드라마이다. 특히 역사드라마나 액션 드라마에서 컴퓨터 그래픽의 사용은 두드러진다. 〈그림 8-2〉는 〈추노〉(2010)에서 컴퓨터 그래픽이 사용된 장면이다. 배우는 블루 스크린 앞에서 연기를 하고 배경과 검(劍)은 컴퓨터 그래픽으로 처리되었다. 우리의 경우 드라마 사전제작제가 제대로 실시되지 않고 있기 때문에 컴퓨터 그래픽의 활용은 제한적이지만 꾸준히 증가추세에 있는 것은 분명하다.

2. 하이퍼리얼리즘으로서 스펙터클

이미지의 표현양식은 사실성을 어떻게 구성할 것인가와 주관적 감성이나 상상력을 어떻게 표현할 것인가에 대한 고민과 해결을 통해서 발전해 왔다. 사실성의 구현은 있는 그대로 정확히 묘사하는 자연주의로부터 사회적 맥락 속에서 정치현실을 그려내는 사회주의 리얼리즘, 일상 속의 부조리를 표현하는 누벨바크 등으로 진화해 왔다. 주관적 감성이나 상상력은 표현주의 예술이나 환영주의로 불릴 수 있는 판타지의 세계를 그려냈다.

디지털 영상이 만들어내는 것은 현실 재현능력이다. 그러나 디지털 영상은 이전에 사용되었던 사실적 표현방식을 넘어서서 새로운 수단을 통해서 사실적 이미지를 컴퓨터 그래픽으로 제작해 왔다. 하이퍼리얼리즘[49]은 디지털 영상이 만들어내는 사실성의 표현 방식이다. 디지털 영상은 어떻게 현실을 모방하거나 시뮬레이션을 할 것인가에 관심을 기울여왔다.

픽사(Pixar)[50]와 아이엘엠(ILM: *Industrial Light & Magic*)[51] 두 제작자는 디지털 영상의 발전에 결정적으로 기여하고 있다. 픽사는 디지털 이미지 합성으로 컴퓨터 애니메이션 영화 〈토이 스토리〉(1995)를 제작하면서 애니메이션 분야를 발전시켰다. 픽사의 디지털 영상은 실제 연기에서 연출하는 것이 아니라 모든 동영상을 컴퓨터로 제작하면서 대중적 인기를 끌어왔다. 반면, 조지 루카스(George Lucas)가 설립한 ILM은 SF, 판타지, 액션 영화 등에서 실제 연기의 영역 내 시각효과를 발휘하기 위한 장식적 역할로서 디지털 이미지를 활용해왔다. ILM은 1975년 〈스타 워즈 4: 새로운 희망〉(*Star Wars 4: A New Hope*, 1977)에서 최초로 모션 컨트롤(*motion control*) 카메라인 다이스트래플렉스(*Dystraflex*)를 개발해서 정밀한 동작의 움직임을 촬영했다. ILM은 새로운 디지털 소프트웨어 기법[디지털 합성, 모핑(*morfing*), 시뮬레이션 등]과 기술들[와이어 리무벌(*wire removal*), 이미지 모션 캡처(Imocap: *image motion capture*), 필름 입력 스캐너(*film input scanner*) 등]을 개발해서 스펙터클의 디지털 이미지를 만들어왔다. 다양한 디지털 기법, 컴퓨터 프로그래밍, 촬영기술 등이 추구한 것은 하이퍼리얼리즘이다. 디지털 영화에서는 장면을 자연스럽게 결합하기 위해서 세 가지 단계에서 기술적으로 성공을 거두는 작업이 필요하다.

첫째, 가상적 실체는 특성상 매우 환상적이면서도 납득할 만하게 보이고 또 그렇게 움직여야만 한다. 이 단계에서는 표현적 정확성, 즉 자연

49. 하이퍼리얼리즘은 1960년대 후반 주관성을 배제한 예술경향이기도 하다. 대체로 일상적 대상들(음식, 인물 등)을 사진처럼 표현한다. 회화의 하이퍼리얼리즘은 사실을 아무리 극사실적으로 묘사해도 그것은 사실이 아니라는 것을 주장한다. 사실과 사실적 표현의 차이를 보여주었다. 그러나 여기서는 미술사조로서 하이퍼리얼리즘을 말하는 것이 아니다.

50. 픽사(Pixar Animation Studio)는 1986년 스티브 잡스가 루카스 필름 컴퓨터 사업부를 인수하면서 시작되었다. 픽사는 미국 정부와 의료기관에 고성능 그래픽 디자인 컴퓨터를 판매하는 하드웨어 판매사였지만, 재정위기에 처하자 컴퓨터 애니메이션 광고를 제작했다. 1995년 〈토이 스토리〉(*Toy Story*)를 제작하면서 선도적인 컴퓨터 애니메이션 제작사로 부상했다. 〈몬스터 주식회사〉(*Monsters Inc.*)(2001), 〈니모를 찾아서〉(*Finding Nemo*)(2003), 〈몬스터 대학교〉(*Monsters University*)(2013) 등을 제작했다. 2006년 월트 디즈니가 픽사를 인수해서 현재 픽사는 월트 디즈니 자회사이다.

51. ILM은 1975년 조지 루카스(George Lucas)가 설립한 특수효과 전문제작사이다. 영화, 광고제작, 놀이공원 산업 등에 사용되는 디지털 영상과 특수효과를 선도하고 있다. 〈스타 트렉〉 시리즈, 〈어비스〉(*The Abyss*)(1989), 〈터미네이터 2〉(*Terminator 2: Judgement Day*)(1991), 〈쥬라기 공원〉(*Jurassic Park*) 시리즈, 〈죽어야 사는 여자〉(*Death Becomes Her*)(1992), 〈마스크〉(*The Mask*)(1994), 〈캐리비안의

〈해적〉(*Pirates of Caribbean*) 시리즈, 〈트렌스포머〉(*Transformers*) 시리즈, 〈아이언 맨〉(*Iron Man*) 시리즈, 〈아바타〉(*Avatar*)(2009) 등 특수효과에 참여했다.

주의가 요구된다. 둘째, 가상적 실체는 인간 배우와 동일한 영화 공간을 점유함으로써 존재론적으로 공존해야 한다. 여기에서 리얼리즘 이미지를 다르게 구현한 두 집단(예를 들어 인간 집단과 외계 집단)이 말끔하게 결합되어야만 한다. 즉, 디지털 시뮬레이션이라는 존재의 완벽한 결합이 중요하다. 세 번째 단계는 영화의 서사 내 영역, 즉 이야기 공간으로서의 완벽한 통합이다. 이런 작업을 수행하기 위해 막대한 분량의 사전 계획이 필요하며, 정확하게 조각난 숏을 붙이는 작업을 통해 촬영분 모두가 연결되도록 한다. 결국 표현의 정확성은 서사적 환영주의라고 하는 다소 다른 기호체계에 종속된다(Darley, 2000/2003, pp.143~144).

달리(Darley)는 디지털 이미지 효과가 스펙터클을 만들기 위해서는 정확한 표현력을 부여하는 자연주의, 실재(인간 배우)와 허구적 이미지(외계인 등) 사이 완벽한 결합, 그리고 서사의 영역 내에서 통합되는 환영주의라는 세 과정이 중요하다고 지적한다. 환상적인 장면에서조차 리얼리티의 창출은 중요하다.

로드윅(Rodowick)은 디지털 프로세스가 아날로그 기술과 이미지의 기나긴 특권을 완전히 대체한 1980년대부터 2000년에 이르기까지 주목할 만한 변화들을 다음과 같이 기술한다(Rodowick, 2007/2012, pp.10~11).

- 1979년 루카스 필름은 영화의 특수효과를 개발하기 위해 컴퓨터 애니메이션 연구소를 설립한다.
- 1980년대 텔레비전 광고와 뮤직비디오 제작에서 디지털 이미지 프로세싱과 합성이 점차 보편화된다. 스티브 잡스(Steve Jobs)의 픽사와 조지 루카스의 ILM은 디지털 영화제작의 혁신에 기여한다.

- 1980년대 후반 디지털 비선형 편집시스템이 편집표준이 된다.
- 1989년 〈어비스〉(*The Abyss*)에서 최초의 디지털 캐릭터 바다 원생생물 슈도(Pseudopod)를 만든다. 그 실험은 1991년 〈터미네이터 2〉에서 T-2000 캐릭터로 발전된다. 몰핑 기법을 통해 인간 배우가 컴퓨터 이미지로 변형된다.
- 1990년 〈딕트레이시〉(*Dick Tracy*)와 〈가위손〉(*Edward Scissorhands*)은 디지털 사운드를 도입한다.
- 1993년 〈쥬라기 공원〉은 '사진적으로' 믿을 만한 합성 이미지의 가능성을 대중화시킨다.
- 1995년 픽사는 최초의 합성 장편영화 〈토이스토리〉를 개봉한다.
- 1998~2001년 디지털 카메라가 대중화된다.
- 1998년 〈플레전트빌〉(*Pleasantville*, 1998)과 〈오, 형제여 어디 있는가〉(*O, Brother Where Art Thou?*, 2000)는 포스트프로덕션 프로세스를 위해 최초로 필름 네거티브를 디지털 포맷으로 변환한다.
- 1999년 7~8월 〈스타워즈 에피소드 1: 보이지 않는 위험〉은 뉴저지와 로스앤젤레스에서 디지털 테스트 상영에 성공한다.
- 2000년 7월 인터넷 전송과 디지털 상영이 결합된다. 20세기 폭스와 시스코시스템즈가 협력하여 〈타이탄〉(*Titan A. E.*)을 인터넷을 통해 애틀랜타 극장으로 전송한 뒤 디지털 방식으로 상영한다.

영화의 디지털 기술은 영상뿐만 아니라 카메라, 편집, 음향, 포스트프로덕션, 상영에 이르기까지 확대되고 있다. 영상적 측면에서만 보면 디지털 기술의 시뮬레이션은 두 가지 측면에서 수행되어 왔다. 하나는 원본이 없는 것에 대한 시뮬레이션이다. 이것은 새로운 상상적 캐릭터를 산출하는 작업이다. 1989년 〈어비스〉에서 컴퓨터 그래픽으로 만든 3차원 캐릭터인 바다생물이 창조된 이후 상상

〈그림 8-3〉

〈어비스〉에서 바다생물과 해저탐험대가
만나는 장면

의 캐릭터들은 영화에서 중요한 위치를 차지하고 있다. 〈어비스〉에서 바다생물이 나오는 장면은 영화 역사에서 가장 창의적인 기술적 진보를 보여주는 장면 중의 하나이다(〈그림 8-3〉 참고). 이전 영화들에서 상상적 캐릭터들은 미니어처나 스톱모션 애니메이션으로 제작되었다. 그러나 〈어비스〉의 3차원 캐릭터는 표현의 정확성과 화면 공간의 점유에 있어서 이전의 미니어처와 비교할 수 없을 정도이다. 미니어처나 스톱모션 애니메이션은 동작의 연결성이 부족하고 사실적이지 못했기 때문이다. 이 장면은 75초 정도 등장하지만 제작기간이 8개월이나 걸렸을 정도로 조지 루카스는 심혈을 기울였다. 비록 〈어비스〉의 흥행은 실패했지만 컴퓨터 그래픽의 효과는 〈터미네이터 2〉의 형체변형 이미지와 〈쥬라기 공원〉의 공룡 이미지들로 발전하면서 새로운 스펙터클을 만들어냈다.[52]

디지털 이미지는 영상에서 리얼리즘의 문제를 새롭게 제기한다. 프린스(Prince, 1996)는 영상의 리얼리즘은 사진적 이미지(실제 대상을 찍은)와 준거에 의해서 정의되어 왔다고 말한다. 그러나 〈쥬라기 공원〉의 공룡들은 사진으로 찍을 수 없지만 신뢰할 수 있는 사진적 이미지를 보여주었다. 디지털 이미지는 전통적 리얼리즘에 도전한 것이다. 프린스는 디지털 이미지의 등장으로 "리얼리즘이 '준거의 문제'(*matter of reference*)가 아니라 '지각의 문제'(*matter of perception*)" (Prince, 1996, p.29)가 되었다고 주장한다. 왜냐하면 공룡이나 바다

52. 영화 〈괴물〉(봉준호 감독, 2006)에
나오는 한강괴물이나 〈반지의 제왕〉과
〈호빗〉시리즈에서 나오는 트롤과 오크족
등도 여기에 해당된다.

생물처럼 실제 준거는 없지만 관객은 그것을 사실적으로 느끼기 때문이다. 그는 디지털 이미지를 '지각적 리얼리즘'(*perceptual realism*)으로 규정한다. 그러나 이와 같은 주장은 디지털 이미지를 수용의 관점에서만 정의하는 것이다. 디지털 이미지는 제작과 수용의 측면에서 하이퍼리얼리즘으로 규정하는 것이 더 적절하다. 하이퍼리얼리즘은 준거 대상이 없더라도 이미지의 사실성과 수용의 사실성을 함께 포함하는 의미를 담고 있다.

디지털 이미지가 만들어내는 또 다른 것은 원본이 있는 것에 대한 시뮬레이션이다. 이것은 준거가 있는 사물이나 인물을 디지털 영상으로 재현하는 것이다. 영화 〈명량〉(2014)이나 〈영웅〉(2002) 같은 역사영화나 〈반지의 제왕〉시리즈나 〈호빗〉시리즈에는 수많은 군대들이 등장한다. 〈명량〉을 위해서 제작된 전함은 몇 척 되지 않지만 영화에서는 수백 척의 전함들이 웅장하게 모습을 드러낸다. 판타지 영화에서도 실제 영화촬영에 동원된 엑스트라는 500명 내외지만 디지털 합성을 통해서 수만 명 혹은 수십만 명의 군대로 표현됨으로써 장중함을 보여준다.

디지털 영화의 스펙터클과 액션은 서사와 동등한 위치를 차지하거나 서사를 압도한다. 디지털 영화는 형식적 광대함에 집착함으로써 내용과 의미보다는 이미지가 주류를 이루고 있다. 과거 영화에서는 서사 영역과 시각 영역 사이에 긴장감을 유지했다. 디지털 합성 기술이 40장면 이상 사용된 〈터미네이터 2: 심판의 날〉이나 〈쥐라기 공원〉에서 서사의 중요성을 여전히 유지되었다. 그러나 〈호빗: 다섯 군대의 전투〉(2014)는 서사가 극도로 약화되어 있다. 스마우그 용이 거대한 불을 뿜어내면서 호수마을을 공격하는 스펙터클로부터 시작되는 〈호빗: 다섯 군대의 전투〉는 영화 러닝타임의 반 가까이가 다섯 군대의 전투 장면으로 구성되어 있다. 소린은 왜

금은보화를 지키겠다는 이기심에서 벗어나서 전투에 참여하는지 동기가 없으며, 드워프 킬리와 엘프 여전사 타우리엘의 사랑은 부족한 서사를 메우기 위한 양념에 불과하다. 끊임없는 전투만이 존재하고 관객은 스펙터클에 압도당하면서 몰입한다.

디지털 영화는 행위와 표현에 있어서 서사보다는 기술적 표현형식에 몰두하고 의미의 깊이가 부족한 경우가 적지 않다. 지시대상으로서 이미지보다는 새롭게 만들어낸 시뮬레이션 이미지가 영상을 지배함으로써 이미지의 과잉성, 의미의 깊이 없음, 피상성 등을 보여준다. 그렇다고 해서 디지털 영화가 단지 서사 없는 스펙터클을 만들 뿐이라고 단순히 말하는 것은 아니다. 오히려 이와 같은 요소들은 기존의 리얼리즘과 환영주의를 결합하는 새로운 디지털 영화미학이라고 볼 수 있다.

3. 증강현실: 가상과 현실의 조합

Time(2010년 3월 22일자)은 '2010년 10대 기술 트렌드'의 하나로 '증강현실'을 선택했다. 증강현실이 새로운 영상기법은 아니었다. 우리는 올림픽이나 스포츠 텔레비전 중계(미식축구, 축구 등)에서 증강현실을 경험해왔다. 수영 경기의 경우 각 선수들의 출발 레인에 각 나라의 국기를 합성해서 보여주는 것도 증강현실의 사례이다. 그러나 *Time*이 주목한 이유는 웹캠과 스마트폰이 일상화되면서 증강현실은 우리의 일상생활 속으로 들어왔다는 점 때문이었다.

*Time*은 사례로써 미국우정국(USPS)의 '가상 우편물 소포상자 시뮬레이터'(*virtual box simulator*)를 들고 있다. 소포를 보내는 사람은 자신이 보내고자 하는 물건이 어느 정도 크기의 소포 상자에 맞는

가상현실   증강현실

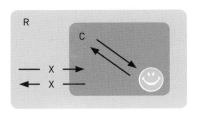 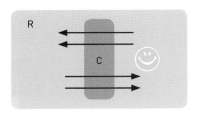

〈그림 8-4〉
가상현실과 증강현실의 관계
C = 컴퓨터의 세계
R = 현실세계
상호작용의 관계 ──────▶

지를 알고 싶어 한다. '가상 우편물 소포상자 시뮬레이터'에 접속해서 웹캠을 조작하면 시뮬레이터가 작동하는데, 현실에는 존재하지 않는 반투명의 소포상자가 나타난다. 소포를 보내고 싶은 사람은 물건이 맞게 소포상자에 들어가는지 확인할 수 있다.

증강현실은 1990년 보잉사 연구원인 톰 코델(Tom Caudell)이 항공기 정비작업 지원 프로그램을 개발하면서 사용되었다. 증강현실은 가상현실(*virtual reality*)의 변형이다. 가상현실 기술은 유저로 하여금 합성된 세계 속으로 몰입하게 만든다. 그러나 유저는 실제 세계를 바라볼 수 없다. 반면 증강현실은 디지털 정보나 컴퓨터 생산 정보(이미지, 오디오, 비디오, 촉각적 느낌 등)들을 실제-시간 환경 속으로 겹쳐 놓는다. 가상현실과 다르게 증강현실은 유저에게 가상적 대상이나 사물을 현실세계에서 볼 수 있게 만든다. 따라서 키퍼와 람폴라는 "증강현실은 완전한 합성현실과 완전한 실제현실 사이의 중간 지점"(Kipper and Rampolla, 2012, p.1)에 위치한다고 말한다. 증강현실과 가상현실의 차이는 〈그림 8-4〉와 같다(아키히로, 2010/2011, p. 32).

가상현실은 인간과 컴퓨터 사이의 상호작용만 발생하고 현실 세계와의 상호작용은 발생하지 않는다. 반면 증강현실은 현실 세계와 컴퓨터(혹은 스마트폰 등) 사이 상호작용, 그리고 컴퓨터를 사이에 둔 인간과 현실 세계와 상호작용이 이루어진다. 인간이 상호작

용을 행하는 상대는 컴퓨터라는 점에서 가상현실과 증강현실은 공통적이지만, 증강현실은 이를 통해서 현실 세계와 상호작용이 발생하는 점에서 다르다. 따라서 가상현실의 파생형이 증강현실이라고 볼 수 있다.

키퍼와 람폴라(Kipper and Rampolla, 2012, p.3)는 진정한 증강현실의 특징을 세 가지로 정의한다.

- 증강현실은 실제와 가상 정보를 결합한다.
- 증강현실은 실제 시간에서 상호작용한다.
- 증강현실은 3D 환경에서 작동하거나 사용된다.

이와 같은 정의에 따르면 2D 유형의 이미지는 증강현실이 아니다. 앞에서 논의했던 〈쥐라기 공원〉의 공룡 이미지는 실제가 아니라 가상 이미지이며 3D로 제작되어 실제 영화 환경 속에서 등장하지만, 관객과 상호작용을 하지 않는다는 점에서 증강현실이라고 볼 수 없다. 증강현실은 4개의 플랫폼[웹캠이 설치된 카메라, 스마트폰이나 태블릿PC, 증강현실 안경이나 HMD(*head-mounted display*), 정보안내시스템(kiosks)[53]]을 통해서 상호작용을 한다.

크래그(Craig, 2013)는 증강현실이 단순한 기술이 아니라 미디엄이라고 주장한다. 증강현실은 인간과 컴퓨터, 인간과 인간, 컴퓨터와 인간 사이의 매개하는 과정으로 인식되어야 하기 때문이다. 증강현실을 수행하는 것은 디지털 기술이지만, 기술 이상으로 간주되는 것은 증강현실의 어플리케이션들이 어떻게 스토리를 만들고 감정을 불러일으키며 사실을 기록하는가와 관련된 경험의 문제에 관심을 기울이는 것이 필요하기 때문이다.

증강현실은 다양한 방식으로 구현되고 있다. 가장 대표적인 증

53. 정보안내시스템(kiosks)은 무역센터 등에 설치된 디스플레이를 의미한다. 참가자들은 정보안내시스템을 터치해서 필요한 상품의 정보 등을 파악할 수 있다.

강현실의 실현형식은 마커(*marker*) 유형과 위치정보 유형이다. 마커 유형은 카메라로 찍은 영상을 해석하고 눈앞의 공간에 위치시키는 것이다. 마커 유형은 특수한 마커를 사용하는 형식인데, 컴퓨터 그래픽을 표현하고 싶은 현실 공간에 마커를 설치해두면 사용자는 그것을 카메라로 촬영한다. 컴퓨터가 영상을 해석하고 표시되어 있는 마커의 크기나 경사도로 사용자의 위치를 역산하여 이에 맞게 이미지가 합성된다.

〈그림 8-5〉의 오른쪽에 있는 그림은 티소트(Tissot) 시계 쇼핑몰에서 증강현실이 활용되는 사례이다. 사용자는 티소트가 제공하는 손목밴드를 차고 설치된 웹캠으로 찍으면 다양한 시계들이 등장한다. 여기서 사용자가 자신이 원하는 시계를 클릭하면 자신의 손목에 시계가 손목에 나타난다. 사용자는 시계 모델의 선택뿐만 아니라 시곗줄, 디자인, 색 등을 바꿀 수도 있다.

위치정보 유형은 GPS 등 위치추적 기술을 이용하는 형식이다. 위치정보 유형은 이미지를 인식하지 않고도 다양한 센서를 이용해서 단말기의 위치나 경사도를 확인할 수 있으며 그에 맞게 콘텐츠를 제공할 수 있다. 위치정보 유형의 매력은 현실 공간에 특정한 이미지를 설치하지 않아도 된다는 점이다. 특히 실외에서 증강현실을 표현할 때 마커를 준비해둔다는 것은 현실적이지 않으므로 위치정보 유형의 필요성은 높아진다. 또한 주변 공간의 영상이 필요 없기 때문에 카메라를 탑재하지 않은 단말기로도 증강현실을 실현할 수 있는 장점이 있다(아키히로, 2010/2011, p.43).

증강현실이 사용되는 분야는 무궁무진하다. 증강현실을 사용하는 앱들은 즐거움과 실용성을 추구하는 데 목적이 있다. 텔레비전이나 게임에서 사용되는 증강현실은 즐거움을 추구한다. 예를 들어 증강현실을 이용한 게임으로 SpecTrek이 있다. 이 게임은 사용자의 GPS를 이용해서 현재 위치를 알아내고 주변 지역에 사용자가 사냥할 목표물인 유령을 준비한다. 이 게임은 구글 맵상에 유령표시를 나타내는 기능도 있다. 게임을 진행하는 동안 유령은 카메라 영상 위에 오버레이(*overlay*)되어서 보인다.

증강현실이 실용적으로 활용될 수 있는 다양한 영역들은 군대(특수부대의 안경이나 비행기 내부의 시뮬레이터), 자동차(자동차의 전면 유리에 고화질 디스플레이를 장착해서 차량 내부와 외부에 설치된 카메라로부터 입력된 화면이 나침반, 대체경로, 일기정보 등을 제공), 의료기기(증강현실 데이터를 다른 데이터와 함께 원거리의 의사에게 전달하여 의사가 마치 환자를 앞에서 진료하는 것처럼 정보를 제공), 쇼핑몰(증강현실을 통한 가상 의상실), 관광(관광객이 바라보는 장소나 건물에 대한 정보 제공), 건축(완성된 건축물의 청사진을 그려낼 수 있는 카메라가 달린 장비를 이용해서 가상의 건축물을 보여주는 것), 예술(특정 디자인을 실제로 그려보거나 조작하기 이전에 미리 만들어보는 것), 게임 산업, 텔레비전, 교육 분야, 천문학 등에 이르기까지 다양하다. 가까운 미래에 사용될 증강현실로 가상체험을 들 수 있다. 머리에 기기를 착용하면 마치 영화 속의 한 장면에 살고 있는 것처럼 주변이 영화 속의 공간으로 바뀔 수도 있다. 여기에 음향이나 향기를 증강하는 장비나 촉감을 표현하도록 만들어진 특수 제작 의복을 착용하면 가상체험은 실제 체험처럼 느껴질 수 있다(Sood, 2012/2013).

증강현실은 주로 기술을 어떻게 활용할 것인가 하는 산업적 관점에서 논의되어 왔다. 디지털 이미지로서 증강현실이 갖는 미학적 측면에 대한 논의는 거의 없다. 전자 미디어에 대한 맥클루언(McLuhan, 1994)의 창의적 논의는 증강현실 이미지가 갖는 미학적 측면을 논의할 수 있는 실마리를 제공한다. 맥클루언은 인쇄 미디어와 대조되는 전자 미디어가 갖는 특성 중의 하나로 '촉각'(tactility)을 꼽고 있다. 맥클루언이 전자 미디어를 촉각적(tactile)이라고 말할 때 그것은 단지 터치의 감각을 의미하는 것은 아니라 감각들의 통합을 지칭한다. 시청자의 다양한 감각들이 전자 미디어의 내용 속으로 관여된다는 것이다.

그렇다고 해서 맥클루언이 감각의 통합만을 말한 것은 아니다. 맥클루언은 텔레비전 영상이 지닌 촉각적 성격이 가장 생생하게 드러나는 예로 의학 분야를 꼽는다. "폐쇄회로 텔레비전으로 수술 방법을 지도받는 의과대학생들은 처음부터 이상한 느낌을 받았다고 말한다. 그들은 수술을 지켜보고 있다고 느끼지 않고 스스로 수술을 행하고 있다고 느꼈다. 그들은 스스로 메스를 쥐고 있는 것처럼 느꼈던 것이다"(McLuhan, 1994, p.551). 폐쇄회로 텔레비전에서 의과대학생들이 느낀 감각은 터치의 감각으로서 촉각이다.

증강현실은 이와 같은 촉각적 감각에 의존한다. 전자 미디어가 촉각성을 지닌다는 것은 공간적 거리가 느껴지지 않기 때문이다. 증강현실에서 보이는 이미지나 정보의 통합은 손으로 잡을 수 있을 것 같은 느낌을 제공한다. 증강현실은 주로 시각에 의존하지만, 티소트 시계의 사례처럼 즉각적으로 만질 수 있는 느낌을 제공한다는 점에서 '촉각의 리얼리즘'에 기반하고 있다. 따라서 증강현실은 촉각의 확장이다. 가상현실에서 증강현실 안으로 들어오는 정보나 데이터들은 시각으로서 다가오는 것이 아니라 공간적 거리를 사라지게 하기 때문에 촉각으로 느껴지는 것이다.

맥클루언이 "어쩌면 '촉각'이란 '사물들'과의 단순한 피부 접촉이 아니라 '정신' 속에 존재하는 사물들의 생명 그 자체가 아닐까?" (McLuhan, 1994, p.208)라는 다소 추상적인 진술을 하고 있다. 증강현실의 촉각이라는 것 역시 가상의 이미지나 데이터가 친밀한 것으로 다가옴으로써 사용자의 정신 속에서 좀더 사실적으로 경험된다. 이것은 디지털 이미지의 상호작용성과 밀접한 관계를 맺는다. 증강현실은 실시간에서 상호작용성이 발생하기 때문에 촉각적 친밀성은 커질 수밖에 없다. 더욱이 증강현실을 구현하기 위해서 우리는 손가락의 움직임에 의존해야만 한다. 이것은 텔레비전이나 영화를 보는 것이나 책을 읽는 것과 다르다. 우리는 끊임없는 손가락의 터치를 통해서 증강현실로 들어오는 가상의 정보를 경험한다. 손가락이 갖는 터치의 움직임은 정보가 손 안으로 들어오는 듯한 느낌을 부여한다. 현재 사용 중이거나 개발 중인 증강현실 앱들이 지니고 있는 함의는 주로 시각에 의존하지만 그 기저에는 촉각이 만들어내는 사실성에 있다고 볼 수 있다.

이 책의 마지막 장에서는 디지털 이미지를 기술과 기법의 맥락, 디지털 영화 그리고 증강현실의 사례를 통해서 살펴보았다. 디지털 기술은 신문, 라디오, 텔레비전 등과 같은 기술과는 다르다. 라디오나 영화 등은 단일 미디엄이지만 디지털 기술은 모든 미디어에 깊숙이 침윤되어 있다. 따라서 디지털 이미지에 대해서 설명할 때 논의의 지점은 매우 복잡하게 얽혀 있다. 더욱이 디지털 기술은 커뮤니케이션의 생산과 수용방식뿐만 아니라 정치, 경제, 예술 등 모든 영역에 걸쳐서 진화하고 있다. 단일한 논의가 어려운 이유가 여기에 있다. 나는 책의 첫 장에서 플라톤의 동굴을 설명하면서 우리가 '새로운 이미지의 동굴' 속에서 살고 있다는 점을 지적했다. 우리는 가상과 현실이 접목된 디지털 이미지의 동굴에 살고 있다.

디지털 이미지를 논의하면서 내가 강조한 것은 '리얼리즘의 확장'이었다. 이 책의 제2장 표현의 방식과 시각의 변화에서 논의했던 것처럼 영상에서 끊임없이 추구했던 것 중의 하나는 사실성의 표현이었다. 디지털 기술이 등장하면서 사실성은 하이퍼리얼리즘으로 확대되었다. 또한 여러 가지 감각들의 통합이 디지털 기술을 통해서 구현되고 있다. 증강현실은 촉각의 리얼리즘에 기반하여 발전하고 있다. 맥클루언이 미디어의 발전은 '인간의 확장'으로 말했던 것처럼 디지털 기술은 인간의 감각들을 확장하고 있다.

참고문헌

강명구(1993), 《소비대중문화와 포스트모더니즘》, 민음사.

김성재(1998), "기술적 형상(形象)의 미학과 새로운 매체현실",
　　　《매체미학》, 나남.

도정일(1998), "영상시대의 문학의 힘과 가능성",
　　　《현대문학》 제517호, pp.50∼64.

마순자(2003), 《자연 풍경 그리고 인간》, 서울: 아카넷.

신광현(2001), "시선과 영화: 로라 멀비의 '시각적 쾌락과 서사 영화'를
　　　중심으로", 《비평》 통권 제8호, pp.75∼102.

신인섭(2002), 《광고로 보는 한국 화장의 문화사》, 김영사.

아키히토, 고바야시(2010), 《알기 쉬운 증강현실》, 이정아(역)(2011),
　　　서울: e비즈북스.

이수범(2000), "텔레비전 광고에 나타난 신세대 소비문화의 특성에 관한
　　　연구", 《프로그램/텍스트》 제2호, pp.109∼147.

이승훈(1979), 《시론》, 고려원.

홍석경(1997), "매개학, 인문사회과학의 새로운 병참술: 레지스 드브레의

매개학 혁명에 대한 관찰기", 《현대사상》 통권 제4호, pp.265~285.

Allen, R.(1987), *Channels of Discourse: Television and Contemporary Criticism*, 김훈순(역)(1992), 《텔레비전과 현대비평》, 나남.

_____ (1991), "A reader-oriented poetics of the soap opera", In Landy, M.(ed.), *Imitations of Life*, Detroit: Wayne State University Press.

Andrews, M.(1989), *The Search for the Picturesque: Landscape Aesthetics and Tourism in Britain, 1700~1800*, Stanford University Press.

Aufderheide, P.(1986), "Music videos: The look of the sound", *Journal of Communication*, 36(1), pp.57~78.

Bakhtin, M.(2000), "Forms of time and of the chronotope in the novel: Notes toward a historical poetics", In Mcquillan, M.(ed.), *The Narrative Reader*, London: Routledge.

Barthe, R.(1972), Lavers, A.(trans.), *Mythologies*, New York: Hill and Wang.

_____ (1993), 김인식 편(역), 《이미지와 글쓰기: 롤랑 바르트 이미지론》, 세계사.

Baudrillard, J.(1980), "The Implosion of meaning in the mass media and the implosion of the social in the masses", In Woodward, K.(ed.), *The Myths of Information: Technology and Postindustrial Culture*, Wisconsin: Coda Press.

_____ (1983), *Simulations*, 하태완(역)(1996), 《시뮬라시옹》, 민음사.

_____ (1988), In Poster, M.(ed.), *Jean Baudrillard: Selected Writings*, Oxford: Polity Press.

Beaver, F. E.(1994), *Dictionary of Film Terms*, 김혜리(역)(1995), 《영화미학 용어사전》, 영화언어.

Benjamin, W.(1983), 반성완 편(역), 《발터 벤야민의 문예이론》, 민음사.

Berger, A. A.(1989), *Seeing is Believing: An Introduction to Visual Communication*, California: Mayfield Publishing Company.

Berger, J.(1972), *Ways of Seeing*, 강명구(역)(1987),

《영상 커뮤니케이션과 사회》, 나남.

Bolter, D. & Grusin, R.(1999), *Remediation: Understanding New Media*, 이재현(역)(2006), 《재매개: 뉴미디어의 계보학》, 서울: 커뮤니케이션북스.

Booth, W. C.(1961), *The Rhetoric of Fiction*, Chicago: University of Chicago Press.

Bürger, P.(1984), *Theory of the Avant-Garde*, Manchestar: Manchestar University Press.

Carr-Gomm, P.(2010), *A Brief History of Nakedness*, 정주연(역)(2012), 《나체의 역사》, 서울: 학고재.

Chatman, S.(1978), *Story and Discourse; Narrative Structure in Fiction and Film*, 김경수(역)(1990), 《영화와 소설의 사사구조》, 민음사.

_____ (1990), *The Rhetoric of Narrative in Fiction and Film*, 한용환·강덕화 역(2000), 《영화와 소설의 수사학》, 동국대출판부.

Childers, J. & Hentzi, G.(1995), *The Columbia Dictionary of Modern Literacy and Cultural Criticism*, New York: Columbia University Press.

Cobley, P.(2001), *Narrative: The New Critical Idiom*, London and New York: Routledge.

Craig, A.(2013), *Understanding Augmented Reality: Concepts and Applications*, Amsterdam: Elsevier.

Darley, A.(2000), *Visual Digital Culture: Surface Play and Spectacle in New Media Genres*, 김주환(역)(2003), 《디지털 시대의 영상문화》, 서울: 현실문화연구.

Debray, R.(1992), *Vie et mort de l'image*, 정진국(역)(1994), 《이미지의 삶과 죽음: 서구적 시선의 역사》, 시각과 언어.

Dunn, R.(1991), "Postmodernism: Populism, mass culture and avant-garde", *Theory, Culture & Society*, 8(2), pp.111~135.

Fiske, J.(1986), "MTV: Post-structural post-modern," *Journal of Communication Inquiry*, 10(1), pp.74~79.

＿＿＿ (1987), *Television Culture*, London and New York: Routledge.

Forbes, J.(1996), "The french nouvelle vague", Hill, J. and Gibson, P.
C.(Eds.), *The Oxford Guide to Film Studies*, 안정효·최세민·
안자영(역)(2004),《세계영화연구》, 서울: 현암사.

Forster, E. M.(1971), *Aspects of the Novel*, Harmondsworth: Penguin.

Foster, H.(1985), *Postmodern Culture*, London and Sydney: Pluto Press.

Foucault, M.(1979), *Surveiller et Punir: Naissance de la Prison*,
오생근(역)(1988),《감시와 처벌: 감옥의 역사》, 나남.

Freund, G.(1976), *Photographie et Societe*, 성완경(역)(1979),
《사진과 사회》, 홍성사.

Gage, J.(1999), *Colour and Meaning: Art, Science and Symbolism*,
London: Thames & Hudson.

Genette, G.(1980), *Narrative Discourse*, Oxford: Blackwell.

Goffman, E.(1976), *Gender Advertisement*, New York: Harper and Row.

Grossberg, L.(1989), "MTV: Swinging on the (postmodern) star",
In Angus I. & Jhally, S.(eds.), *Cultural Politics in Contemporary
America*, London and New York: Routledge.

＿＿＿ (1992), *We Gotta Get out of This Place: Popular Conservatism and
Postmodern Culture*, London and New York: Routledge.

Habermas, J.(1985), "Modernity: on imcomplete project", In Foster, H.(ed.),
Postmodern Culture, London and Sydney: Pluto Press.

Hassan, I.(1985), "The culture of postmodernism",
Theory, Culture & Society, 2(3), pp.119~131.

Huyssen, A.(1986), *After the Great Divide: Modernism, Mass Culture,
Postmodernism*, Bloomington and Indianapolis:
Indiana University Press.

Iser, W.(1980), "Interaction between text and reader", In Suleiman,
S. & Crosman, I.(eds.), *The Reader in the Text: Essays on
Audience and Interpretation*, New Jersey: Princeton University Press.

Jameson, F.(1991), *Postmodernism, or the Cultural Logic of Late Capitalism*,
London: Verso.

Jauss, H. R.(1982), Bahti, T.(trans.), *Toward an Aesthetic of Reception*,
Sussex: The Harvester Press.

Jenks, C.(1995), "The centrality of the eye in western culture: An introduction",
In Jenks, C.(ed.), *Visual Culture*, London: Routledge.

Joly, M.(1994), *Introduction a l'analyse de l'image*, 김동윤(역)(1999),
《영상 이미지 읽기》, 문예출판사.

Joyce, M.(1996), "The soviet montage cinema of the 1920s", In Nelmes,
J.(ed.), *An Introduction to Film Studies*, London and New York:
Routledge.

Juhl, P. D.(1981), *Interpretation: An Essay in the Philosophy of Literacy
Criticism*, Princeton: Princeton University Press.

Kaplan, E. A.(1987), *Rocking Around the Clock: Music Television,
Postmodernism, and Consumer Culture*, London and New York:
Methuen.

Kellner, D.(1995), *Media Culture*, London: Routledge.

Kipper, G. and Rampolla, J.(2012), *Augmented Reality: An Emerging
Technologies Guide to AR*, Amsterdam: Elsevier.

Kozloff, S. R.(1992), "Narrative Theory and Television", In Allen, R.(ed.),
Channels of Discourse, 김훈순(역),《텔레비전과 현대비평》, 나남.

Kracauer, S. (2004), From Theory of Film: Basic concepts, Braudy, L. and
Cohen, M.(Eds.), *Film Theory and Criticism*(Six Edition), New York:
Oxford University Press.

Kress, G. & Leeuwen, T.(1996), *Reading Images: The Grammar of Visual
Design*, London: Routledge.

Lacey, N.(2000), *Narrative and Genre: Key Concepts in Media Studies*,
London: MacMillan Press LTD.

Lester, P. M.(1995), *Visual Communication: Images with Message*,

금동호·김성민 (공역)(1996),《비주얼 커뮤니케이션: 메시지가 있는 이미지》, 나남.

Letts, R. M.(1981) *The Renaissance: Cambridge Introduction to the History of Art*, 김창규(역)(1999),《르네상스의 미술》, 서울: 도서출판 예경.

Libebmann, M. (1979), "Iconolgie", Kaemmerling, E.(Ed.), *Ikonographie und Ikonologie*, 이한순 외(역)(1997),《도상학과 도상해석학》, 서울: 사계절.

Lothe, J.(2000), *Narrative in Fiction and Film*, Oxford: Oxford University Press.

Manovich, L.(2001), *The Language of New Media*, Cambridge, Massachusetts, London: MIT Press

McLuhan, M.(1964), *Understanding Media*, New York: Methuen.

McLuhan, M.(1994), *Understanding Media: The Extensions of Man*, 김상호 (역)(2011),《미디어의 이해: 인간의 확장》, 서울: 커뮤니케이션북스.

Messaris, P.(1997), *Visual Persuasion: The Role of Image in Advertising*, Thousand Oaks and London: Sage.

Metz, C.(1975), "The imaginary signifier", *Screen*, 16(2), pp.14~76.

Miller, V.(2011), *Understanding Digital Culture*, London: Sage.

Mulvey, L.(1975), "Visual pleasure and narrative cinema", *Screen*, 16(3), pp.6~18.

Ong, W.(1982), *Orality and Literacy: The Technologizing of the Word*, London: Methuen.

Panofsky, E.(1967), *Studies in Iconology: Humanistic Themes in the Age of the Renaissance*, 이한순(역)(2002),《도상해석학 연구》, 서울: 시공사.

Pelfrey, R.(1985), *Art and Mass Media*, New York: Harper & Row.

Plato(1982), *The Republic*, 조우현(역)(1982),《국가》, 삼성출판사.

Postman, N.(1992), *Technopoly: The Surrender of Culture to Technology*, 김균 역(2001),《테크노폴리: 기술에 정복당한 오늘의 문화》, 민음사.

Prince, S.(1996), "True lies: perceptual realism, digital image and film theory", *Film Quarterly*, 49(3), pp.27~37.

Rimmon-Kenan, S.(2002), *Narrative Ficition: Contemporary Poetics*(2nd ed.), London & New York: Routledge.

Robins, K.(1996), *Into the Image: Culture and Politics in the Field of Vision*, London: Routledge.

Rodowick, D.(2007), *The Virtual Life of Film*, 정헌(역)(2012), 《디지털 영화미학》, 서울: 커뮤니케이션북스.

Rowe, A.(1996), "Film form and narrative", Nelmes, J.(ed.), *An Introduction to Film Studies*, New York: Routledge.

Said, E.(1979), *Orientalism*, 박홍규(역)(2000), 《오리엔탈리즘》, 교보문고.

Salter, D.(1995), "Photography and modern vision: The spectacle of natural magic", In Jenks, C.(ed.), *Visual Culture*, London: Routledge.

Scharf, A.(1979), *Art and Photography*, 문범(역)(1986), 《미술과 사진》, 서울: 미진사.

Selby, K. & Cowdery, R.(1995), *How to Study Television*, Hampshire: Macmillan.

Sontag, S.(1973), *On Photography*, 유경선(역)(1986), 《사진 이야기》, 해뜸.

Sood, R.(2012), *Pro Android Augmented Reality*, 손의형(역)(2013), 《안드로이드 증강현실》, 서울: 도서출판 길벗.

Stockbridge, S.(1990), "Rock video: Pleasure and resistance", In Brown, M. E.(ed.), *Television and Women's Culture: The Politics of the Popular*, London: Sage.

Sturken, M. & Cartwright, L.(2001), *Practices of Looking: An Introduction to Visual Culture*, Oxford: Oxford University Press.

Tetzlaff, J. D.(1986), "MTV and the politics of postmodern pop", *Journal of Communication Inquiry*, 10(1), pp.80~91.

Thwaites, T., Davis, L., & Mules, W.(1994), *Tools for Cultural Studies*, Melbourne: MacMillan Education Australia.

Toolan, M. J.(1988), *Narrative: A Critical Linguistic Introduction*,
    김병욱·오연희(공역)(1995), 《서사론》, 형설출판사.

Ward, P.(1996), *Picture Composition for Film and Television*, 김창유(역)(2002),
    《영화·TV의 화면 구성》, 책과 길.

Williams, J.(1980), *Problems in Materialism and Culture*, London: Verso.

Williams, R.(1977), *Marxism and Literature*, London:
    Oxford University Press.

Williamson, J.(1979), *Decoding Advertisements*, 박정순(역)(1998),
    《광고의 기호학: 광고 읽기, 그 의미와 이데올로기》, 나남.

Wollen, P.(1982), *Writings and Readings: Semiotic Counter-Strategies*,
    London: Verso.

_____ (1986), "Ways of thinking about music video (and post-modernism),"
    Critical Quarterly, 28(1-2), pp.167~170.

Zavattini, C.(1953), "Some ideas on the cinema", *Sight and Sound*, 23:
    2(October December).

Zettle, H.(1996), "Back to plato's cave: virtual reality", In Strate, L.,
    Jacobson, R., & Gibson, S.(eds.), *Communication and Cyberspace:
    Social interaction in an Electronic Environment*, New Jersey:
    Hampton Press.

_____ (1999), *Sight, Sound, Motion: Applied Media Aesthetics*(3rd ed.),
    London: Wadsworth Publishing Company.

찾아보기

뉴미디어와 정보사회 개정판

이 책은 정보사회를 살아가는 데 필요한 지식으로서 매스미디어를 이해하려는 사람들에게 체계적인 이해의 틀을 제공하는 목적에 충실하였으며, 전문적 이론보다는 매스미디어의 실제 현상을 쉽게 이해할 수 있도록 서술하였다. 개정판에서는 기존의 구성을 유지하면서 최근의 다양한 변화, 특히 뉴미디어의 도입에 따른 변화와 모바일 웹, 종합편성채널, 미디어산업에서의 빅데이터 활용 등에 초점을 맞추었으며, 매스미디어의 실제 현상역시 최신의 사례로 업데이트하였다.

오택섭 · 강현두 · 최정호 · 안재현 지음 | 크라운판 | 528면 | 값 28,000원

미디어 효과이론 제3판

이 책은 이용과 충족이론, 의제 설정이론, 문화계발효과이론 등 고전이론의 최신 업데이트된 연구결과를 비롯해 빠르게 진화하는 미디어 세계의 이슈들에 대해서도 다뤘다. 미디어 효과연구 영역을 폭넓게 다룬 포괄적인 참고도서이자 최근의 미디어 효과연구의진행방향을 정리한 보기 드문 교재로 미디어 이론 연구를 위한 기준을 제공할 것이다.

제닝스 브라이언트 · 메리 베스 올리버 편저 | 김춘식(한국외대) ·
양승찬(숙명여대) · 이강형(경북대) · 황용석(건국대) 옮김 | 4×6배판 | 712면 | 38,000원

매스 커뮤니케이션 이론 제5판

제5판(2005년)에서는 특히 인터넷시대의 '뉴미디어'가 출현과 성장 과정 속에서 기존의 매스미디어 이론과 연구결과를 토대로 이야기했던 것을 수정 · 보완하는 데 주력했다.또한 저자는 변화하는 미디어 환경 속에서 기존 매스 커뮤니케이션이 어떻게 변화할지에 관심을 두고 내용을 전개한다. 새로운 이론적 접근에 대한 소개가 추가되었고, 각 장에서의 이슈는 뉴미디어 현상과 연관하여 다루어진 특징이 있다.

데니스 맥퀘일 | 양승찬(숙명여대) · 이강형(경북대) 공역
크라운판 변형 | 712면 | 28,000원

사회과학 통계분석
SPSS/PC+ Windows 20.0

문항 간 교차비교분석, t 검증, 일원변량분석, 다원변량분석, 상관관계분석, 단순 회귀분석, 다변인 회귀분석, 가변인 회귀분석, 통로분석, 인자분석, Q 방법론, 판별분석, 로지스틱 회귀분석, 반복측정 ANOVA, MANOVA, LISREL, 군집분석, 다차원척도법, 신뢰도분석 총 30장에 걸쳐 신문방송학에서 주로 쓰이는 통계방법을 총망라했다. 일반 통계분석의 경우 SPSS/PC+ 프로그램의 최신 버전인 20.0(한글판)의 실행방법을 설명했으며, Q 방법론과 LISREL의 경우에는 CENSORT와 SIMPLIS의 실행방법을 설명했다.

최현철(고려대) 지음 | 4×6배판 변형 | 730면 | 35,000원

융합과 통섭
다중매체환경에서의 언론학 연구방법

'융합'과 '통섭'의 이름으로 젊은 언론학자 19명이 모였다. 급변하는 다중매체환경 속 인간과 사회를 능동적으로 이해하고 설명하는 것은 언론학 연구의 임무이자 과제다. 이를 위해서는 관례와 고정관념을 탈피하려는 다양한 고민과 시도가 연구방법으로 이어져야 한다. 38대 한국언론학회 기획연구 워크숍 발표자료를 엮은 이 책은 참신하고 다양한 언론학 연구방법을 고민하는 이들에게 소중한 지침서가 될 것이다.

한국언론학회 엮음 | 크라운판 변형 | 520면 | 32,000원

정치적 소통과 SNS

뉴스, 광고, 인간관계에까지 우리 일상 어디에나 SNS가 있다. 그렇다면 과연 우리는 SNS에 대해 얼마나 알고 있을까? 커뮤니케이션 연구와 교육의 최전선에 있는 한국언론학회 필진이 뜻을 모아 집필한 이 책은 SNS에 관한 국내외의 사례와 이론을 폭넓게 아우른다. 왜 우리는 SNS를 사용하게 되었나부터, 어떻게 사용하고 있나, 또 앞으로 어떻게 사용해야 하나까지 과거, 현재, 미래에 대한 통찰이 담겨 있다.

한국언론학회 엮음 | 크라운판 변형 | 456면 | 27,000원

한국사회 소통의 위기와 미디어

학문과 실천 양 방면에서 활발하게 활동하고 있는 언론학자 윤석민 교수가 심각한 위기의 양상을 보이는 한국사회의 소통과 미디어의 실태를 진단하고, 위기의 구조적 원인 및 극복 방안을 제시한 책이다. 소통 및 소통자의 개념, 이상적 사회 소통의 상태, 미디어의 본질과 변화방향을 소개하고, 미디어 정책의 혼선과 이를 해결하기 위한 미디어 정책의 그랜드 플랜을 제시한다.

윤석민(서울대) | 신국판 | 656면 | 32,000원

SNS 혁명의 신화와 실제
'토크, 플레이, 러브'의 진화

요즈음 전성기를 구가하고 있는 소셜미디어는 사람들 간 진지한 관계나 대화를 담보할 수 있는가? 인류의 오래된 희망인 관계의 수평화·평등화를 가능케 할 것인가? 이 책은 내로라하는 커뮤니케이션 소장학자들이 발랄하면서도 진지한 작업 끝에 내놓은 결과물이다. 소셜미디어의 모든 것을 분해하고, 다시 종합하는 이 책을 통해 독자들은 소셜미디어 혁명의 허와 실을 간파하게 될 것이다.

김은미(서울대)·이동후(인천대)·임영호(부산대)·정일권(광운대) |
크라운판 변형 | 320면 | 20,000원

영상 이미지의 구조 개정판

영상 이미지를 이해하기 위해서는 사진, 회화 등 고정 이미지와 함께 영화나 드라마와 같은 움직이는 이미지의 구조를 분석해야 한다. 제목에서도 나타나듯, 이 책은 영상 이미지의 형식을 중점으로 분석해서 이미지가 어떤 사회적 관계를 맺고 있는가 논의한다. 무엇보다 한국적 맥락에서 우리가 쉽게 접하는 영상 이미지를 구체적으로 분석함으로써 영상 언어에 대한 이해의 폭을 넓힐 수 있다..

주창윤(서울여대) 지음 | 4X6배판 변형 | 260쪽 | 18,000원

스마트미디어

테크놀로지 · 시장 · 인간

이 책은 테크놀로지, 시장, 인간의 방향에서 스마트미디어에 접근한다. 이를 위해 15명의 언론학자들이 각자의 연구 분야에서의 다양한 물음을 정리하고 답변을 찾는 방식으로 스마트미디어가 야기하는 시장 경쟁, 규제, 이용자 이슈 등을 논한다. 기술의 현재와 사례를 주로 다루는 기존의 스마트미디어 관련 도서에 비해 이 책은 테크놀로지, 시장, 인간에 대한 고민과 탐색, 전망에 중점을 두어 독자에게 스마트미디어 사회를 더욱 깊게 이해할 수 있게 하고 향후 관련된 더 풍부한 논의를 촉진시킬 것이다..

김영석(연세대) 외 지음 | 신국판 | 468쪽

설득커뮤니케이션 개정판

저자는 이 책을 통해 다양한 설득 연구들을 모아 설득의 역사, 심리학적 원리기법들을 커뮤니케이션 관점에서 체계적으로 분석하고 있다. 심리학, 정치학, 사회학, 커뮤니케이션학, 스피치학, 광고홍보학 등의 여러 분야에서 다루는 설득관련 이론 및 방법을 종합적으로 제시해, 설득의 개별사례들에 대한 단순한 이해가 아니라 이면에 담긴 심리학적 원리를 이론적으로 고찰해 소개하고 있다.

김영석(연세대) | 크라운판 변형 | 600면 | 28,000원

현대언론사상사

이 책은 '밀턴'에서 '맥루한'까지 미국 저널리즘의 근간을 이룬 서구 사상가들을 다루고 있다. 현대언론사상의 백과사전이라고 할 수 있을 정도로 300년간의 서구 사상가와 사상들을 집합시켰다. 저널리즘은 오로지 눈앞의 현실이며 실천일 뿐이라고 믿는 사람들에게 그 현실과 실천의 뿌리를 살펴볼 것을 촉구하고 역사성을 회복하라고 호소하고 있다.

허버트 알철 | 양승목(서울대) 옮김 | 신국판 | 682면 | 35,000원

스티브를 버리세요

임헌우 (계명대 교수) 지음

이것으로 당신의 마음은 한없이 뜨거워질 것이다.

미래가 깜깜하고 힘들어 잠 못 드는 날이 많아졌다.
그러다 침대 맡에서 우연히 펴 본 이 책은 나에게 질문을
던지는 것 같았다. 너는 지금 행복하냐고, 잘 살고 있냐고.
– 이지윤

참 많이 펼쳤다 덮었다. 때로는 따끔했고, 때로는 먹먹했고,
때로는 따뜻했다. 떠밀려 가는 현실 속에서 나의 좌표를
잃고 살았다. 하지만 이제 그 좌표를 이제 바라볼 용기가
생겼다. 물론 쉽지 않겠지만– 주미정
올컬러 값 14,900원

나남
nanam   Tel:031-955-4601
        www.nanam.net

상상력에 엔진을 달아라

임헌우 (계명대 교수) 지음

교보문고 63주간 베스트셀러 정치/사회 부문
〈조선일보〉 선정 문화계 30인이 고른 추천도서 30종
2007. 9. 13. 〈조선일보〉

'선생님이 권하는 여름방학 추천도서' 30권 선정
책으로 따뜻한 세상 만드는 교사들

'손에 잡히는 책 – 그 아이디어, 정말 놀라워라.'
2007. 5. 14. 〈국민일보〉

죽기 전에 꼭 읽어야 할 책 100선,
대학생이 꼭 읽어야 할 책 100선 2012. 네이버 검색
올컬러 값 18,000원